북한 현대사 산책
2

● **일러두기**

1. 전집, 단행본, 신문, 잡지, 장편소설 등은 『 』, 논문, 신문기사, 시, 단편소설 등은 「 」, 영화, 노래, 그림, 연극 등은 〈 〉로 표기했다.
2. 북한의 용어나 단체 등은 모두 한국 맞춤법에 표기했다. 단 『로동신문』, 인명, 지명은 북한식 표기를 따랐다.
3. 인명, 지명 등은 외래어 표기법에 따랐고, 맨 처음에 나올 때 한자나 원어를 병기했다.

■ 이 책에 쓰인 사진을 제공해준 언론사와 기관은 연합뉴스, 조선일보, 중앙일보, KBS, 민족21, 통일뉴스, 국가기록원, 민중의소리, 목포자연사박물관, NARA, The Carter Center 등입니다.
■ 이 책의 사진들은 저작권자에게 사용 허락을 받은 것입니다. 저작권자를 찾지 못한 일부 사진에 대해서는 저작권자가 확인되는 대로 게재 허락을 받고 통상의 기준에 따라 저작권료를 지불하도록 하겠습니다.

북한 현대사 산책

2

전쟁과 사회주의 건설

•

안문석 지음

인물과
사상사

머리말

    김일성은 지나치게 자신감에 차 있었다. 1946년 토지개혁을 비롯한 주요 산업 국유화와 8시간 노동제 등을 실현하고 자신감에 우월의식까지 지니게 되었다. 그의 자신감은 남한을 '미 제국주의의 주구走狗'로 무시하게 했고, 남한에 대한 군사적 공격까지 할 수 있게 했다. 공격을 시작하면 남한의 공산주의자들이 일제히 일어나 동조할 것으로 여겼다. 물론 박헌영의 '20만 봉기설'이 그 뒤에 있었다.

    하지만 전쟁은 김일성의 생각대로 되지 않았다. 3년이 넘게 계속되었고, 300만 명이 죽었다. 북한 사람만도 165만 명이 희생되었다. 모든 전쟁이 그런 것처럼 6 · 25 전쟁에서도 고통 받고 희생된 건 민중이었다. 남자들은 전장으로 동원되고, 여자들은 노동과 농사로 군인들을 지원했다. 후방에 남은 노인들과 아이들은 헐벗고 굶주렸다. 그렇게 전쟁을 치렀다.

그런 전쟁의 와중에도 정치는 난무했다. 조선인민군에 대한 작전권을 중국군에 넘긴 김일성은 권력투쟁에 진력했다. 전쟁을 중국에 맡기고 자신의 정치권력 강화에 나선 것이다. 오랜 정적 무정을 제거하고, 박일우를 좌천시키고, 허가이와 박헌영을 숙청했다. 전쟁에 가장 큰 책임을 져야 할 사람이 자신의 권력을 공고화했다. 김일성은 그만큼 정치적 인물이었다. 해방 직후 불리한 여건 속에서도 소련을 등에 업고, 오기섭, 무정, 조만식을 넘어 북한을 장악한 수완이 6·25 전쟁 중에서도 그대로 발휘되었다.

우여곡절의 과정을 거쳐 휴전은 이루어졌다. 이승만은 반대하고, 김일성과 중국인민지원군 사령관 펑더화이彭德懷, 유엔군 사령관 마크 클라크Mark Clark가 협정에 서명했다. 한반도 통일 문제를 논의하기 위한 제네바 정치 회담은 당시 세계를 지휘하던 인물들이 모두 모였지만 아무런 소득 없이 막을 내렸다. 그렇게 굳어진 정전 체제가 지금도 한반도를 규정하고 있다. 언제 다시 충돌이 일어날지 모르는 불안한 상황의 연속이다. 이 체제를 대체할 평화 체제는 여전히 까마득히 멀리 있다.

전쟁 후 북한은 신속하게 복구에 나섰다. 성과도 좋았다. 중국과 소련이 많이 도왔다. 하지만 그 핵심은 대대적인 주민 동원이었다. '평양 속도', '천리마운동'의 구호를 앞세워 빠르게 경제 능력을 복구했고, 동시에 생산관계도 사회주의 시스템으로 바꿔나갔다. 1958년에는 농업 협동화를 완성할 수 있었다. 아이러니하게도 전쟁으로 폐허가 된 북한은 사회주의의 좋은 토양이 되었다. 국가의 역할이 커졌고, 공동 노동의 필요성도 컸다. 사회주의에 반감을 가진 세력은 전쟁 중에 죽거나 남한으로 내려갔다. 그런 조건에서 1950년대 북한의 사회주의화는 급속하게 진행되었다.

하지만 모든 것이 김일성 지도부의 의도대로 진행된 것은 아니다. 중공업 우선 정책에 대해 연안파와 소련파 가운데 반대하는 사람들이 있었다. 김일성 개인숭배에 대해서도 반감을 품은 세력들도 있었다. 북한의 1950년대 후반은 김일성 세력이 이들 반대파에 대한 제거 과정의 시기이기도 했다. 1961년 제4차 당대회에서 김일성 세력이 승리를 선언할 때까지 계속되었다. 장기 숙청의 회오리 속에 많은 연안파와 소련파 인물이 죽었고, 소련파 가운데는 소련으로 돌아가는 사람도 많았다.

1950년대 후반은 북한이 소련에서 벗어나 홀로서기를 하는 시기이기도 했다. 1956년 니키타 흐루쇼프Nikita Khrushchyov의 이오시프 스탈린Iosif Stalin 비판 직후 북한은 일시적으로 김일성 개인숭배를 자제하기도 했지만, 소련에 대한 비판적 입장으로 돌아섰다. 개인숭배 비판의 불똥이 북한으로 튈 것을 염려한 때문이다. 이러한 '소련과 거리두기'는 소련식 교육제도와 군대 시스템의 변화도 가져왔다.

요컨대 1950년대 북한은 전쟁, 김일성 권력 공고화, 숙청, 종파투쟁, 독자성 추구의 역사였다. 그 과정에서 그나마 얻은 것이라면 어느 정도의 독자성이다. 하지만 민족의 단일성과 동질성이라는 측량하기 어려운 가치를 잃었고, 북한 사회의 다양성이라는 어느 것에 못지않은 가치도 상실했다. 이는 1960년대 북한이 김일성 유일지도체제로 나아가는 길을 제공했다.

2016년 12월

전북대학교 작은 연구실에서

안문석

차 례

1950년

제1장

×××

6 · 25 전쟁 발발

전쟁을 위한 준비

북한이 남침을 하기로 결정한 것은 1949년 말이라는 것이 연구자들의 대체적인 결론이다. 결정 과정은 워낙 비밀스럽게 진행된 것이어서 그 내막이 정확히 드러나는 자료가 발견되지는 않았지만, 1950년 들어서면서 북한의 움직임이 긴박해지는 것으로 보아 1949년 말에 결정되었을 것이라는 추론이다. 실제로 1950년이 되면서 김일성은 조급해졌다.[1] 북한 주재 소련 대사 테렌티 스티코프Terenti Sytikov가 모스크바에 보고하면서 김일성이 항상 공격 구상만 하고 있다고 말할 정도였다.

김일성은 1950년 1월 박헌영의 관저에서 열린 주중 북한 대사 리주연의 환송식에 참가해 스티코프를 만났는데, 이 자리에서 스탈린을 다시 만나 남한 공격 문제를 토의해보고 싶다고 말했다. 스티코프의 보고를 받은 스탈린은 논의할 준비가 되어 있고, 김일성을 지원할 용의도 있다는 내용의 전문을 보냈다. 스티코프에게서 전문의 내용을 전해들은 김일성은 만족해했다.

김일성은 2월에 다시 스티코프를 만나 몇 가지 요청을 했다. 첫째는 보병 3개 사단을 신설해 모두 10개 사단으로 군을 증강하는 것에 동의해달라는 것이었다. 북한은 1948년 12월까지만 해도 2개 보병사단과 1개 혼성여단, 1개 탱크연대 정도의 전력을 보유하고 있었다. 1949년 초에는 7개 사단으로 늘었다. 1949년 7~8월 중국군의 조선인 부대가 입북해 2개 사단이 더 증강되었고, 1950년 초 중국에서 1개 사단을 데려오는 협상을 하고 있었다. 그래서 모두 10개 사단으로 조선인민군을 편성하려고 하고 있었다. 김일성은 이러한 조선인민군의 확대에 대해 스탈린의 동의를 받고자 했다. 둘째는 이를 위해 예산이 필요하니 1951년에 줄 소련의 원조를 1950년에 미리 달라는 것이었다. 스탈린은 여기에 동의를 해주었다.

3월이 되어 원조와 무기 구입에 대한 구체적인 협의에 들어갔다. 김일성은 1억 2,000~3,000만 루블어치의 무기를 구입하고 싶다는 의사를 스티코프에게 전했다. 그리고 1951년의 차관 가운데 7,100만 달러를 미리 집행하고 싶다는 의견도 전했다. 소련은 예산을 미리 집행하는 문제를 승인하고, 무기도 제공하기로 결정했다. 김일성과 박헌영이 모스크바를 방문해 스탈린에게서 남침에 대한 동의를 받기 이전에 이미 예산과 무기에 대한 지원이 합의된 것이다.

이에 따라 4월부터는 소련 무기가 북한으로 운송되기 시작했다. 육로뿐만 아니라 해상로로도 무기와 장비가 실려왔다. 북한은 조선인민군

부총참모장 최인을 단장으로 무기접수위원단을 구성해 청진과 나진, 홍의 등으로 들어오는 무기를 인수했다. 무기와 장비가 공짜는 아니었다. 무기·장비의 값을 계산해 그에 상응하는 광물을 대금으로 지불했다. 1억 3,805만 500루블어치의 무기를 소련에서 넘겨받고, 금 9톤과 은 40톤 등을 지불했는데, 이런 형식으로 소련의 무기와 장비를 구입한 것이다. 이 무기와 장비들은 5월 말까지 대부분 북한에 도착했다.

중국군의 조선인 부대가 1949년 여름 대규모로 입북하기 시작했는데, 1950년에도 1개 사단이 입북했다. 1월에 김일성이 김광협 소장을 중국에 파견해 조선인 병사의 귀환을 요청했다. 마오쩌둥毛澤東은 이를 수용했다. 구체적인 협상은 김광협과 인민해방군 총참모장 대리 네룽전聶榮臻 사이에서 이루어졌다. 중국 전역에 흩어져 있는 조선인 병사들을 허난성河南省 정저우鄭州에 모이도록 해서 부대를 꾸려 입북시키기로 합의했다.

마오쩌둥의 명령에 따라 2월 조선인 병사 1만여 명이 모였다. 이들로 인민해방군 중남군구 독립 제15사가 조직되었다. 사단장은 지린성吉林省 옌지延吉 군분구 부사령관을 하고 있던 전우가 맡았다. 이들은 4월 초순 기차를 타고 북한으로 이동했다. 4월 16일 신의주에 이르러 조선인민군 복장으로 갈아입고 다시 기차로 이동해 18일 원산에 도착했다. 그러고 나서 조선인민군 제12사단으로 편성되었다.

조선인민군은 기존의 7개 사단에 입북한 조선인 부대 3개 사단을 합쳐 10개 사단이 되었다. 6·25 전쟁 개전 당시 조선인민군 병력의 3분의 1 정도가 중국에서 넘어온 조선인 부대였다. 북한은 이렇게 무기와 병력을 크게 증강시키면서 전쟁을 준비하고 있었다. 전쟁 시작 시점의 조선인민군은 10개 보병사단(40개 연대)과 1개 전차여단, 해·공군 등을 합쳐 모두 19만 8,380명의 전력을 갖추고 있었다. 반면에 남한은 8개 보병사단(22개 연대)과 1개 독립보병연대, 해·공군 등을 통틀어 10만 5,752명의 병력을 보유하고 있었다.[2] 북한의 병력은 남한의 약 2배에 이르렀다.

스탈린의 조건부 승인

북한은 병력과 무기를 준비하면서 남침에 대한 소련과 중국의 동의를 얻는 데 주력했다. 소련·중국 방문과 관련해서는 여러 증언과 문서가 있지만, 그 가운데 신뢰할 만한 것들을 담고 있는 내용을 정리해보자.[3] 김일성은 먼저 모스크바로 향했다. 1950년 3월 30일 박헌영과 함께 평양을 출발했다. 모스크바에 도착한 것은 4월 8일이었다. 스탈린과 세 차례 회담을 가졌다.

스탈린이 바로 동의를 해준 것은 아니다. 초반에는 반대했다. 세 번째 회담까지 토론이 계속되었다. 스탈린은 마지막까지 미국이 개입할지에 대해 제대로 검토해보아야 한다고 주장했다. 이에 대해 김일성은 소련과 중국이 뒤에 있고, 미국이 더는 대규모 전쟁을 벌이려 하지 않고 있기 때문에 미국은 개입하지 않을 것이라고 말했다. 스탈린은 중국 지도부가 사전에 승인하는 경우에만 전쟁을 시작할 수 있다고 강조했다.

김일성은 마오쩌둥이 중국 혁명이 성공한 이후에는 지원하겠다는 말을 여러 번 했다고 설명했다.

이와 함께 김일성은 조선인민군이 남쪽으로 공격해가면 남쪽에서 유격대원들이 공격에 가담하고 인민봉기가 일어나서 이승만 정부를 무너뜨릴 수 있다고 주장했다. 박헌영은 남한에 20만의 공산 세력이 북한에서 신호가 오기를 기다리고 있다면서 스탈린을 설득했다.

결국 스탈린은 조건부로 남침에 동의를 해주었다. 중국이 승인하는 경우에만 공격을 시작한다는 것이었다. 공격을 하게 되면 3단계로 한다는 것에 대해서도 스탈린과 김일성 사이에 합의가 이루어졌다. 1단계는 '38선 부근 병력 집결', 2단계는 '평화통일 제안', 3단계는 '통일제안 거부 이후 공격'이었다.

김일성과의 회담에서 스탈린은 구체적인 주문도 했다. 정예공격사단을 만들고 사단의 무기고를 늘리라고 강조했다. 전투장비를 기계화해야 한다는 것도 지적했다. 이런 작업을 하는 데 필요한 지원도 하겠다고 말했다. 김일성도 남침 계획을 자세히 설명하면서 3일이면 전쟁을 끝낼 수 있다고 장담했다. 옹진반도를 먼저 공격하겠다고 하자 스탈린은 전쟁은 기습적이어야 한다면서 동의했다. 전쟁을 일으키는 데 매우 중요하고 어려운 관문이었던 스탈린의 동의를 얻어낸 김일성은 평양을 떠난 지 거의 한 달 만인 4월 25일 북한으로 돌아왔다.

그렇다면 스탈린이 이렇게 남침에 동의한 데에는 어떤 요인들이 작용했을까? 첫째는 중국 혁명의 성공이다. 1년 전 김일성이 모스크바를 방문했을 때 스탈린은 남침에 반대했다. 하지만 그사이에 중국 혁명의

스탈린은 조건부로 남침에 동의해주었다. 스탈린과 김일성 사이에 '38선 부근 병력 집결', '평화통일 제안', '통일 제안 거부 이후 공격'이라는 3단계 합의가 이루어진 것이다.

성공이라는 큰 상황 변화가 발생했다. 스탈린은 중국 혁명의 성공으로 중국에 여유가 생겼기 때문에 자신은 동의만 해주고 실제 지원은 마오 쩌둥에게 시킬 수 있겠다고 판단한 것이다. 중국 혁명의 성공은 미국이 한반도 전쟁에 개입하는 것도 막아줄 것으로 생각했다. 소련은 핵무기를 가졌고, 중국은 타이완을 몰아내고 본토를 차지한 상황에서 김일성이 전쟁을 일으킨다고 해서 미국이 섣부르게 전쟁에 개입하지는 못할 것으로 판단한 것이다.

둘째는 미군의 철수다. 이승만 정부가 세워지고 남한에서도 미군이 1949년 6월 말부터 철수했다. 스탈린이 김일성의 남침을 승인하지 않은 주요 이유가 미군의 존재였다. 하지만 미군이 철수하자 김일성의 남침이 성공할 가능성이 높은 것으로 보고 승인해주었다.

마오쩌둥의 소극적 동의

스탈린의 승인을 확보한 북한은 이제 마오쩌둥의 동의가 필요했다. 김일성과 박헌영은 1950년 5월 13일 중국 베이징으로 갔다. 회담은 그날 저녁부터 시작되었다. 김일성은 소련이 전쟁에 동의해주었는데, 스탈린이 "최종 결정은 마오쩌둥과 협의해서 내리라"고 했다고 전했다. 이를 듣고 마오쩌둥은 스탈린의 정확한 의사를 확인해보자고 했다. 일단 회담은 중단되었다. 마오쩌둥은 중국 주재 소련 대사 니콜라이 로시친Nikolai. V. Roshchin에게 확인해달라고 요청했다. 스탈인의 의사는 5월 14일 전문으로 전해졌다.

> 마오쩌둥 동지! 조선 동지들과의 회담에서 필리포프(스탈린의 가명)와 그의 동료들은 변화된 국제 정세로 인해 통일 사업에 착수해야 한다는 그들의 제안에 동의한다는 의견을 개진했다. 이 회담에서는 그 문제가 궁극적으로 북한 동지들과 중국 동지들이 공동으로 결정해야 할 성질의 것이며, 만일 중국 동지들이 동의하지 않는다면 새로운 논의가 있기까지 그 문제의 결정은 유보되어야 한다는 것을 명백히 했다. 상세한 회담 내용은 북한 동지들이 당신에게 전해줄 것이다. 필리포프.[4]

이러한 스탈린의 남침 동의 의견을 확인한 마오쩌둥은 북한의 남침 계획에 동의했다. 마오쩌둥은 스탈린과 김일성이 사전에 자신과 협의하지 않은 것을 못마땅해하기도 했지만, 양자의 합의 내용을 확인하고 동의해준 것이다. 당시 마오쩌둥은 왜 남침에 동의했을까? 첫째는 소련이 동의했기 때문이다. 당시만 해도 소련은 사회주의 종주국이었다. 소련은 북한에 무기까지 지원하면서 전쟁에 동의해주었기 때문에 마오쩌둥은 큰 부담 없이 동의할 수 있었다.

둘째는 한반도의 통일은 무력에 의해서만 가능하다고 보았다. 한반도에서 사회주의가 확산되는 것이 바람직한데, 그것이 협상을 통해 이루어질 수 있는 성질은 못되고 전쟁을 통해서만 가능하다고 생각했다. 셋째는 미국의 개입 가능성과 관련해서, 남한 같은 작은 나라 때문에 미국이 제3차 세계대전을 시작하지는 않을 것으로 판단했다. 미국의 전쟁 개입 가능성이 낮다고 보고 전쟁에 동의해준 것이다. 마오쩌둥의 이러한 판단에는 국공내전 당시 미국의 태도가 작용했을 것이다. 미국은 장제스蔣介石 군대를 돕긴 했지만 전력투구하지는 않았다. 그런 점을 바탕으로 한반도 전쟁 개입의 가능성도 낮게 본 것이다.

5월 15일에는 2차 회담이 열렸다. 여기서 마오쩌둥은 미군의 참전 가능성을 언급하면서 그 경우 중국군을 파견해 돕겠다고 말했다. 미국의 참전 가능성이 별로 없다고 보고 남침에 동의해주면서도 여전히 남아 있는 가능성에 대비해야 한다는 취지였다. 마오쩌둥은 일본군의 참전 가능성에 대해서도 김일성에게 물었다. 김일성은 '일본의 참전 가능성은 별로 없다'면서도 미국이 2~3만 명 정도의 일본군을 파견할 가능성은 있다고 답했다. 하지만 그것이 상황을 크게 변화시키지는 못할 것이며, 오히려 조선인민군의 사기를 북돋울 것이라는 의견도 피력했다.

2차 회담에서 마오쩌둥은 필요한 자원을 제공하겠다면서 북·중 국경에 중국군의 추가 배치가 필요한지, 무기가 더 필요한지 등을 물었다. 김일성이 사양했기 때문에 개전 당시 지원이 이루어지지는 않았지만, 마오쩌둥은 지원 의사를 적극 표시했다. 마오쩌둥은 스탈린처럼 세밀한 부분까지 지적하며 몇 가지 권고도 했다. 작전이 성공하기 위해서는 치밀한 준비가 필요하다면서 사령관부터 병사들까지 구체적인 행동 지침을 분명히 알 수 있도록 시달하는 것이 중요하다고 강조했다. 신속하게 행동하면서 주요 도시를 포위하되 점령까지 하면서 시간을 지체해서는 안 되고 적군을 섬멸하는 데 힘을 집중해야 한다는 이야기도 했다. 김일성은 이렇게 자신이 원하는 모든 것을 받아 쥐고 5월 16일 북한으로 돌아왔다.

북한의 전면 공격과 미국의 신속한 개입

무기와 장비를 갖추고 소련과 중국의 동의까지 받은 북한은 6월 12일부터 38선 10~15킬로미터 지점으로 병력을 이동시키기 시작했다. 명목은 훈련이었다. 이동은 6월 23일 완료되었다. 전선에 배치된 전력은 7개 사단과 1개 전차여단이었다. 전차는 T-34 258대였다. 당시 남한군은 38선에 4개 사단, 서울에 1개 사단이 배치되어 있었고 전차는 1대도 없었다. 공격 명령은 6월 23~24일에 하달되었고, 공격은 6월 25일 새벽 38선 전역에서 시작되었다. 소련의 군사고문단은 작전 준비가 제대로 안 되어 있기 때문에 7월에 공격해야 한다고 주장했다. 하지만 문제는 장마였다. 7월이면 장마철이었다. 그래서 조선인민군 총참모부의 의견에 따라 6월 말에 공격을 시작하기로 한 것이다.

당초에는 김일성이 스탈린에게 설명한 대로 옹진반도에서 국지전을 일으켜 전쟁을 시작하려고 했다. 하지만 남한이 강화도와 옹진반도에 병력을 추가 배치하는 것을 보고 북한은 작전 계획이 누설된 것으로 짐작했다. 그래서 6월 21일쯤 전면 공격으로 작전 계획을 바꿨다. 실제로 6월 25일 조선인민군이 모든 전선에서 전면 공격을 감행하면서 전쟁은 시작되었다.

조선인민군의 초반 기세는 등등했다. 1군단은 서쪽을, 2군단은 동쪽을 맡아 파죽지세로 남진했다. 문산과 의정부를 지나 1군단은 3일 만인 28일 서울을 점령했다. 이승만은 27일 새벽 서울을 빠져나갔다. 2군단은 동쪽으로 우회하면서 28일까지 수원을 점령하기로 되어 있었지만, 이를 제대로 이행하지 못하고 27일 춘천을 점령한 뒤 홍천 쪽으로 남진하게 되었다. 이 때문에 2군단장 김광협이 해임되고 무정이 그 자리에 임명되었다.

어쨌든 3일 만에 서울을 점령한다는 큰 목표는 예정대로 달성되어 조선인민군의 기세는 여전히 강했다. 서울에서 3일간 체류한 뒤 7월 1일 남진을 시작해 7월 20일에는 대전을 점령하고, 8월에는 낙동강까지 내려갔다.

한편 미국의 대응 또한 매우 신속했다. 25일 전쟁 개시 당일 유엔 안보리를 소집해 북한의 침략을 비난하는 결의를 통과시켰다. 마침 소련은 타이완 대신 중국(중공)을 안보리 상임이사국으로 받아들여야 한다

조선인민군의 공격은 1950년 6월 25일 새벽 38선 전역에서 시작되었다. 3일 만에 서울을 점령하고 7월 20일에는 대전을 점령하고, 8월에는 낙동강까지 내려갔다. 전쟁 발발 3일 만에 서울 시내로 들어온 북한의 T-34 전차.

는 주장이 수용되지 않아 유엔 안보리를 보이콧하고 있었다. 그 바람에 소련이 거부권을 행사하지 않는 상황이 되었고, 이러한 결의가 쉽게 통과되었다. 27일에는 한국을 지원하자는 결의를 통과시켰다. 이날 미국 대통령 해리 트루먼Harry Truman은 해군과 공군의 한국군 지원을 명령했다. 실제로 공군은 이날부터 참전했다. 29일 일본 도쿄에 주재하던 미 극동군 사령관 더글러스 맥아더Douglas MacArthur가 한국을 방문해 전선을 시찰하고 미 국방부에 지상군 파견을 요청했다. 30일 미국 정부는 맥아더의 지상군 파견을 허용했다. 7월 1일에는 미 육군이 전투에 참여하기 시작했다. 7월 7일에는 유엔 안보리가 유엔군사령부 창설을 결정하고 지휘권은 미국에 일임했으며, 미국은 맥아더를 유엔군 사령관으로 임명했다.

9월에 들어서도 조선인민군의 공세는 계속되었지만, 낙동강 전선에서 막혀 있었다. 게다가 보급로가 길어진 조선인민군은 보급품 공급에 큰 문제를 겪고 있었다. 그러던 중 9월 15일에는 유엔군의 인천상륙작전이 성공했다. 이는 전세를 일거에 역전시켜놓았다. 조선인민군은 보급로가 끊어지자 허둥지둥했다. 이때부터 북한은 대대적인 후퇴 작전에 들어갔다.

남한군과 유엔군은 9월 28일 서울을 탈환하고, 남한군은 10월 1일, 유엔군은 10월 7일 38선을 넘어 북진했다. 김일성은 10월 13일 평양을 벗어나 임시수도로 정한 자강도 강계시로 향했다. 10월 19일에는 평양이 점령되었고, 유엔군과 남한군의 북진은 계속되었다.

왜 서울에서 3일간 머뭇거렸는가?

조선인민군이 서울을 점령한 것은 1950년 6월 28일이다. 전쟁 개시 3일 만에 수도를 점령한 것이다. 그야말로 파죽의 기세였다. 그대로 남진을 속행했더라면 남한은 더 어려운 상황에 처했을 것이다. 그런데 조선인민군은 곧바로 내려가지 않고 3일 동안 서울에 머물렀다. 그러고선 7월 1일에야 한강을 넘어 남진을 시작했다. 그 바람에 남한군은 29일 시흥에 전투사령부를 설치하고 한강 방어선을 구축할 수 있게 되었다. 그날 맥아더가 수원비행장으로 들어와 한강의 상황을 지켜볼 수 있게 되었고, 2일 뒤인 7월 1일에는 미 육군이 투입되었다. 왜 북한은 서울에서 3일을 머물렀을까? 아직까지 이 질문에 대한 명확한 답은 제시되지 않고 있다. 몇 가지 추정을 해볼 수 있을 뿐이다.

첫째는 남한에서 공산주의자들이 봉기를 일으키기를 기다렸다는 것이다. '20만 봉기설'이다. 전쟁 전 박헌영은 남침을 감행하면 20만 명이 봉기할 것이라고 장담했다. 스탈린에게도 그렇게 호언했다. 김일성과 조선인민군은 이를 믿었을 것으로 보인다. 김일성이 실제로 남침을 감행한 여러 이유 가운데 '20만 봉기설'도 포함되었을 것으로 보인다. 그래서 그들은 서울을 점령한 이후 3일을 기다렸던 것으로 추정해볼수 있다. 하지만 '20만 봉기설'은 당시의 상황에 비춰보면 설득력이 좀 떨어진다. 미 군정의 강력한 단속과 처벌로 남조선노동당은 약화 일로였다.

박헌영도 미 군정의 체포령을 피해 북한으로 넘어갔다. 이후 남조선노동당 세력은 1948년 4월의 4·3 사건과 10월의 여순 사건, 대한민국 정부 수립의 단계를 거치면서 세력이 급격히 줄어 있었다. 김일성이나 박헌영이 이런 사정을 전혀 몰랐다고 하긴 어렵다. 특히 박헌영은 지속적으로 남한의 공산주의 세력에 대해 관심을 기울이고 있었다. 설혹 세력 약화를 인정하지 않고 싶었더라도 전쟁 발발 후 25일부터 28일까지 일어나지 않은 봉기를 기다리기 위해 그토록 중대한 시점에 3일을 무작정 기다렸다고 보기는 어렵다.

둘째는 북한이 당초 서울만 점령하면 전쟁은 끝이라는 생각을 갖고 서울을 목표로 전쟁했다는 것이다. 건국대학교 명예교수 신복룡의 주된 주장이다.[5] 당시 조선인민군 작전국장 유성철의 증언에 많이 의존하고 있다. 실제로 유성철은 그런 뉘앙스로 증언했다.

> 6월 28일 아침, 탱크 사단을 앞세운 인민군 제4사단이 서울에 입성했다는 보고를 받고 나는 이제 전쟁이 끝났다고 생각했다.……우리의 남침 계획은 사흘 안에 서울을 점령하는 것으로 끝나게 되어 있었다. 이러한 작전 개념은 우리가 남한 전역을 장악할 의도가 없었기 때문은 아니다. 단지 우리는 남한의 수도를 점령하면 남한 전체가 우리의 손으로 들어오는 것으로 착각했다.……적의 수도를 점령함으로써 전쟁에서 승리하는 것은 세계의 전사戰史에서 비일비재한 일이다.[6]

하지만 이 같은 그의 증언은 지금까지 문서로 밝혀진 북한의 작전 계획과는 차이가 있다. 조선인민군 총참모부가 작성한 침공 계획을 북한 주재 소련 대사 스티코프가 전쟁 직전 모스크바에 알렸는데, 그 내용은 이런 것이었다.

> 전쟁은 6월 25일 이른 새벽 시작됨. 제1단계 작전은 옹진반도에서 국지전 형태로 시작된 뒤 주공격선은 서해안을 따라 남쪽으로 이동해 감. 제2단계 작전은 서울과 한강을 장악함. 동시에 동부전선에서 춘천과 강릉을 해방함. 이에 따라 남조선군 주력은 서울 일원에서 포위당해 궤멸됨. 마지막 제3단계 작전에서는 여타 지역 해방. 적의 잔여 세력을 소탕하고 주요 인구 밀집 지역과 항구를 점령함.[7]

'옹진반도 국지전 계획'은 남침 바로 직전 '38선 전면 공격'으로 바뀌지만, 전체적인 남침 작전은 스티코프의 보고대로 실행되었다. 스티코프는 이런 내용을 보고하면서 전쟁은 1개월로 계획되어 있다고 덧붙였다. 그런 것으로 보아 북한이 서울 점령만으로 전쟁을 끝내려고 했다는 주장도 설득력이 높지는 않다. 김일성이 "3일 이내에 서울의 점령을 끝내고 낙엽 지기 전에 남한을 해방시킬 수 있다"는 말을 하기도 했지만, 이는 그가 호기를 부리며 했던 말이지 실제의 작전 계획을 이야기했던 것은 아닌 것으로 보인다.

셋째는 요인 색출 작업에 시간이 걸렸다는 것이다. 실제로 조선인민군은 군인과 경찰, 민족 반역자, 중요한 인물들을 색출하기 위해 서울 시내를 뒤졌다. 그 결과 48명의 국회의원과 김규식, 조소앙, 장건상, 원세훈, 오세창, 조완구, 안재홍, 김용무, 백상규, 유동열 등 남한 정계의 유명 인사들을 찾아냈다. 이들에게 항복식을 하도록 하고 북한으로 이송했다. 하지만 이들을 찾는 데 모든 병력이 동원될 필요는 없었을 것이다. 일부 병력을 요인 색출에 동원한다고 해도 남진을 하는 데는 별 문제가 없었다. 따라서 '요인 색출 작업설'도 3일 지연을 제대로 설명해주지는 못한다.

넷째는 한강을 도하하기 어려워 시간이 걸렸다는 것이다. 남한군은 조선인민군이 서울로 들어오자 한강의 다리를 끊었다. 그래서 조선인민군이 남진을 못하고 머뭇거렸다는 것이다. 그러나 4개 다리 중 1개 다리는 거의 완전한 상태로 남아 있었다. 한강에 나룻배도 많이 있었다. 조선인민군이 도하하겠다고 마음먹으면 얼마든지 할 수 있었다. 실제 7월 1일 조선인민군들이 남하하기 시작할 때 나룻배를 이용했다. 남아 있던 경부철교를 일부 보수해 7월 3일부터 전차도 강을 건넜다. 이 주장 역시 설명력이 약하다.

다섯째는 춘천전투가 서울 주둔 1군단의 남하를 지연시켰다는 것이다. 북한은 1군단이 서쪽으로 진군해 서울을 점령하고, 2군단은 동쪽으로 춘천을 거쳐 수원까지 와서 서울을 둘러싸 남한군의 핵심을 궤멸한 뒤 남진해 남한 전체를 점령한다는 계획이었다. 1군단이 28일 서울을 점령하고 같은 날 2군단이 수원을 점령해 남한군의 주력을 섬멸했더라면 조선인민군은 여세를 몰아 남진했을 것이다. 그것이 작전 계획이었다. 하지만 2군단이 춘천에서 남한군의 강한 저항에 부딪혔다. 조선인민군 2사단의 공격을 남한군 6사단이 저지하며 버텼다. 여기서 조선인민군 2사단 병력의 40퍼센트가 사상死傷을 당할 만큼 타격을 받았다. 이 싸움이 지금은 '춘천전투'로 불린다. 애초 2군단은 춘천을 25일 점령하고 바로 수원으로 향해야 했는데, 27일에야 춘천을 점령할 수 있었다. 28일까지 수원을 점령한다는 계획은 실현되지 못했다.

12사단도 역시 남한군 6사단 병력에 막혀 29일에야 홍천으로 진입하고, 2사단은 7월 1일 새벽에야 양평 쪽의 한강을 건넜다. 서울에 있던 1군단 병력도 비슷한 시각 한강을 건너 남하하기 시작했다. 2군단이 춘천에서 고전하고 있을 당시에는 남하를 못하고 있다가 2군단이 춘천을 뚫고 한강을 건너자 남진에 나선 것이다. 조선인민군이 수원을 점령한 건 7월 5일이었다. 이때 남한군은 어느 정도 정비가 되어 중동부전선에 투입되고, 미군은 서부전선을 맡아 방어에 나서게 되었다. 물론 밀리기는 했지만 전쟁 초반과는 다른 양상이었다. 그러다 낙동강 전선을 구축하고 이후 인천상륙작전으로 반격의 기회를 잡게 되었다.

5가지 추정 가운데 가장 설득력이 있는 것이 다섯 번째 춘천전투에서 원인을 찾는 것이다. 7월 1일 1군단과 2군단 쪽에서 동시에 한강을 건너는 조선인민군의 실제 움직임이 이 추정을 상당히 설득력 있게 해준다. 하지만 여전히 의문은 남는다. 춘천전투를 지원하지도 않으면서 1군단이 서울에 있을 필요가 있었느냐 하는 것이다. 2군단은 춘천전투를 하게 하고 1군단은 서울 점령 후 바로 남진을 했으면 전쟁의 양상은 달라지지 않았겠는가 하는 것이다. 이 미스터리는 지금까지 공개되지 않은 북한의 내부 자료가 공개될 때 비로소 완전히 풀릴 수 있을 것 같다.

중국의 참전

인천상륙작전 이후 조선인민군이 후퇴를 거듭하자 스탈린은 중국 내 북한의 망명정부까지 거론하며 북한을 포기하다시피 했다. 1950년 가을 황급히 흑해 지방까지 달려간 저우언라이周恩來에게 스탈린은 조선인민군을 중국 동북 지역으로 철수시켜야 한다고 말했다. 스탈린은 군대를 보내 북한을 구할 생각은 전혀 없었던 것이다.

중국도 참전은 어려운 결정이었다.[8] 10월 1일 남한군이 38선을 넘어 북진할 때까지만 해도 참전할 생각은 아니었다. 10월 7일 미군이 38선을 넘어서면서 중국의 태도는 달라졌다. 중국의 안보에 위협이 된다는 생각을 하게 된 것이다. 마오쩌둥은 10월 8일 일단 참전을 결정하고 북한에 통보해주기는 했다. 하지만 중국 지도부는 찬반으로 나뉘어 며칠 동안 논쟁을 거듭했다. 참전해야 한다는 쪽은 혈맹 관계인 북한을 돕는 것은 동맹의 당연한 의무이고, 전쟁의 성격이 미국의 침략 전쟁이 되었기 때문에 중국군을 보내야 한다는 논리였다. 반대하는 쪽은 정부가 수립된 지 1년밖에 안 된 시점에서 전쟁에 개입하는 것은 혁명국가 건설 작업에 차질을 가져올 수 있으며, 세계 최강 미국과 맞서는 것은 중국을 위험에 처하게 할 것이라고 주장했다.

마오쩌둥은 찬반 양측의 의견을 들으면서 며칠 밤낮을 고민했다. 마오쩌둥의 고민의 핵심은 참전해서 승리할 가능성이 있는지, 제3차 세계대전으로 가지는 않을지였다. 중국군은 무기와 장비가 열악했다. 그런 무장으로 세계 최강 미국에 대항하는 것이 옳은 것인지 고민하지 않을 수 없었다. 또, 중국이 미국과 전쟁을 벌이게 되면 소련이 개입하게 될 가능성이 높다고 보았다. 이는 제3차 세계대전으로 가는 길이었다.

마오쩌둥이 이렇게 고민하고 있을 때 스탈린은 참전을 권유했다. 스탈린이 내세운 중국 참전의 구체적인 근거는 4가지였다. 첫째는 미국이 한반도에서 대규모 전쟁을 할 준비가 되어 있지 않다. 둘째는 일본의 군사력은 아직 복구되지 않아서 미국을 도울 수 없다. 셋째는 중국은 소련의 지원까지 받고 있기 때문에, 한반도 문제에 관해 미국은 중국에 양보할 수밖에 없을 것이다. 넷째는 소련의 지원을 받은 중국이 동북아시아에 버티고 있기 때문에 미국은 결국 타이완도 버리게 될 것이고, 일본 제국주의를 부활시켜 일본을 자신의 군사기지화하려는 계획도 포기하게 될 것이다.

이런 구체적인 이유를 대며 참전을 독려한 스탈린은 중국이 소련과 상호원조조약을 체결해놓았기 때문에 두려워할 필요가 없다면서 중국의 등을 더욱 세차게 밀었다. 마오쩌둥은 스탈린의 요구를 거부하기 힘들었다. 추후 타이완을 점령한 뒤 중국 전체를 사회주의 국가로 발전시킬 계획을 하고 있던 마오쩌둥은 소련과 협조적인 관계를 유지해야 했다. 게다가 38선을 넘어 북진하는 미군은 중국에 대해서도 직접적인 위협이었다. 언제 압록강을 넘어 만주로 진군할지 모른다는 위기의식이 점점 높아졌다.

그뿐만 아니라 위기에 몰린 북한은 중국에 직접 군대를 파견해 도와줄 것을 호소했다. 북한은 10월 8일 연안파로 중국 지도부의 신임이 두터운 내무상 박일우를 중국에 보내 북한의 상황을 설명하게 하고 참전을 재촉했다. 중국은 북한과 특별한 관계를 유지하고 있었다. 일제강점기 중국공산당과 김일성의 항일빨치산 세력은 만주에서 함께 항일투쟁을 전개했다. 중국공산당이 장제스 군대에 쫓겨 만주에 몰려 있을 때는 북한이 지원해 다시 싸울 수 있게 해주었다. 그런 북한이 위기상황에서 도움을 요청하고 있는데 중국이 거절하기는 쉽지 않았다. 이런 요인들이 복합적으로 작용해 마오쩌둥은 10월 12일 참전하기로 최종 결정했다. 참전하는 중국군은 중국인민지원군으로 이름 붙였다. 원하는 사람을 모아서 꾸린 군대로 보이게 하려고 한 것이다. 사령관은 펑더화이彭德懷였다.

중국군은 10월 19일 압록강을 넘어 전쟁에 참여했다. 마오쩌둥은 중

마오쩌둥은 10월 12일 참전하기로 결정하고, 참전하는 중국군은 중국인민지원군으로 이름 붙였다. 당시 중국인민지원군 사령관 펑더화이.

국군을 참전시키면서 자신의 장남 마오안잉毛岸英도 함께 보냈다. 주변에서 만류했지만, '그가 죽음이 두려워 가지 않는다면 누가 가겠는가'라며 아들을 보냈다. 펑더화이의 비서로 복무하던 그는 1950년 11월 평안북도 동창군 대유동의 동굴에 차려진 사령부에서 근무하던 중 미군이 떨어뜨린 네이팜탄에 의한 화염으로 전사했다.

중국군은 남진을 계속해 11월 말 청천강 지역을 점령하고, 12월 초 평양을 차지했다. 중국군에 쫓긴 남한군과 유엔군은 12월 14~24일 흥남부두를 이용한 대대적인 철수작전을 전개해서 군인 12만 명과 피난민 10만 명을 남쪽으로 이동시켰다. 12월 31일에는 북중연합군 30만 명이 대대적인 공격에 나서 38선을 넘었다. 그렇게 1951년 초까지는 북중연합군의 남진이 계속되었다.

11월부터는 소련 공군기도 북한 상공에 나타나 미군기와 전투를 했다. 소련은 중국의 약점을 보완하기 위해 공군을 지원하기로 했다. 소련 공군을 중국 공군으로 위장해 보내기로 한 것이다. 발진 기지는 만주에 두고 중국 공군기와 똑같이 페인트칠을 했다. 조종사는 중국군 복장을 했다. 소련은 끝까지 공식적인 참전은 없다고 주장하고 싶어 했다. 스탈린이 여전히 미국과 맞붙는 상황을 싫어했기 때문이다. 후퇴가 거듭되는 상황에서 맥아더는 핵무기 사용을 건의했고, 트루먼 대통령도 고려했다. 하지만 결국 핵무기 사용은 하지 않는 것으로 결론이 났다.

미국은 왜 핵무기를 사용하지 않는가?

6·25 전쟁 당시 미국이 핵무기를 사용했더라면 어떻게 되었을까? 전쟁에서 쉽게 이겼을까? 한국인이라면 누구나 한 번쯤은 가져볼 만한 의문이다. 미국도 실제 전쟁 시작 단계부터 핵무기 사용을 고민했다. 6·25 전쟁 당시 미 육군부 차관이었던 칼 벤데트센Karl R. Bendetsen이 그렇게 말한 적이 있다. 이 같은 개전 당시 생각은 원칙적인 문제에 대한 고민의 일환이었다고 볼 수 있다.

하지만 전쟁이 한창 진행되는 동안은 이야기가 달라진다. 미국 대통령 트루먼은 1950년 11월 30일 기자회견에서 핵무기를 사용할 수도 있다고 말했다. 10월 19일 중국의 참전 이후 미군이 중국군에 밀리고 있는 상황에서 나온 말이었다. 맥아더는 12월 24일 26개 목표 지역을 구체적으로 제시하면서 핵무기 사용을 주장했고, 이후 미국은 핵무기 사용을 계속 고려했다. 1951년 4~10월에는 그 가능성이 매우 높았다. 대규모의 중국군이 만주에 대기하고 있었고, 소련 공군이 본격적으로 개입할 것이라는 정보를 트루먼이 갖고 있었다.

미국은 실제로 9개의 원자탄을 괌으로 이동시켰다. 특히 9~10월에는 B-29 폭격기가 모조 핵탄두와 대형 TNT를 북한 지역에 투하했다. 휴전회담이 중단될 때마다 미국은 전술 핵무기의 사용을 고려하기도 했다. 마크 클라크Mark Clark 유엔군 사령관은 휴전 협상이 난항인 가운데 북한에 대한 폭격을 강화하던 1952년 9월 원자폭탄의 사용을 건의했다. 전쟁 내내 핵무기는 언제든 꺼내들 수 있는 카드였다.

트루먼의 기자회견 이후 김일성은 공포감을 떨치지 못했다. 북한 사람들의 미국에 대한 적대감도 전쟁 중 미국의 융단폭격과 함께 핵공격 위협 때문에 생긴 것이다. 오늘날에도 강하게 남아 있는 극도의 반미 감정은 오히려 북한 내부를 결속시키면서 북한 체제를 받쳐주는 기둥 역할을 하고 있다.

전쟁 시작 당시 미국은 약 300개의 핵무기를 갖고 있었다. 소련은 20개 정도에 불과했다. 더욱이 소련은 전쟁의 직접 당사국이 아니었다. 전쟁에서 핵무기 사용이 필요하고 소련보다 핵전력이 크게 우위를 보이는 상황이었기 때문에 실제 핵무기의 사용 가능성은 매우 높았다. 하지만 고심을 거듭하던 미국은 사용하지 않는 것으로 결론을 냈다. 왜일까? 6·25 전쟁이 냉전 시작 후 첫 번째 큰 전쟁이었기 때문에 관련 연구도 많고, 그만큼 미국이 핵무기를 사용하지 않은 이유에 대한 연구도 많다. 로저메리 풋Rosemary Foot,[9] 로저 딩먼Roger Dingman,[10] 존 개디스John Gaddis,[11] 매슈 존스Matthew Jones[12] 등 많은 학자가 이에 대해 천착했다. 이들의 연구와 당시 고위 정책 당국자들의 증언 등을 토대로 정리를 해보면 미국이 핵무기 사용을 포기한 이유는 4가지로 정리해볼 수 있다.

첫째는 제3차 세계대전에 대한 우려다. 중국과 북한에 핵폭탄을 떨어뜨리는 순간 소련의 참전할 가능성은 매우 높았다. 전쟁은 김일성이 기획해서 스탈린과 마오쩌둥의 동의를 차례로 얻은 후 김일성이 실행한 것이다. 스탈린은 전쟁의 시작 단계부터 깊이 개입하고 있었다. 소련은 무기를 공급하고 공군도 파견했다. 미국의 핵무기 공격에 소련이 팔짱을 낀 채 불구경만 하고 있을 입장은 아니었다. 미국은 이를 걱정한 것이다. 더욱이 소련은 1949년 8월 핵실험에 성공해 20개 정도의 핵폭탄을 보유하고 있었다. 미국보다 적은 양이긴 하지만 미국의 공격에 대응해 미국과 미국의 동맹국에 치명상을 입히기에는 충분했다. 상대의 공격이 무서워 공격을 못하는 '공포의 균형balance of terror'이 미국의 핵공격을 막았다고 할 수 있다. 트루먼도 회고록에서 이 부분에 대한 걱정이 컸음을 밝힌 바 있다. 핵무기를 쓰면 민간인 2,500만 명 정도는 희생될 것이고, 세계대전으로 확전될 수 있음을 우려한 것이다.

둘째는 유럽 국가들, 특히 영국의 반대다. 유럽의 염려는 미국이 동북아시아 전쟁에 핵무기까지 쓰면서 몰입할 경우 유럽이 소련의 공격에 노출된다는 것이다. 미국이 중국군에 핵무기를 쓰면 소련은 보복에 나설 것이고, 그 보복이 유럽을 향할 수도 있다는 우려였다. 영국 의회는 총리를 압박했고, 총리 클레멘트 애틀리Clement Attlee는 미국으로 가서 트루먼을 설득했다. 미국은 혈맹 영국을 비롯한 유럽의 강력한 요구를 무시할 수 없었다. 6·25 전쟁은 미국뿐만 아니라 영국, 프랑스, 네덜란드, 벨기에, 룩셈부르크, 그리스 등 유럽 국가를 포함해 16개국이 유엔군을 구성해 치르고 있었다. 이 국가들이 단일전선을 유지하는 것은 전쟁 승리와 미국의 위신을 위해서 매우 중요한 일이었다.

셋째는 실제 핵공격의 목표물을 찾기가 쉽지 않았다는 것이다. 핵공격의 목표는 통상 대도시 또는 산업시설이다. 이들을 공격했을 때 가장 큰 효과를 거둘 수 있다. 인명 살상이나 산업 기반시설 파괴, 공포감 조성 등 다양한 핵공격의 효과를 한꺼번에 거둘 수 있다. 북한은 미군이 북진할 당시 융단폭격으로 대부분의 도시가 초토화되었다. 사람들은 산지 사방으로 흩어졌고, 공장들은 부서져 있었다. 게다가 군인들은 대부분 산으로 숨어들어 갔다. 북한은 80퍼센트가 산이다. 핵무기를 어디에 떨어뜨릴지 헷갈리는 상황이었다. 미국의 핵무기는 1945년 일본 히로시마와 나가사키에 떨어진 이후 그 어느 것도 상대할 수 없는 절대 비대칭의 무기로 인식되었다. 동아시아나 유럽을 소련에서 보호하기 위해서는 그런 인식이 지속되어야 했다. '북한을 핵으로 공격했는데 효과가 별로였다'는 평가가 나온다면, 이는 미국의 세계 전략에 치명타가 될 수밖에 없었다. 따라서 미국은 망설일 수밖에 없었다.

넷째는 도덕적 부담이다. 작은 나라 북한과 전쟁을 하는데 핵무기를 사용하는 것은 국제적인 비난을 불러올 수 있었다. 세계 최강대국이 세계 최약소국 북한에 핵폭탄을 떨어뜨렸다는 비난을 미국은 무겁게 느낀 것이다. 더욱이 핵무기는 주변의 모든 것을 초토화하는 것이니 군인과 민간인을 구분하지 못한다. 핵무기를 사용하는 순간 민간인을 살해했다는 부담을 안아야 하는 것이다. 전쟁에서는 이기겠지만 도덕적으로는 패하는 상황이 되는 것이다. 미국은 전쟁에서도 이기고 도덕적으로도 정당성을 인정받는 나라가 되고 싶어 했다. 그런 것이 6 · 25 전쟁에서도 그대로 적용되었다고 볼 수 있다.

여러 가지 이유를 말했는데, 이 중 어떤 하나가 핵무기 사용을 막았다고 말하기는 어렵다. 트루먼을 비롯한 미국의 지도부는 이런 이유들을 종합적으로 고려했다. 이 4가지 이유가 복합적으로 작용하면서 트루먼이 핵단추를 누르는 것을 저지했다고 보는 것이 옳을 것이다.

북한의 작전권 이양

참전 이후 중국군은 남한군 · 유엔군과 전투에 직접 나서는 한편, 북한군과의 관계 정립에도 주력했다. 10월 21일 중국인민지원군 사령관 펑더화이는 김일성을 만나 조선인민군 장성의 파견을 요청하자 박일우를 보냈다. 박일우는 25일부터 중국인민지원군 부사령관 겸 부정치위원으로 활동했다. 박일우를 통해 조선인민군과 협력하는 관계를 형성했다. 하지만 펑더화이는 이것으로 만족하지 않았다. 북한에 작전을 맡겨서는 안 된다고 생각했다. 북한의 군지휘부가 모험주의적이면서 장기적인 전략이 없고, 군지휘 체계도 아주 조잡하다고 보았다.[13]

펑더화이는 11월 7일 다시 김일성을 만나 연합작전 문제를 협의했다. 3일 동안이나 줄다리기를 했다. 펑더화이는 조선인민군에 대한 작전권을 자신이 행사하겠다고 주장했고, 반면에 김일성은 작전권을 넘기지 않고 전쟁을 치르려고 했다. 3일간 논의를 했지만 참모진의 연락과 정보교환을 강화한다는 내용밖에는 합의하지 못했다. 연합은커녕 양측의 지휘본부를 가까이에 설치하는 문제도 의견 일치를 보지 못했다.

11월 15일에는 김일성과 펑더화이, 중국공산당 동북국 제1서기 가오강高崗, 북한 주재 소련 대사 스티코프가 만나 다시 논의했다. 펑더화이는 자신과 김일성, 스티코프 3인으로 군지휘부를 구성해 작전의 통일성을 확보하자고 했다. 김일성은 답을 하지 않았다. 중국군과 조선인민군을 하나로 합치는 것이니 결국은 최고지휘권이 다수의 군을 갖고 있는 펑더화이에게 갈 것으로 보았기 때문이다.

양측이 평행선을 달리자 마오쩌둥이 나섰다. 자신이 결론을 내리지 않고, 스탈린에게 의견을 물었다. 11월 17일 스탈린은 중국이 작전권을 행사하는 것이 옳다는 말했다. 김일성은 이 문제를 최종적으로 매듭짓기 위해 12월 3일 베이징으로 갔다. 김일성과 마오쩌둥은 회담을 열어 논의한 끝에 "중국과 북한이 통일된 지휘 체계를 가져야 하고 중국군이 지휘권을 가져야 한다"는 스탈린의 의견에 동의하는 것으로 합의했다.

전쟁을 치르고 있는 김일성이 사회주의 종주국 소련의 최고지도자 스탈린의 의견을 거스르기는 어려웠을 것이다. 직접 대규모 군대를 파견하고 있는 중국의 요구도 끝까지 거부하기는 힘든 상황이었다. 군에 대한 지휘권은 국가주권의 핵심적인 부분이고, 작전권 이양은 자신에

김일성은 군 지휘권을 국가주권의 핵심적인 부분으로 여겼으며, 작전권 이양을 자신에게 커다란 굴욕이라고 생각했다. 하지만 중국군의 대규모 지원을 받는 상황에서 군 지휘권을 넘겨줄 수밖에 없었다. 1950년 10월 19일, 압록강을 건너 입북하는 중국군 병력들.

게 커다란 굴욕이기 때문에 김일성은 자신의 주장을 내세워 보았지만 이를 끝까지 견지하기는 쉽지 않은 형편이었다. 김일성은 한 달 반 정도를 버티다 결국은 스탈린의 의사를 전달받고 자신의 주장을 접었다. 김일성은 베이징 방문길에 오르기 전 조선노동당 정치위원 회의도 미리 소집해 이 문제를 논의하고, 거기서도 이미 중국에 작전권을 넘겨도 좋다는 결론이 나 있었다. 중국행은 작전권을 고집하기보다는 중국에 작전권을 넘겨주고 대신 중국의 지속적인 지원을 요청하기 위한 목적이었던 것으로 보인다.

10월 4일 조중연합사령부를 세우고, 중국 측이 사령관을 맡는 것으로 최종 정리되었다. 대신 북한은 사령관 바로 아래의 자리를 갖기로 했다. 사령관 겸 정치위원은 펑더화이가 맡았다. 부정치위원에는 박일우, 부사령관에는 김웅이 임명되었다. 중국 측 부사령관은 덩화鄧華가 맡았다. 연합 명령은 펑더화이, 박일우, 김웅 3인의 이름으로 집행하도록 했다. 전투와 작전 문제는 조중연합사령부에서 맡아서 하고, 후방 동원이나 훈련, 군사행정, 경비 등의 문제는 조선인민군이 직접 관장하기로 했다. 이런 모든 사항은 비밀에 부쳤다.

이승만이 1950년 7월 14일 편지를 통해 유엔군 사령관 맥아더에게 한국군의 작전권을 넘겼듯이 김일성도 펑더화이에게 조선인민군의 작전권을 넘겼다. 법률적으로도 전쟁은 이제 남북한이 아니라 중국과 미국(유엔) 사이의 국제전이 되었다.

총정치국을 설치하다

1949년 5월 문화 부중대장제도가 실시되면서 군에 대한 당의 통제는 이전보다 강화되었다. 1950년 10월이 되어서는 이것이 한층 강화되었다. 10월 21일 조선노동당 중앙위원회 정치위원회에서 조선인민군 각급 부대에 당 조직을 세우기로 결정한 것이다. 중대에는 당 세포, 대대에는 대대당위원회, 연대에는 연대당위원회 등 당 조직이 체계적으로 마련되었다. 이에 대한 지도는 문화부에서 명칭이 바뀐 각급 부대의 정치부에서 하기로 했다. 책임자는 정치 부副부대장이었다. 조선인민군 문화훈련국은 총정치국으로 바뀌었다. 초대 총정치국장은 박헌영이 맡고, 부총국장에는 갑산파인 박금철이 임명되었다. 조선인민군과 당 관계의 이러한 대대적인 개편은 조선인민군의 후퇴 과정에서 규율과 질서가 무너졌기 때문에 이를 다시 강화하고 조선인민군을 질적으로 강력한 군대로 성장시키기 위한 조치였다. 북한은 당시의 조치를 조선인민군을 진정한 '혁명적 무장력'을 갖춘 군대로 만들기 위한 것이었다고 설명했다.

> 김일성 동지에 의하여 창건되었으며, 항일의 빛나는 혁명전통을 계승한 조선인민군은 우리 당과 우리 혁명을 보위할 영예로운 사명을 지닌 조선노동당의 혁명적 무장력이다. 그러므로 인민 군대는 오직 조선노동당에 의해서만 영도되어야 하며 인민 군대 안에는 우리 당 조직만이 있어야 한다. 그렇게 하여야만 전체 군인들을 경애하는 수령님의 위대한 혁명사상으로 철저히 무장시켜 인민 군대를 진정한 혁명의 군대, 당의 군대, 노동계급의 군대로 강화발전시킬 수 있으며 당의 혁명적 무장력으로서의 사명을 다하게 할 수 있다.[14]

조선인민군은 1946년 8월 보안간부훈련대대부 형태로 창설될 당시부터 각급 부대에 문화부를 설치해 사상 부문을 담당하도록 했다. 1950년 7월에는 군단에 군사위원제도가 도입되었다. 군사위원은 군단장을 감시하고 작전 계획에도 참여하면서 지휘권을 간섭할 수 있었다.

김일성에게 수시로 보고할 수 있는 권한도 갖고 있었다. 전쟁이 조기에 끝나지 않고 장기화되면서 군에 대한 직접 통제를 강화하기 위해 군사위원제도를 실시한 것이다.

조선인민군에 대한 당의 통제를 담당하는 기관은 문화훈련국, 문화훈련국과 군사위원, 총정치국의 순서로 변화해온 셈이다. 이와 같이 군에 대한 당의 통제와 지도를 강화한 것은 군의 내부적 동요를 사전에 막고 철저한 김일성 지지 일색의 군대로 변화시키기 위한 포석이기도 했다.

김일성과 박헌영의 갈등

김일성은 박헌영과 전쟁을 공동으로 결정하다시피 했다. 우선 직위부터 수상과 부수상으로 1인자와 2인자 역할을 맡고 있었고, 남침 승인을 받기 위해 1949년 3월 소련, 1950년 4월 다시 소련, 5월 중국을 방문할 때 김일성과 박헌영은 동행했다. 전쟁을 해서 이길 수 있다고 생각할 때였다. 이때는 서로 의기가 투합했다. 하지만 전쟁이 시작된 지 3개월도 안 되어 전세는 역전되었다. 조선인민군은 쫓기는 신세가 되었다. 그러자 두 사람은 대립하기 시작했다.

1950년 10월 8일이었다. 김일성은 평양의 모란봉 아래에 만든 지하집무실에서 모래주머니 방탄벽을 두른 채 있었다. 미군의 폭격을 피하기 위해 외부는 위장망으로 가리고 있었다. 10월 1일 남한군이 38선을 넘어 북한으로 진격하고 있었고, 미군도 7일 38선을 넘은 다급한 상황이었다. 맥아더는 북한에 무조건 항복하라고 외치고 있었다. 이런 상황에서 김일성은 집무실에서 박헌영과 대처 방안을 논의하고 있었다. 논의는 바로 싸움이 되었다.

김일성은 이제 유격전을 하자고 주장했다. 산으로 들어가 남한군과 유엔군에 대적하자는 것이었다. 항일빨치산처럼 하면 된다는 이야기였다. 박헌영은 반대했고, 그들은 격렬하게 다투었다. 북한 주재 중국 대사 니즈량倪志亮과 참사관 차이청원柴成文이 집무실에 들어서는데도 심하게 싸웠다.[15] 이들은 당시 중국이 참전하기로 했다는 마오쩌둥의 전문을 갖고 김일성을 찾았다. 중국은 10월 8일 참전을 결정하고 이후 추가 논의를 통해 10월 12일 최종적으로 참전을 확정하는데, 8일의 참전 결정을 전해주러 김일성을 찾은 것이다.

11월 7일에도 북한의 두 지도자는 크게 싸웠다. 러시아의 10월혁명을 기념하는 연회가 자강도 만포군의 소련 대사관에서 열렸다. 북한의 주요 지도부와 소련파 인물들이 대거 연회에 참석했다. 소련에 살다가 해방 이후 북한에 들어가 외무성 부상까지 지낸 박길룡도 그 자리에 가게 되었다. 김일성과 박헌영의 다툼을 현장에서 볼 수 있었다. 김일성은 그날 술을 몇 잔 했다. 어느 순간 김일성은 "여보, 박헌영이. 당신이 말한 그 빨치산이 다 어디에 갔는가? 백성들이 다 일어난다고 그랬는데 어디로 갔는가?"라면서 "당신이 스탈린한테 어떻게 보고했는가? 우리가 넘어가면 막 일어난다고 당신 그런 이야기 왜 했는가?"라고 질책했다. 이에 대해 박헌영은 "아니, 김일성 동지, 어찌해서 낙동강으로 군대

김일성은 취중진담으로 전쟁의 책임을 박헌영에게 떠넘기는 발언을 했다. '전쟁이 잘못되면 나쁜 아니라 너도 책임이 있다.' 김일성과 박헌영(앞줄).

를 다 보냈는가? 서울이나 후방에 병력을 하나도 못 두었는가? 후방은 어떻게 하고 군대를 내보냈는가? 그러니까 후퇴할 때 다 독 안에 든 쥐가 되지 않았는가?"라고 받아쳤다.

그러자 김일성은 "야, 이 자식아. 이 자식아. 무슨 말인가? 만약에 전쟁이 잘못되면 나쁜 아니라 너도 책임이 있다. 너 무슨 정세 판단을 그렇게 했는가? 난 남조선 정세를 모른다. 남로당이 거기 있고 거기에서 공작하고 보내는 것에 대해 어째서 보고를 그렇게 했는가?" 하면서 박헌영을 몰아쳤다. 흥분한 김일성은 대리석 잉크병을 벽에 던져 깨버렸다.[16]

김일성은 이날 취중진담을 하고 있었다. 전쟁에서 패배하고 평양까지 버리고 압록강까지 쫓겨온 상황에서 전쟁의 책임을 누군가에게 넘겨주든지, 그게 안 되면 공동 책임으로라도 하고 싶은 심정을 술기운을 빌려 표현하고 있었다. 남침만 하면 20만 명이 봉기한다던 박헌영은 김일성에게는 좋은 타깃이었다. '넘어가기만 하면 모든 게 일거에 쉽게 해결된다고 해서 네 말만 믿고 넘어갔는데 그게 아니었다. 그러니 네가 책임져라'는 이야기를 하고 있었다.

이러한 충돌은 술자리에서 일어난 우연한 사건이라고 보기 어렵다. 김일성은 독립운동의 경력도 갖고 있었지만, 정치 전략에 매우 능한 인물이었다. 김일성은 그런 식으로 박헌영에게 책임을 떠넘기기 위한 분위기를 만들고, 박헌영의 권위를 떨어뜨리는 작업을 진행했다고 보는 것이 옳다. 1953년이 되어서는 박헌영의 수족들을 먼저 제거하고 이후 박헌영마저 숙청하는 작업을 진행한다.

무정에게 책임을 전가하다

전쟁을 시작한 1950년 6월 25일 이후 김일성은 승전을 위해 전력투구했다. 조선인민군 최고사령관으로 작전을 지휘하고 소련과 중국의 지원을 지속적으로 확보하기 위해 동분서주했다. 하지만 김일성의 예상과는 달리 미국은 신속하게 전쟁에 개입했고, 인천상륙작전 이후에는 조선인민군은 후퇴를 거듭했다. 중국군의 지원을 호소할 수밖에 없었다.

　중국 지도부와 친밀한 인사를 메신저로 지정해 중국과 긴밀히 협조를 해야 하는 상황이었다. 이때 지명된 이가 박일우다. 연안파로 중국 지도부와는 중국에서 활동할 당시부터 인연을 맺고 있던 인물이다. 박일우는 9월 중순부터 중국을 오가면서 중국군의 참전을 호소했다. 인천상륙작전이 실행된 9월 15일쯤 안둥安東(단둥의 옛이름)에 와 있던 중국군 제15병단 부사령관 훙쉐즈洪學智를 만났고, 10월 8일에는 선양瀋陽에서 펑더화이를 만났다. 12일에는 안둥으로 옮긴 펑더화이를 다시 찾아갔다.

　그런데 실제로 마오쩌둥이나 저우언라이, 펑더화이 등 중국의 최고지도부와 친밀한 관계를 형성하고 있던 인물은 무정이었다. 무정은 중국공산당의 1만 2,500킬로미터 대장정에도 직접 참여하고 이후 지속적으로 중국공산당에서 중요한 역할을 한 유일한 조선인이었다. 포병장교로 능력을 인정받아 팔로군 포병단장(여단장급)까지 지냈다. 중국과의 메신저로 무정이 훨씬 중량감이 있었다. 하지만 김일성은 무정 대신 박일우를 중용했다. 더욱이 박일우는 무정이 조선의용군 사령관을 할 때 그 아래에서 정치위원을 했던 인물이다.

　김일성은 해방 이후 무정을 경쟁자로 여겼다. 그래서 당의 요직은 맡지 못하도록 하고 군 창설 작업에 참여하도록 했다. 그것도 최용건 다음의 2인자 역할에 머무르게 했다. 전쟁에서 밀리는 절체절명의 상황에서도 무정이 부활할 수 있는 여지를 주는 조치는 피했다.

　중국군의 참전 이후 중국군과 조선인민군의 관계를 정립하는 것이

북한은 미군의 인천상륙작전 이후 후퇴를 거듭했다. 그래서 중국군의 지원을 호소할 수밖에 없었다. 1950년 9월 15일 맥아더가 '마운트 매킨리호號'에서 인천상륙작전 상황을 지켜보고 있다.

중요해졌다. 우선은 중국군에 조선인민군 고위인사를 부사령관으로 임명해 협력 관계를 유지하고, 이후 중국군이 조선인민군의 작전권을 넘겨받는 식으로 정리해나갔다. 조중연합사령부가 구성되기 전에도 마오쩌둥이 '연합사령부 명의로 전쟁 상황을 발표하지 마라'고 말한 적이 있는데, 이는 작전권 이양 이전에 이미 초기 형태의 합동조직이 꾸려져 있었음을 짐작하게 해준다.

10월 25일 박일우를 중국인민지원군 부사령관으로 파견받은 이후 초기 협력조직을 구성하고, 12월 4일 완전한 체계를 갖춘 조중연합사령부를 공식 창설했던 것으로 보인다. 어쨌든 이렇게 6·25 전쟁 초기 무정은 야전에서 직접 군을 지휘하고 있었던 반면, 박일우는 군지휘부 최상층의 지위를 확보하고 있었다.

패전의 상황으로 몰렸고 전쟁 수행의 직접적인 권한과 능력마저 외국군에 맡겨놓은 상황은 김일성에게 매우 절망적이었다. 조선인민공화국의 수상을 맡고 있었지만, 전쟁에서 한 발을 빼고 있는 형편이었다. 하지만 권력 의지가 남다른 김일성은 그때부터 내부 정치에 몰두했다. 이런 상황을 온전히 자신에게 유리한 환경으로 돌려놓는 작업에 돌입한 것이다. 펑더화이에게 군사작전을 일임해서 정치에 골몰하기엔 더 유리하기도 했다.

우선, 김일성에게 중요한 것은 패전의 책임을 누군가에게 돌리는 것이었다. 박헌영에게 돌리고 싶었지만, 그의 세력은 하루아침에 무너뜨릴 수 있는 정도가 아니었다. 박헌영보다 쉬운 타깃이 필요했고, 결국 무정이 지목되었다. 연안파는 분열되어 있었고, 무정은 자기 세력이 약했다. 1950년 11월 24일쯤 조선인민군 전체 군관회의를 열었다. 그동안의 작전과 후퇴에 대한 평가를 하는 회의였다. 그런데 여기서 2군단의 참모장 김광협과 5사단장 오백룡이 무정을 비판했다. 평양을 끝까지 지키지 않고 조기에 후퇴한 것은 잘못이라는 것이다. 무정은 전쟁 초기 김광협의 후임으로 2군단장이 되었고, 평양 함락 직전에 평양방어사령관에 임명되었는데, 평양방어사령관으로 임무를 제대로 수행하지 않았다는 것이다.

한 달 후인 12월 21일에는 조선노동당 중앙위원회 제3차 전원회의가 자강도 만포군 별오리에서 열렸다. 당중앙위원과 후보위원, 군의 고위급 지휘관들이 참가한 회의였다. 이 자리에서 김일성은 무정을 비판했다. 죄목은 명령불복종과 군벌주의적 만행이었다. 앞의 것은 평양을 방어하라는 명령을 제대로 이행하지 않았다는 것이고, 뒤의 것은 후퇴하는 과정에서 병사를 치료하라는 명령을 듣지 않는 의사를 사살한 것을 이르는 것이다. 평양 사수는 당시의 남한군과 유엔군의 병력과 기세로 보아 누가 사령관이었더라도 하기 어려운 상황이었다. 또, 전쟁 중 명령불복종에 대해서는 즉결처분의 권한이 지휘관에게 있었다. 그런데도 무정은 이 죄목으로 맹렬한 비판을 받았다. 그러고는 무정을 전격 연행해 감금했다.

김일성은 무정에 대한 전격 숙청을 통해 2가지를 얻으려 했다. 하나는 패전의 책임을 무정에게 상당 부분 돌리는 것이었다. 무정이 제대로 못해서 평양을 잃고 후퇴하게 되었다는 이야기를 하고 있었다. 또 하나는 오랜 정적 무정을 제거하는 것이었다. 해방 이후 '황해도의 아버지'로 불리며 추앙과 만세를 받던 무정에 대해 김일성은 지속적으로 경계하면서 그의 권위와 힘을 떨어뜨리는 작업을 진행해왔다. 그것의 완결판으로 전쟁 중 숙청을 단행한 것이다.

이렇게 김일성은 자신에게 절대적으로 불리한 상황까지도 반전의 기회로 삼았다. 이후 6 · 25 전쟁을 겪는 동안 그의 권력은 더욱 강화되었다. 무정 숙청에 이어 소련파의 거두 허가이를 권력의 핵심에서 제거하고, 리승엽을 비롯한 남조선노동당의 주요 인물들을 미국의 간첩으로 몰고 박헌영마저 그들의 수뇌라며 제거했다.

조선인민군
특무상사의
1950년

강원도 명주 출신으로 6·25 전쟁 당시 후퇴하는 조선인민군을 따라가 조선인민군에 입대한 김진계는 1950년 10월 말부터 조선인민군 제13사단 소속 한 부대의 특무상사로 복무했다.[17] 특무상사는 소대장 바로 아래 직책이었다. 조선인민군의 남한 점령 당시 분주소(파출소) 부소장을 했기 때문에 특무상사로 임명되었다. 당시 쫓기는 조선인민군의 사정은 열악했다. 김진계의 부대는 산수갑산으로 알려진 함경남도 삼수군에 주둔하고 있었는데, 김진계가 연대장에게서 받은 첫 번째 임무가 비상식량으로 감자엿을 마련하는 것이었다.

김진계는 연대장이 주는 증명서와 편지 한 통을 들고 면 인민위원회를 찾아갔다. 인민위원장은 곤란한 표정을 지었다. 녹말가루는 있는데, 엿가루가 없다는 것이었다. 엿가루부터 만들기 시작하면 일주일은 족히 걸릴 상황이었다. 시간이 촉박해 그럴 수는 없었다. 그래서 녹말가루를 민가에 배포하고 그들이 엿가루를 주변에서 모아 엿을 고아 오도록 했다. 하지만 민가의 상황도 어려워 생각보다 시간이 많이 걸리고 목표한 양도 채울 수 없었다.

김진계가 속한 부대는 후퇴를 거듭했다. 삼수군에서 혜산진으로 이동했다. 11월 3일에는 혜산진에서 만포진으로 이동했다. 이동은 밤에만 했다. 후방에서 전열을 가다듬어 다시 전투에 참여할 계획이었기 때문에 이동 상황을 유엔군이 알게 되면 곤란했다. 칠흑같은 어둠을 뚫고 이동하다 보니 사고도 많았다.

흔들리는 트럭에서 앞사람의 총구에 뒷사람의 눈이 찔리는 경우도 있었다.

11월 4일 부대는 북중 국경까지 넘어 중국 통화通化 쪽으로 갔다. 국경 부근에서 김진계는 참전하는 중국군을 직접 목격했다. 솜을 누벼 만든 옷을 입은 사람들이 개미떼처럼 반대 방향으로 국경을 넘고 있었다. 목도채를 2개씩 메고 노래를 흥얼거리면서 북한으로 넘어가고 있었다. 10명에 한 사람씩 일제 구구식 소총을 메고 있었고, 옆구리에는 방망이 수류탄 두어 개씩을 차고 있었다. 통화에서 자동차 운전을 가르치는 자동차교도중대가 만들어졌다. 김진계는 운전을 할 수 있어 이 중대의 특무장이 되었다. 남한군의 선임하사와 같은 자리로 운전교육을 책임지는 역할이었다.

통화에서 11월 6일 기차를 타고 지린吉林으로 갔다. 거기서 자리를 잡고 운전교육을 실시했다. 하루 2시간 이론 교육을 하고 나머지는 실습을 했는데, 70명 교육생에게 배정된 차량이 2톤짜리 화물차 한 대였다. 밥은 수수쌀로 만든 주먹밥 한 덩이와 단무지 한 조각이 전부였다. 잠은 몇 명씩 한 조가 되어 민가에 유숙했다. 유숙의 대가로 가끔씩 산에서 나무를 해주기도 했다. 그런데 양국의 문화 차이로 갈등이 생기는 경우도 많았다. 하루는 호의에 감사하는 마음으로 부대원 몇 명이 유숙하는 집의 대청소를 해주었다. 천장에 오색종이가 매달려 있는데 먼지와 거미줄이 잔뜩 쌓여 있어 그 종이를 말끔히 제거해주었다. 그런데 알고 보니 이것이 복을 비는 부적이었다. 그래서 집주인이 부대장에게 항의하고, 진상조사가 이루어지고, 부대원들이 사과했다.

김진계는 지린에 머물면서 바로 옆에서 야영하던 중국군 부대를 관찰할 수 있었다. 하루는 중국군 부대 옆을 지나다가 분위기가 묘해 가만히 지켜보았다. 한 장교가 권총을 높이 들고 마구 화를 내고 있었다. 한 병사의 죄를 묻는 것이었다. 그러고는 그 자리에서 처형하려 했다. 그 순간 동네 사람들이 사정을 해서 겨우 목숨은 살려주기로 했다. 사정을 알아보니 지난밤 너무 추워 민가에서 잠을 자게 되었다. 한 방에서 여럿이 잠을 자는데 문제의 병사가 한 방에서 자던 동네 여인네를 겁탈하려다 들통이 났다. 그래서 그 병사가 밤새 벌을 받다가 총살을 당할 위기에 처한 것이었다. 그런데 동네 사람들이 나서서 그 여자가 원래 행실이 안 좋다면서 사정 이야기를 자세히 전해줘 총살은 면하게 된 것이다. 팔로군은 '민가에서 바늘 하나도 얻지 마라'는 등의 3대 규율과 '부녀자를 희롱하지 마라'는 등의 8항주의를 규칙으로 세우고 이를 엄격히 지키고 있었다. 김진계가 그런 모습을 실제 관찰한 것이다.

이렇게 중국까지 건너가서 우여곡절을 겪으면서 나름의 정비를 마친 김진계의 부대는 중국군이 한창 공세를 취하면서 유리한 형세가 되자, 1951년 1월 5일 다시 국경을 넘어 북한으로 들어와 전투에 참여하게 되었다.

1951년

제2장

×××

휴전의 모색

김책은 왜 죽었을까?

　김정은 조선노동당 제1비서의 정치 스승이 김국태다. 당 검열위원장을 하다가 2013년 12월에 사망했다. 김정일이 2008년 뇌졸중으로 쓰러졌다가 일어나서 김국태에게 김정은을 부탁했다고 한다. 이후 김국태는 김정은에게 당과 군을 다루는 법을 중심으로 정치 과외를 한 것으로 전해진다. 김국태의 아버지가 김책이다. 북한의 카이스트 김책공업종합대학은 그의 이름을 딴 것이다.

　김일성보다 아홉 살이 많고 만주에서 항일무장투쟁을 할 당시 일제의 대대적인 토벌 속에서도 1943년 10월까지 남아 투쟁을 계속했다. 이후 소련으로 건너가 1944년 1월 소련군 제88특별정찰여단에 합류했다. 김일성이 1940년 10월 소련으로 이동했으니 김책은 김일성보다 3년을 더 만주에서 일제의 탄압과 토벌을 버티면서 항일무장투쟁을 한 것이다. 김책은 제88특별정찰여단에서 김일성과 함께 소련군 대위 계급을 받고 제3영 정치위원으로 일했다. 해방이 되면서 1945년 9월 19일 김일성과 함께 원산항을 통해 입북했다. 그리고 최용건과 함께 김일성을 도와 북한 정권을 세우는 데 크게 기여했다.

6·25 전쟁이 시작되면서 그는 전선사령관을 맡았다. 그는 만주 시절부터 주로 정치 사업을 했기 때문에 전선사령관에는 어울리지 않았다. 하지만 민족보위상 최용건이 전쟁에 반대했다. 미국의 참전 가능성을 염려하며 전쟁에 찬성하지 않았다. 그래서 김책이 전선사령관을 맡게 되었다. 그는 중국이 참전해 공세를 유지하다 다시 수세로 돌아설 무렵인 1951년 1월 31일 갑작스럽게 사망했다.

김일성은 회고록 『세기와 더불어』에서 사망 전날 밤 자신을 찾아와 전쟁과 관련한 논의를 하다가 늦어져 자고 가라 했는데, 집무실로 돌아가 철야로 일을 하던 중 심장마비로 사망했다고 밝혔다. 과로사했다는 것이다. 이것이 북한의 공식 입장이다. 1981년 1월 31일 『로동신문』에 당중앙위원회 비서 림춘추의 김책 사망 30주년 추모사가 실렸는데 그 내용은 이렇다.

김책 동지는 세상을 떠나기 전날 밤에도 위대한 수령님을 뵙기 위하여 밤길을 더듬어 수령님께서 계시는 최고사령부를 찾아갔습니다. 큰 일에서나 작은 일에서나 항상 위대한 수령님과 함께 기쁨도 슬픔도 나누려는 끝없이 깨끗한 마음을 간직한 김책 동지는 그날도 전쟁의 중하를 한 몸에 지니시고 밤을 지새우실 경애하는 수령님께로 달리는 심정을 누를 길 없이 늘 지키던 관례도 잊고 미리 연락도 없이 수령님께로 갔습니다. 경애하는 수령님께서 문득 찾아온 김책 동지를 보시고 한밤중에 험한 길을 예고도 없이 찾아온데 대하여 걱정 어린 심려의 말씀을 하신 지가 불과 몇 시간밖에 되지 않는데 위대한 수령님의 바래우심을 받으면서 떨어지지 않는 발길을 떠나가던 일이 방금 전 같은데 김책 동지가 세상을 떠났다니 그것은 믿을래야 믿기 어려운 일이었습니다.

한밤중에도 김일성을 찾아가 논의할 만큼 건강 상태가 좋았다는 이야기다. 당시 그의 나이도 47세에 불과했다. 그런데 자다가 심장마비로 죽었다는 것이다. 이를 두고 의문이 일기도 했다. 특히 북한에서 망명한 고위인사 가운데 의문을 제기하는 인물들이 있었다. 소련 주재 북한 대사를 지낸 리상조의 증언을 토대로 쓴 임은의 『김일성 정전』은 김책의 죽음이 김일성의 음모에 의한 것이란 소문이 있었다고 전한다. 사망 전날 밤 김책의 부관이나 식모, 군의관 등 누구도 김책의 건강 상태에 대해 이상하게 느낀 사람은 없었고, 전선사령관이 갑작스럽게 죽은 것에 대해 책임 추궁이나 군사재판 같은 것이 전혀 없었는데, 이것이 이상하다는 것이다. 심장마비로 쉽게 처리해버린 것이 의문스럽다는 이야기다.[1]

그의 죽음에 의문을 제기하는 이들은 김일성이 김책을 경쟁자로 생각하고 제거했을 가능성을 이야기한다.[2] 혁명 경력이 훌륭하고 정치적 수완까지 갖춘 김책을 자신의 경쟁자로 간주하고 사전에 제거했을 것

6 · 25 전쟁 당시 전선사령관을 맡았던 김책은 중국이 참전해 공세를 유지
하다 다시 수세로 돌아설 무렵인 1951년 1월 31일 갑작스럽게 사망했다.

이라는 추정이다. 이들은 림춘추가 이야기하는 '걱정 어린 심려의 말
씀'을 김일성의 질책으로 해석한다. 당시 패전 책임과 같은 중대한 문
제로 둘 사이에 다툼이 있었고, 김일성이 몹시 화를 낸 것을 림춘추가
우회적으로 표현했을 것이라는 추측이다. 더구나 김책이 김일성을 찾
은 날은 김일성의 전처 김정숙의 생일이었다. 김책은 그런 날이어서 일

부러 김일성을 찾아갔다. 그런데 그 자리에서 심한 다툼이 발생했을 것이라는 추정이다.

전쟁 중에 전선사령관이 자다가 심장마비로 죽었기 때문에 당시 조선인민군 내에서는 여러 가지 소문이 있었던 것으로 보인다. 하지만 죽음에 대한 실체는 없고, 암살로 여길 만한 증거나 증인이 있는 것도 아니었다. 김책의 혁명 경력이 김일성 못지않고 정치적 능력이 출중하니 김일성이 경계했을 것이고, 죽을 이유가 특별이 없으니 암살일 수도 있다는 막연한 추측만 할 뿐이다. 어쨌든 김일성·최용건과 함께 북한 정권 건설의 주역이면서 전선사령관을 맡고 있던 김책은 그렇게 갑작스럽게 사망했고, 후임 전선사령관에는 김광협이 임명되었다.

중국과 미국이 휴전을 추진하다

북중연합군의 공세는 계속되어 1951년 1월 4일에는 서울을 점령했다. 7일에는 수원까지 내려갔고, 이후 경기도 오산과 경북 보현산까지 남하했다. 계속 밀리던 남한군과 유엔군은 1월 9일부터 반격에 나섰다. 15일 경기도 오산을 탈환하고, 28일에는 강원도 횡성을 되찾았다. 31일에는 전선사령관 김책이 사망하고, 2월 7일에는 북중연합군이 퇴각하기 시작했다. 3월 14일에는 다시 서울을 수복하고, 24일에는 38선을 넘었다.

4월 11일에는 맥아더가 해임되었다. 계속적인 북진 공격을 추진하던 맥아더를 트루먼 대통령이 해임한 것이다. 트루먼은 당시 중국과의 확전과 소련의 개입을 우려하지 않을 수 없었다. 그래서 고집스러운 맥아더를 해임하고 매슈 리지웨이Matthew Ridgway를 유엔군 사령관으로 임명했다. 북중연합군은 춘계 대공세에 나서 4월 28일 춘천을 거쳐 30일에는 서울 북쪽까지 남진했다. 남한군과 유엔군은 다시 반격에 나서 6월 철원 지역까지 점령하고 북중연합군을 38선 이북으로 밀어올렸다. 이후 양측은 일진일퇴를 거듭했다.

중국군은 세차게 밀고 내려왔다가 다시 밀려올라가 38선을 중심으로 공방전을 계속하고 있는 상황에서 전쟁의 지속 여부를 고민하지 않을 수 없었다. 남한군을 상대로 한 전쟁이 아니라 미국과의 전쟁이었다. 무기와 장비, 전쟁을 받쳐주는 경제력에서 훨씬 앞서는 미군을 힘으로 이길 수 없는 상황임을 중국은 인식하고 있었다. 특히 공군력과 해군력에서 월등한 미군을 인해전술만으로 쓰러뜨릴 수 없음을 알게된 것이다.

미국 역시 전쟁이 쉽게 끝나지 않을 것임을 알고 있었다. 중국과 북한 뒤에는 소련이 있었다. 이런 상황에서 무기와 장비가 앞선다고 해서 전쟁을 이길 수 있는 것이 아니었다. 그래서 중국과 미국 모두 휴전을 원하고 있었다. 중국을 대신해 소련이 협상을 제안했다. 1951년 6월 23일 유엔 주재 소련 대사 야코프 말리크Yakov Malik가 유엔방송을 통해 휴전 협상을 제의했다.

미국이 이를 받아들여 협상은 시작되었다. 7월 10일 개성시 고려동 내봉장에서 첫 회의가 열렸다. 내봉장은 개성의 어느 갑부가 소유하고

휴전 협상은 개성시 고려동 내봉장에서 열렸는데, 이때 중국군 대표 셰팡과 덩화, 북한 대표 남일, 리상조, 장평산이 참석했다.

있던 조선시대 99칸 한옥이었다. 마당 한가운데에는 소나무가 한 그루 서 있고 그 주변으로 화단이 잘 꾸며져 있었다. 본채에 넓은 방이 있었는데, 거기에 긴 상을 놓아 양측이 대좌할 수 있도록 했다. 유엔 측의 수석대표는 터너 조이Turner Joy 해군 중장이었다. 미8군 참모부장 행크 호디스Hank Oddies 소장, 미 극동공군 부사령관 로런스 크레이기Lawrence Craigie 소장, 미 극동해군 참모부장 알리 버크Arleigh Burke 소장, 남한군의 백선엽 소장도 참여했다.

　북한 측의 수석대표는 조선인민군 총참모장 남일이었다. 남일은 소련의 강제 이주 정책에 따라 연해주에서 우즈베크공화국으로 이주한 소련 교포였다. 소련군 대위로 근무했고, 1946년 8월 입북해 북조선인 민위원회 교육국 차장과 내각 교육성 부상을 지냈다. 1950년 9월 조선 인민군 후퇴 시기 조선인민군 총참모장에 임명되었다. 리상조 소장과 장평산 소장, 중국군에서 중국인민지원군 부사령관 덩화鄧華, 중국인민 지원군 참모장 셰팡解方도 회담 대표로 나섰다.

초반에는 협상 의제를 논의했다. 7월 말에 가서야 의제가 합의되었 다. 군사분계선 확정, 휴전감시 방법, 포로 송환 등이 주요 의제가 되었 다. 먼저 군사분계선에 대한 문제가 논의되었다. 유엔 측은 현재의 접촉 선을 분계선으로 하자고 주장했다. 북한 측은 전쟁 전의 분계선인 38도 선으로 돌아가자고 맞섰다. 한동안 실랑이를 하다가 유엔 측의 주장이 관철되었다. 그래서 1951년 11월 27일 양측은 군사분계선 설정 협정 에 먼저 조인했다. 현재의 접촉선을 군사분계선으로 하고, 이 분계선을 중심으로 남북으로 각각 2킬로미터씩 비무장지대를 설치하기로 했다.

휴전 협상을 하는 와중에도 전쟁은 계속되었다. 유엔군은 북한 측에 대한 압력을 강화할 필요가 있을 때는 공습을 가했다. 중국과 북한은 항공 전력이 약해 제공권은 미국이 장악하고 있었다. 북중연합군 역시 자신들이 필요할 때는 남한군과 유엔군이 장악하고 있는 진지에 대한 공격을 감행했다.

군사분계선을 정하는 것 못지않게 중요한 것이 포로 송환 문제였다. 유엔 측은 포로를 자유의사에 따라 송환하자고 주장했다. 남한군이 잡 은 포로 가운데 북한으로 가겠다는 사람은 북한으로 보내고 남한에 남 겠다는 사람은 남게 하자는 것이었다. 조선인민군 포로 가운데 투항한

병사가 많았고, 중국군 포로 중에도 타이완으로 가기를 원하는 사람들이 있었기 때문이다. 반면에 북한 측은 포로들을 소속국으로 강제송환해야 한다고 주장했다. 이 문제만을 다루는 '포로교환문제 소위원회'까지 설치해 집중 논의했지만, 접점이 쉽게 만들어지지는 않았다.

12월 18일에는 유엔 측과 공산 측이 포로 명부를 교환했다. 유엔 측이 제시한 포로는 조선인민군 9만 5,031명, 중국군 2만 700명, 남한 출신 조선인민군 1만 6,213명이었다. 북한 측이 내놓은 포로 명단에는 남한군 7,112명, 미군 3,198명, 기타 유엔군 181명이었다. 양측의 숫자가 너무 큰 차이를 보였다. 특히 북한이 포로로 보호하고 있는 남한군이 너무 적었다. 조선인민군이 남한군 포로를 조선인민군에 편입시켜놓고 있었기 때문이다. 유엔군은 이를 문제 삼으면서 포로 교환 시 일대일로 교환하고 남는 포로는 민간인 억류자와 일대일로 교환하자고 주장했다. 북한이 억류하고 있는 민간인 납북자를 구하기 위한 방안이었다. 북한 측은 이에 대해 유엔군이 북한인 500만 명을 납치했다며 이를 송환하라고 주장했다. 이렇게 의견이 맞서 포로 송환 문제에 대해서는 양측이 이견을 좁히지 못했다.

휴전감시 방법에 대한 협상도 계속했지만 역시 합의가 쉽지 않았다. 중립국감독위원회에 소련을 포함시키려는 공산 측과 이에 반대하는 유엔 측이 맞서 한때 협상이 교착에 빠졌다. 소련은 포함시키지 않는 것으로 합의하고 다시 협상을 계속했지만, 구체적으로 어떻게 중립국감독위원회를 구성할지를 두고 양측의 주장이 엇갈렸다. 1951년이 다 가도록 합의점을 찾지 못했다. 군사분계선을 현재의 접촉선으로 한다는 원칙적인 차원의 합의만을 이룬 채 휴전감시와 포로 송환 등 주요 쟁점에 대한 협상이 1952년으로 넘겨졌다.

이승만의 휴전 협상 반대

이승만은 전쟁이 발발한 후 낙동강 전선까지 밀렸지만, 유엔군이 개입해 전세가 역전된 이후로는 전쟁을 통일의 기회로 여겼다. 그의 통일 정책은 '북진통일'이었다. 인정할 수 없는 세력이 북한을 통치하고 있기 때문에 이를 군사력을 동원해서라도 몰아내고 통일해야 한다는 생각이었다. 6·25 전쟁을 그의 북진통일 정책을 실현할 수 있는 더없이 좋은 기회로 본 것이다.

북진통일을 지향하는 이승만에게 휴전회담은 있을 수 없었다. 북한이 남침하는 순간 38선은 사라진 것이고 북진을 해야 하는 상황인데, 휴전 협상이라는 것은 말이 안 된다고 했다. 더욱이 협상을 한다면 공산주의자들을 상대한다는 것인데, 그에게 공산주의자와의 협상은 있을 수 없는 일이었다. 해방 직후부터 이승만은 공산주의자와 협상하는 것을 극도로 싫어했다. 소련을 비롯한 공산주의 세력은 한반도를 적화하겠다는 생각밖에 하지 않고 있었기 때문에 그들과 민족 문제를 논하는 것은 바람직한 것이 아니라고 보았다. 또, 이승만은 다시 휴전이 된다면 북한은 언제든지 남침할 수 있다고 생각했다. 그러니 차제에 북진해서 통일을 완성해야 한다고 주장한 것이다.

중국과 미국이 휴전 협상을 시작하자 남한도 대표를 보내지 않을 수 없었다. 백선엽이 선정되었다. 백선엽은 당시 동해안에 있는 1군단장을 하고 있었다. 회담 직전인 1951년 7월 7일 육군참모총장 이종찬의 전화를 받았다. 휴전회담에 참석해야 하니 대통령에게 신고하라는 것이었다. 7월 8일 백선엽은 이승만을 찾아갔다. 이때 이승만은 "휴전을 하는 것은 통일을 못하는 것인데, 그곳에 뭣 하러 가나?"라고 말했다.

백선엽은 "대통령께서 원하지 않으시면 참가하지 않겠습니다"라고 대답했다. 그러자 이승만은 "미국 사람들하고 협조도 해야 하니 참석하라"고 말했다. 그래서 백선엽은 남한군 대표로 회담에 참석하게 되었다. 이승만은 탐탁지 않아 하면서도 대표를 보냈다. 회담에 반대하면서도 미국과의 관계는 일정 수준에서 관리해야 한다는 것이 이승만의 생각이었다.

백선엽에 이어 2대 남한군 대표가 된 이형근이 찾아갔을 때도 이승만은 '국가를 위한 일이니 한 번 해보라'고 말하는 정도였다. 휴전회담의 남한군 대표를 정하는 것도 그가 하지 않고 유엔군 사령관이 직접했다. 이형근을 선택한 것도 유엔군 사령관 리지웨이였다.

회담이 시작되자 1951년 9월 21일 이승만은 변영태 외무장관을 통해 5가지 요구 사항을 내놓았다. 첫째는 중국군의 철수였다. 둘째는 조선인민군의 무장해제였다. 셋째는 북한에 대한 제3국 지원은 유엔의 동의를 받아야 한다는 것이었다. 넷째는 한반도 문제를 논의하는 국제회의 개최와 남한 대표 참석이었다. 다섯째는 남한의 주권과 영토 침범은 절대 인정되지 않는다는 것이었다. 이런 요구는 대부분 수용될 수

군사력을 동원해서라도 북진통일해야 한다고 생각한 이승만에게 휴전회담은 있을 수 없었다. 휴전회담 반대 시위를 하고 있는 시민들.

없는 것이었다. 특히 중국군 철수나 조선인민군 무장해제는 중국과 북한이 절대 받을 수 없는 요구였다. 이승만이 이렇게 강력한 요구를 한 것은 결국 휴전 협상을 방해하자는 것이었다.

이승만 정부는 국민들의 반反휴전시위도 독려했다. 미국과 국제사회에 압박을 가하기 위해서였다. 이승만은 더 효과적으로 미국을 압박할 수 있는 카드를 찾았다. 먼저 나온 것은 '단독북진'이었다. 미국이 휴전을 강행한다면 유엔군에서 남한군을 빼내 단독으로 북진하겠다는 것이다. 남한군이 유엔군 통제에서 빠져나와 단독북진을 시도한다면 이 자체가 미국의 권위를 손상시키는 것이었다. 그래서 미국은 압박을 느끼지 않을 수 없었다.

　실제로 이승만은 단독북진을 감행하지는 않았다. 우선 남한군이 실제로 그런 능력을 갖고 있지 못했다. 더욱이 조선인민군만이 아니라 수십만의 중국군을 함께 상대해야 했다. 성공 가능성이 없음을 누구보다 이승만이 잘 알고 있었다. 실제 단독북진을 강행했다면 국제사회에서 비난을 받을 가능성도 높았다. 1년여의 전쟁으로 엄청난 인명피해가 나고 있는 상황에서 휴전 협상을 거부하고 전쟁을 계속하는 행위는 비난을 피해가기 어려웠다. 침략의 피해 국가로 인식되어 국제사회의 도움 속에서 전쟁을 치르고 있던 이승만 정부는 이 또한 큰 부담이었다. 이런 상황에서 이승만은 중국과 미국의 휴전 협상에 제동을 걸면서 얻어낼 수 있는 것이 무엇이고 이를 어떤 방법으로 얻어낼 것인지를 고민했다. 이는 1952년과 1953년을 거치면서 6 · 25 전쟁사에서 여전히 드라마틱한 장면으로 기록되는 사건들을 만들어낸다.

토사구팽 박일우

　중국의 참전 이후 중국과의 협력이 중요해지면서 연안파의 입지가 강화되었다. 특히 박일우와 김웅의 활약이 두드러졌다. 박일우는 전시 군사위원 · 조중연합사령부 부정치위원이 되고, 김웅은 조중연합사령부 부사령관으로 전쟁의 중심에 있었다. 특히 박일우는 중국공산당의 신뢰나 식견에서 만만치 않은 인물이었다. 지린吉林사범학교를 졸업하고 룽징龍井에서 교사를 하다가 옌안延安으로 가서 중국공산당에서 활동했다. 1937년 중일전쟁 후 진차지晉察冀(산시-차하얼-허베이 지역) 변구에서 현장縣長으로 활동한 적이 있으며, 1940년에는 사단급 간부 양성 기관인 중국공산당 중앙당학교를 졸업했다. 옌안 시절부터 무정 못지않은 신뢰를 중국군에서 받고 있었다.

박일우가 중국과의 협력 관계 속에서 크게 성장하자 김일성은 경계하기 시작했다. 1951년 3월 사회의 안전성을 증진시키고 질서를 효율적으로 유지하기 위한 것이라며 사회안전성을 신설했다. 사회안전상은 소련파 방학세였다. 그런데 사회안전과 질서유지는 내무상을 겸임하고 있던 박일우가 책임지고 있는 영역이었다. 사회안전성을 신설한 것은 결국 박일우의 힘을 약화시키기 위한 것이었다. 이를 시작으로 김일성은 박일우를 서서히 핵심 포스트에서 밀어냈다. 1952년 10월에는 내무상에서 물러났다. 동시에 새로운 내무상에는 방학세가 임명되었고, 방학세가 맡고 있던 사회안전성은 내무성에 통합되었다. 원래는 하나인 것이 맞는데 박일우를 견제하기 위해 2개로 쪼갰다가 박일우를 물러나게 한 뒤에는 하나로 다시 합친 것이다.

김일성은 중국의 참전을 유도하고 참전 초기 협력 관계를 구축하는 데에는 박일우가 필요했지만, 관계가 어느 정도 정리된 이후에는 자신의 권력을 강화하는 데 하나의 걸림돌로 여긴 것이다. 그래서 박일우를 토사구팽兎死狗烹한 것이다. 김일성이 이렇게 박일우를 경계한 것은 소련이 그를 긍정적으로 평가한다는 점도 들어 있었다. 1952년 6월 평양 주재 소련 대사관의 보고서에는 다음과 같은 내용이 있었다.

박일우는 정치적으로 준비되어 있으며, 자기 완성을 위해 노력한다. 조선의 민주화를 위해 시행되는 조치들을 옳은 것으로 받아들이고 있으며, 실천 활동에서 그 조치들을 실현시키고 있다. 온갖 부류의 반동 및 사기꾼들에 대해서는 비타협적이다. 북조선에서 3년 동안 이루어진 모든 것에 대해 애정을 가지고 있다. 겸손하며 온후하다. 부하에 대해 별로 까다롭게 굴지 않는다. 종종 실천 사업에서 자기 부하들의 업무를 수행한다. 소련 사람들에 대해, 전체적으로는 소련에 대해 커다란 존경의 태도를 가지고 있다. 학업을 위해 소련으로 가려는 희망을 많이 가지고 있다. 삶과 생활면에서 검소하며 솔직하다. 내무성만이 아니라 조선 주민들 사이에서도 상당한 권위가 있다. 맡은바 임무를 처리하고 있다.[3]

인품, 의식, 인민의 신뢰 등 여러 면에서 긍정적인 평가를 하고 있다. 특히 "내무성만이 아니라 조선 주민들 사이에서도 상당한 권위가 있다"는 대목은 김일성이 박일우를 견제한 이유를 좀더 분명히 알 수 있게 해준다. 여러 가지 장점에 인민의 지지까지 받고 있다면 김일성으로서는 '더 성장하기 전에 쳐야 하는' 인물이었던 것이다.

이러한 평가는 박일우를 키우기는커녕 오히려 계속 나락으로 떨어지게 만들었다. 1953년 2월에는 조중연합사령부 부정치위원에서 물러나게 하고 소환해 체신상으로 임명했다. 당시 북한에서 내무상과 국가보위상은 형님상, 체신상은 막내상으로 불렸다. 이후 박일우는 1955년 박헌영 숙청 과정에서 함께 숙청되었다.

북한은 5가지 죄목으로 박일우를 숙청했다고 설명한다. 첫째는 당과 국가비밀을 누설하고, 당 정책에 대해 비방했다는 것이다. 둘째는 자신의 주위에 아첨분자들을 모아 세력 확대를 꾀하고, 당과 국가의 지도간부들을 중상했다는 것이다. 셋째는 연안파와 소련파의 대립을 조장했다는 것이다. 넷째는 박헌영, 리승엽, 장시우 등과 결탁해 반혁명적 음모를 꾸몄다는 것이다. 다섯째는 마르크스-레닌주의 학습을 게을리하고 개인 생활에서 부화방탕했다는 것이다.[4]

이러한 북한의 공식적인 설명은 자신들이 숙청한 인물에 대한 평가이기 때문에 신뢰하기 어렵다. 앞에서 살펴본 대로 김일성은 패전의 책임을 박헌영과 무정에게 전가하려고 했다. 방호산에게도 지우려 했다고 한다. 이런 행태에 대해 박일우는 불만을 갖고 있었다. 전쟁 전 김일성 세력이 국내파의 대표적 인물인 오기섭을 숙청하려 할 때도 신중론을 제기한 적이 있었다. 북한은 이를 당 정책을 비방했다고 말하는 것이다. '방탕한 생활'과 관련해서는, 북한은 으레 어떤 인물을 숙청할 때는 이것을 언급했다. 소련파 김열을 숙청하면서도 이를 이유로 거론했다.[5] 박일우의 '방탕한 생활'도 그 실체가 어느 정도였는지는 알기 어렵다.

북한에서 조선인민군 보병사단의 정치위원을 지낸 여정의 기록에 따르면 김일성은 박일우의 가치가 높아지는 것을 싫어했다고 한다. 박일우가 중국인민지원군 사령관 펑더화이와 협력 관계를 잘해나가자 이를 시기했다는 것이다. 더욱이 박일우는 실무 능력뿐만 아니라 이론적 수준도 높아 김일성이 경계하게 되었다고 한다.[6] 실제로 박일우는 내무상에 있으면서 가까운 인물들을 많이 기용했고, 군 요직에도 방호산을 비롯한 자신의 사람들을 기용했는데, 이를 보고 김일성 세력이 견제 차원에서 숙청한 것으로 보인다.

박일우 숙청은 김일성 세력이 그린, 출신 배경이 다른 연안파를 종국에는 제거하고 자신들의 정권을 세워야 한다는 큰 그림에서 나온 조치이기도 했다. 박일우는 1955년 12월 당중앙위원회 전원회의에서 5가지 죄목으로 비판받고 권력의 전면에서 사라졌다. 연안파의 주요 인물 가운데 무정은 이미 1950년 12월 숙청되고, 최창익은 1956년 '8월 종파사건'으로, 김두봉은 1958년 조선노동당 대표자회에서 숙청되었다.

소련파 거두 허가이의 몰락

전쟁을 중국군에 맡긴 김일성은 당의 사업에도 깊이 개입하기 시작했다. 전쟁 당시 당 조직은 당중앙위원회 제1비서를 맡고 있던 허가이가 관리하고 있었다. 전쟁이 시작된 후 초반 공세에서 후퇴로 돌아선 이후 당 조직은 크게 붕괴되었다. 특히 기층 당 조직이 와해되었다. 목숨을 부지하기 어려운 상황에서 기층민들은 당의 규율과 지시에 신경 쓸 겨를이 없었다. 후퇴 이후 당 조직 재정비에 나선 허가이는 책벌責罰 위주의 정책을 썼다. 조직 관리를 제대로 못한 책임자들을 찾아서 처벌하는 방식으로 대응한 것이다. 또, 농민이나 인텔리를 제외하고 노동자 위주로 당원을 확대하고 있었다. 허가이의 이런 방식은 조직 확대에 별다른 성과를 내지 못하고 있었다.

중국군이 유엔군과 남한군에 우세를 보이면서 38선을 다시 넘어갈 정도가 되자, 김일성은 당 조직 문제를 직접 챙기기 시작했다. 이렇게 되니 김일성과 허가이는 충돌할 수밖에 없었다. 사실 조선노동당의 당원 확충 방향에 대해서는 두 사람이 전쟁 전부터 다른 견해를 갖고 있었다. 김일성은 북한이 아직은 농업국가이기 때문에 농민을 당의 기반으로 삼아야 한다고 생각했다. 이를 위해서 우선 농민을 많이 입당시켜야 한다고 주장했다. 근로농민을 널리 당에 받아들이면 당이 농민당이 될 것이라고 우려하는 것은 교조주의라고 비판했다.[7] 이에 반해 허가이는 혁명의 주체는 생산노동자가 되어야 하며, 이를 위해서 노동자를 많이 입당시켜야 한다고 주장했다. 허가이의 주장은 정통 마르크스 이론을 따르는 것이었고, 소련에서 지방당의 간부 생활을 한 허가이로서는 그렇게 주장하는 것이 당연한 것이기도 했다.

두 사람의 의견 차이는 전쟁 중에도 좁혀지지 않았다. 김일성은 더욱이 전쟁으로 제조업이 폐허가 된 상황에서 노동자 위주로 당원을 배가시키려는 것은 비현실적인 방침이라고 여겼다. 1951년 9월 당중앙조직위원회 회의를 개최해 조직 관리 잘못으로 징계를 받은 당원들의 징계 수위를 낮춰주었다. 하지만 허가이도 호락호락하지는 않았다. 김일성의 조치를 제대로 이행하지 않았다. 김일성은 바로 강경 대응에 나섰다. 11월 당중앙위원회 제4차 전원회의에서 허가이를 집중 비판했다. 결국 당 제1비서를 내놓게 하고 농업 담당 부수상으로 내려앉혔다. 1945년 입국과 함께 소련의 지지를 등에 업고 승승장구해 당의 2인자까지 되었던 소련파의 우두머리 허가이는 그 순간부터 내리막길을 걸

허가이는 혁명의 주체는 생산노동자가 되어야 하기 때문에 노동자를 입당시켜야 한다고 주장하면서 김일성과 충돌했다. 1948년 여름 묘향산을 찾은 당정 고위간부들과 김일성(앞줄 왼쪽 두 번째), 박헌영(세 번째), 허가이(네 번째).

었다.

김일성은 허가이에게 평양 외곽 순안 지역에 있는 저수지 수리 현장을 직접 맡아서 관리하라고 지시했다. 허가이는 이 또한 따르지 않았다. 당 조직 관리라는 상위 정치만을 해오던 자신에게 저수지 공사 현장을 감독하라는 지시가 내려오자 자신을 모욕하기 위한 명령이라고 생각했다. 1953년 6월 당 정치위원회에서 허가이는 다시 비판받았다. "적들의 폭격에 의하여 파괴된 자산·건룡·임원 등 저수지 복구 사업 지도에 대한 중요한 임무를 맡고도 그것을 조속한 시일에 복구·완성할 하등의 구체적 계획과 조직적 대책을 취하지 않았으며 그 진행정형進行情形을 지도검열하지 않음으로써 이 사업은 완전히 태공怠工(태업)하였다"

는 것이 비판 내용이었다.[8] 1953년 7월 2일 다시 당 정치위원회가 소집되었는데, 회의 직전에 허가이는 스스로 목숨을 끊었다.

당의 지시를 제대로 따르지 않다가 비판을 받고, 강등당하고, 그러다 자살했다는 것이 북한의 공식 발표이지만, 역시 숙청당한 사람에 대한 설명이기 때문에 그대로 받아들이기는 어렵다. 허가이가 숙청된 가장 중요한 이유는 박헌영과 가까워지고 있었기 때문인 것으로 보인다. 소련 측과 가까운 허가이는 평양의 소련 대사관을 자주 출입했다. 외무상인 박헌영도 소련 대사관에 갈 일이 많았다. 자연히 허가이와 박헌영이 만나는 경우도 많았다. 허가이는 남한에서 지하투쟁을 오래 한 박헌영을 존경하게 되었고, 이를 김일성도 알고 있었다.[9]

더욱이 허가이는 남조선노동당 사람들을 유능하고 신뢰할 만하다고 여겼는데, 김일성에게는 탐탁지 않은 일이었다. 허가이가 점점 남로당계와 가까워지는 것은 김일성을 불안하게 했다.[10] 소련파의 우두머리 허가이가 남조선노동당과 가까워지는 것은 김일성에게는 매우 위험한 환경이 조성되는 것이었다. 이에 대한 김일성의 대책이 필요했다. 그것이 허가이에 대한 비판과 숙청이었던 것으로 보인다.

자살이라는 북한의 설명 또한 석연치 않은 점이 있다. 허가이는 숨지기 바로 전날 장인 최표덕과 함께 저녁을 먹었다. 최표덕은 조선인민군 중장으로 기계화부대 사령관이었다. 식사 후 체스를 같이했는데 특별히 이상한 기미는 없었다고 한다.[11] 또, 허가이 사망 이후 소련으로 이주한 그의 딸 허마야는 암살 가능성을 이야기하기도 했다. 허마야의 남편은 조선인민군 장교였다. 허가이가 죽은 뒤 역시 조선인민군 장교인 남편의 친구가 찾아와 "허가이는 자살한 것이 아니고 비밀 정치장교들에 의해 암살됐으니 가족들도 빨리 북조선을 떠나는 것이 현명할 것"이라고 말해주었다.[12] 그래서 그의 가족은 우즈베크공화국 타슈켄트에서 살았다. 허마야의 증언을 토대로 하면 허가이가 암살되었을 가능성은 매우 높아진다. 하지만 여전히 확정적이지는 않다. 북한 정치사의 많은 부분이 그런 것처럼 허가이의 죽음이 자살인지 암살인지 분명히 밝혀지기 위해서는 시간이 더 흘러야 할 것 같다. 어찌 되었든 허가이의 죽음은 전쟁 중 김일성의 국내 정치와 권력 강화 과정에서 발생한 것임은 분명하다.

조선노동당 당원 배가운동

허가이의 숙청 작업과 함께 그의 정책을 완전히 뒤집는 사업이 전개되었다. 당원을 대폭 늘리는 사업이다. 허가이는 당원을 늘리는 것보다는 산업노동자 중심으로 당을 견실하게 운영하는 것이 중요하다고 생각했지만, 김일성은 그래서는 당이 대중 속으로 깊이 들어갈 수 없다고 판단했다. 1951년 11월 당중앙위원회 제4차 전원회의에서 허가이를 비판하는 것과 동시에 당원을 크게 늘릴 수 있는 조치들이 마련되었다.

첫째는 입당 가능 연령을 20세에서 18세로 낮추었다. 젊은 청년들을 당원으로 많이 확보하기 위한 것이었다. 둘째는 입당 보증인의 자격을 완화했다. 종전에는 입당자와 한 직장 또는 한 마을에서 1년 이상 생활한 사람만 입당 보증인이 될 수 있었다. 이 까다로운 규정을, 1년 이상 생활을 함께하지 않았더라도 그의 성분과 사회생활을 아는 사람은 보증인이 될 수 있도록 개정했다. 셋째는 후보 당원제를 신설했다. 입당을 희망하는 사람 중에서 사상적 준비가 약한 사람은 후보 당원으로 받을 수 있도록 했다. 말하자면 당원을 예약하는 제도인데, 이를 통해 더 쉽게 당과 연계를 형성하고 그러면서 정식 당원이 되는 사람이 많아지도록 한 것이다.

이러한 조치로 신입 당원은 훨씬 많아졌다. 1951년 11월에는 10월에 비해 신입 당원이 2배로, 12월에는 4배로 늘었다.[13] 1952년 11월에는 당원이 45만 명 증가해 기존의 2배가 되었다. 성분별로 보면 빈농이 가장 많은 증가율을 보였다. 김일성의 방침대로 농민들을 당원으로 가입시키는 작업을 대대적으로 전개한 결과였다.

이러한 당원 배가운동은 당원의 질에 대한 문제를 일으키지 않을 수 없었다. 신입 당원 중 절반 정도는 한글을 겨우 읽는 정도였으며, 정치적 수준도 낮고 사회적 경험도 일천했다. 그래서 당은 이들에 대한 정치학습을 강화해 교양을 갖추도록 하는 데 힘을 쏟았다.

당원을 증가시키는 한편, 조선노동당은 허가이가 해놓은 처벌을 완화하는 작업도 벌였다. 김일성이 허가이를 비판한 이유 가운데 하나가 처벌을 지나치게 많이 했다는 것이다. 전쟁의 와중에 출당을 당하거나 처벌을 받은 사람은 60만 당원 가운데 45만에 이르고 있었다. 김일성은 후퇴의 와중에 어쩔 수 없이 당증을 버린 경우 등 참작의 여지가 있는 경우가 많은 것으로 보고 이를 전면 재검토했다. 1951년 11월부터 1년간 재검토 작업을 한 결과 출당 조치 가운데 29.8퍼센트는 취소되었다. 기타 책벌을 받은 당원의 69.2퍼센트도 책벌을 면제해주었다.[14]

이처럼 김일성이 당원 배가운동을 전개한 것은 당을 통한 북한 통치를 강화하기 위한 것이었다. 전쟁의 와중에 흐트러진 질서를 당을 통해 확보하고 당을 중심으로 사회가 운영되는 체제를 복원하기 위한 것이었다. 김일성과 그의 세력이 이 운동을 주도하면서 김일성은 북한 사회에 대한 정치적 장악력을 확대할 수 있었다.

헝가리 기자가

본

1951년

티모 머레이Tibor Meray는 1951년 당시 헝가리공산당 기관지의 기자였다.[15] 나이는 27세였다. 1951년 8월 헝가리 정부는 머레이에게 하루 준비를 해서 바로 북한으로 떠나라고 지시했다. 하루만에 서둘러 준비해야 했다. 헝가리 육군 보급소에서 군화를 지급받고, 필요한 물품들을 급히 준비해 다음 날 모스크바로 향했다. 못 챙긴 것들은 가는 길에 준비했다. 모스크바에서 베이징행 비행기를 기다리는 동안 레인코트를 한 벌 샀다. 베이징에서는 취재수첩을 구입하기도 했다.

1951년 8월 9일 북한 땅을 밟았다. 한여름이어서 날씨는 후덥지근하고 하늘은 어슴푸레했다. 당시 유엔 측과 공산 측의 휴전회담이 진행되고 있었다. 북한은 유럽의 공산국가들에 '인민민주주의 국가 사이의 형제애를 보여달라'면서 휴전회담을 취재해줄 것을 요청했다. 북한은 '우리도 유럽 국가들을 동원할 수 있다'는 것을 보여주고 싶어 했다. 유엔 측에 서방 세계의 종군기자들이 근접 취재를 하고 있는 것을 보고 '우리도 뭔가를 좀 보여줘야겠다' 라고 생각한 것이다. 휴전회담이 시작된 지 얼마 안 되어 초반 기세 싸움이 아주 심하던 때였다. 어쨌든 북한의 요청을 받아들여 헝가리가 특파원을 북한에 보냈고, 머레이는 그 일원으로 북한에 오게 되었다.

압록강을 건너 평양까지 오면서 머레이는 폐허가 된 땅을 여과 없이 볼 수 있었다. 그의 눈에 비친 1951년의 북한은 '공격받는 잔허殘墟'의 모습이었다. 모든 게 무너져 있었다. 그런데도 거기에 미군의 폭격이 가해지고 있었다. 움직이는 것은 모두 표적이 되었고, 들판에서 일하는 농민들도 예외가 아니었다. 머레이가 볼 때 미군 조종사들은 움직이는 물체를 쏘는 것을 즐기고 있는 것 같았다. 머레이는 밤에 이동할 수밖에 없었다. 달밤에 이동하는 경우가 많아 달위를 여행하는 느낌이 들 정도였다. 도시는 모두 사라진 상태였다. 다만 굴뚝들만 남아 있었다. 도시가 굴뚝들의 집합체처럼 보였다. 인구 20만이던 도시를 지났는데, 건물은 대부분 무너지고 굴뚝만 수천 개 서 있었다.

머레이는 이런 폐허를 지나 개성까지 이동해 휴전 협상을 취재했다. 거기서 북한 측 영어 통역을 맡고 있던 설정식 소좌(소령)을 만나 친해졌다. 설정식은 연희전문학교를 나와 미국 컬럼비아대학에서 유학하고 미 군정청 공보처 여론 국장을 지낸 인물로 전쟁 중 월북한 시인이면서 영문학자였다. 둘은 곧 술친구가 되었고 의기투합했다. 밤새 술을 마시며 시와 역사를 이야기하는 경우가 많았다. 설정식은 심장병이 있었지만 머레이와 어울리는 것을 좋아했다. 머레이는 북한에서 14개월 동안 취재 활동을 하다가 귀국했다. 설정식은 1953년 8월 리승엽 등과 함께 간첩 혐의로 체포되어 재판을 받게 되었다. 머레이는 그때 휴전협정 조인식을 취재하기 위해 다시 북한을 방문했다. 재판정에서 죄수복을 입고 있는 설정식을 만났다. 2005년에는 한국을 방문해 설정식의 자녀들을 만나기도 했다.

1952년

제3장

× × ×

수령의 탄생

개인숭배의 시작

아이러니한 일이지만, 전쟁의 최고책임자 김일성은 수많은 사람이 죽고 고통에 신음하는 전쟁의 와중에 자신의 권위와 권력을 강화했다. 1950년 무정을 숙청하고, 1951년 박일우와 허가이 등도 핵심 포스트에서 끌어내린 김일성은 1952년이 되면서 '수령'으로 호칭되기 시작한다. 개인숭배가 시작된 것이다. 전쟁을 중국에 위임한 채 국내 정치와 권력 강화에 진력한 결과 김일성은 자신을 수령의 반열에 올려놓은 것이다. 수령은 생명체의 뇌수, 즉 머리와 같은 존재라는 의미다. 사회를 하나의 생명체로 보고, 그 생명체의 머리를 수령이라고 한다. 결국 수령은 모든 사회와 모든 사람의 머리와 같은 존재이고, 그 밖의 모든 사람은 수령의 지시와 명령에 따르는 손발과 같은 존재가 되는 것이다.

김일성을 지칭하는 말로 '수령'이란 말이 전쟁 전에도 간헐적으로 쓰이기는 했다. 하지만 북한 사회 전반에 걸쳐 수령이 쓰이게 된 것은 1952년부터다. 1952년 3월에 '수령의 교시를 실천하기 위한 투쟁'이라는 구호가 나타났다. 김일성을 수령으로 내세우면서 그의 언명言明을 절대시하고 이를 북한 사회 전체가 받들어 실행해야 한다는 것이었다. 1952년 4월 1일 『로동신문』은 김일성을 한국 역사의 최고 선각자로 치켜세웠다.

> 자기의 모든 창조적 역량과 천재적 재능을 오로지 조국의 자유, 독립과 인민의 행복과 민주와 평화를 쟁취함에 복종시킨 김일성 장군의 전 생애와 혁명적 활동은 조국의 자유와 평화를 위하여 목숨 바쳐 싸우는 조선 선각자들의 햇불로 되었으며, 전체 조선 근로대중의 이익에 부합되었으며, 조선 인민의 지향과 조선 사회 발전의 요구에 전적으로 합치되었다.

1952년 4월 15일 『로동신문』은 이날 40회 생일을 맞은 김일성의 일대기 '김일성 장군 약전'을 4면 전면에 걸쳐 실었다. 북한이 내놓은 최초의 김일성 전기였다. 조선노동당이 기관지를 통해 김일성의 생일에 그의 전기를 실음으로써 본격적으로 김일성 개인숭배 작업에 나섰음을 공식화한 것이다.

'김일성 장군 약전'은 월북 소설가 한설야가 중심이 되어 쓴 것인데, 사실과 다른 부분이 많았다. 형편이 괜찮은 부류들이 다니던 숭실전문학교 출신인 김일성의 아버지 김형직과 감리교 장로의 딸인 어머니 강반석을 빈농 출신으로 기록했다. 18세 이상 가입할 수 있는 공산청년동맹(고려공산청년회)을 14세에 가입한 것으로 써놓는 등 사실이 아닌 내용이 많았다. 김일성의 성장 배경과 과정, 독립운동의 과정 등에 대해 과장과 허위를 보태 그를 치켜세우기 시작한 것이다.

당시 유명한 시인 백인준은 김일성의 40회 생일 즈음 「크나큰 그 이름 불러」라는 시를 발표해 '수령' 김일성이 조국과 인민을 위해 불멸의 업적과 세계사적 공적을 쌓아올렸다면서 이렇게 찬양했다.

오늘 그이는

조선 인민의 영예의 상징

싸우는 조선의 투쟁의 기치

동서의 전선을 한 손에 틀어쥔

승리의 조직자, 탁월한 영장

세계와 인민이 그 이름을 노래한다.

'영웅 조선'으로 불러지는 그 이름을……

월가의 양키들이 그 이름에 떤다.

'싸우는 조선'으로 불러지는 그 이름에……

나의 이마에 주름이 깊어

성성한 백발이 머리를 덮어도

크나큰 그 이름 불러

영원히 소년같이 자랑스럽고

일생을 청춘으로 꽃피여가리

그이는
무궁한 역사의 큰 길을 밝히시는 이
우리를 행복한 미래로 이끌어 가시도다.
나의 조국이며
나의 당!
스승이며
동지!
행복이며
생활!
아버지시며
수령!
김일성 동지!
그 이름 불러
영광을 드리노라
자랑하노라

　역시 1952년에 나온 김우철의 「경애하는 수령」과 차덕화의 「수령」
등의 시도 김일성 개인숭배를 겨냥한 것들이었다. 1952년 6월 25일에
는 『로동신문』이 전쟁 발발 2주년을 맞아 조선노동당의 입장을 설명하
는 사설을 실었는데, 제목이 '수령은 조선 인민을 승리의 길로 인도한

1952년 4월 15일 「로동신문」은 40회 생일을 맞은 김일성의 일대기 '김일성 장군 약전'을 실어 본격적인 김일성 개인숭배 작업에 나섰다. 왼쪽부터 김정일, 김일성, 첫 번째 부인 김정숙.

다'였다. 박창옥과 박정애와 박헌영까지 공개적인 자리에서 '경애하는 수령'이라는 칭호를 사용하기 시작했다. 김일성 생가가 있는 만경대에는 김일성기념관이 건립되어 성대한 준공식이 열리기도 했다.

이러한 김일성 개인숭배 작업을 주도한 인물이 조선노동당 선전선동부장 박창옥이었다. 원래는 함경북도 출신인데, 소련 하바롭스크 Khabarovsk로 들어가 조선사범대학을 졸업하고 교사를 하다가 1948년 8월 소련군과 함께 입북했다. 1946년 8월 북조선노동당 중앙위원회 상무위원이 되었고, 1948년 8월 최고인민회의 초대 대의원에 선출되었다. 1949년 6월 조국통일민주주의전선 중앙위원회 상무위원이 되었고, 6 · 25 전쟁 당시 조선노동당 선전선동부장을 맡았다. 허가이 다음의 소련파 제2인자라 할 수 있는 인물이다. 허가이가 권력을 잃은 반면 박창옥은 허가이의 위치를 대신하면서 김일성 개인숭배에 앞장섰다. 요컨대 그동안 개별적이고 부분적으로 진행되던 김일성 개인숭배가 1952년을 기점으로 광범위하고 전반적인 경향으로 변화하게 된 것이다.

군 장교의 전면 재교육

전쟁의 와중인데도 조선인민군은 1952년 초부터 군 장교들에 대한 전면적인 재교육을 실시했다. 아주 이례적인 일이었다. 북한도 "조국의 존망을 판가리하는 가열처절한 전쟁을 진행하면서 이처럼 여유 있게 전선과 후방의 모든 부대, 연합부대들이 전투훈련을 계획적으로 진행하고 모든 군관이 재교육을 받는다는 것은 세계 전쟁 역사에서 찾아볼 수 없는 일이었다"고 밝히고 있을 정도다.[1] 1952년 초부터 일선의 지휘관과 정치장교들이 각종 군사학교와 강습소에서 대대적으로 재교육을 받았다.

조선인민군은 이러한 전면 재교육을 위해 우선 각 군사학교의 교육연한을 늘렸다. 또, 군사학교에 장교 재교육을 위한 강습소들이 따로 설치되기도 했다. 이러한 강습소들은 주로 전선 가까이에 설립되었다. 고급장교 교육을 위한 고급군사학교가 신설되기도 했다. 그뿐만 아니라 사상적으로 철저하게 무장되고 전투 경험이 많은 장교들을 교관 요원으로 대폭 충원했다.

교육 내용은 정치사상 교육과 전투실무 교육으로 구성되었다. 1951년 7월 휴전 협상 시작 이후 소강 상태가 계속되고 있는 상황에서 장교들의 전투태세가 자칫 해이해질 가능성에 대비해 전쟁을 하는 이유, 사회주의 사상, 김일성의 교시 등을 중심으로 교육이 이루어졌다. 전투 교육은 산악전과 야간전, 공격전과 방어전 등 다양한 형태의 전투에 실제 적용할 수 있는 내용을 중심으로 구성되었다. 특히 북한 실정에 맞는 전법戰法의 개발과 훈련에 주력했다.

김일성은 재교육 현장을 직접 다니면서 격려했다. 1952년 2월 7일에는 한 단기강습소를 방문해 "지휘관들은 현대적 무기와 전투기술 기재들을 그 특성에 맞게 능숙히 써먹을 줄 알 뿐 아니라 각 군종, 병종 부대들과 구분대들 간의 협동 동작을 면밀히 조직할 줄 알아야 합니다"라며 합동 작전 능력의 배양을 강조했다.[2] 이런 식으로 1952년 한 해 동안 재교육을 받은 장교는 조선인민군 전체 장교의 45퍼센트에 이르렀다.

그렇다면 이례적으로 전쟁의 한가운데에서 조선인민군이 장교 재교육을 대대적으로 실시한 이유는 무엇일까? 북한이 밝히고 있는 전면 재교육의 기본적인 이유는 군사이론 수준과 영도예술(지휘술)을 한 단계 높이기 위한 것이다.[3] 하지만 이는 어디까지나 북한이 공식적으로 밝히고 있는 이유이고 근본적인 이유가 있을 것이다.

첫째는 북한 사회의 핵심 세력인 군 장교들을 상대로 김일성에 대한 숭배의식을 심어주기 위한 것이다. 실제 조선인민군은 교육 현장에서 지휘관들이 "위대한 수령님의 혁명사상과 주체사상으로 무장시키는

북한은 전쟁 중에 군 장교에 대한 전면적인 재교육을 실시했는데, 전쟁을 하는 이유, 사회주의 사상, 김일성의 교시 등을 중심으로 교육이 이루어졌다. 병사들과 이야기를 나누고 있는 김일성.

것을 첫째로 하고 군 장교 양성과 재교육 사업을 진행"했다고 말했다.[4] 이런 과정을 통해 '수령 김일성'을 장교들의 뇌리에 각인시키는 것이 재교육의 중요한 목표였다. 둘째는 전쟁 실패의 책임 모면이었다. 군 장교들에 대한 교육을 통해 이승만과 미군의 침략에서 국가를 지켜낸 전쟁은 승전이고, 완전한 통일을 방해하는 세력은 미군이라는 내용을 강조함으로써 김일성이 마땅히 져야 할 전쟁 실패의 책임을 다른 데로 돌리려고 했다. 김일성이 장교 재교육의 현장에 직접 찾아가 강조한 것은 주로 이런 내용이었다.

셋째는 1953년 박헌영과 남조선노동당 세력 숙청에 대비하기 위한 것이었다. 김일성 세력은 전쟁 말미에 박헌영을 숙청하기 위해 북한 사회 하부까지 장악하기 위해 노력했다. 군 장교를 완전한 지지 세력으로 확보하는 것도 중요한 과제였다. 남한과 미 제국주의 세력에 대항하기 위한 결속을 강조함으로써 추후 있을 대대적인 숙청 상황에서도 흔들림 없는 전투태세와 김일성에 대한 지지를 확보하겠다는 것이었다. 이런 중대한 목표와 의도를 갖고 김일성 세력은 전쟁의 소용돌이 속에서도 군 장교를 상대로 전면적인 재교육을 감행했다.

증산운동과 여성보잡이운동

전시의 모자라는 물자를 조달하기 위해 민간에서는 증산운동과 절약운동이 동시에 전개되었다.[5] 증산운동은 '새기준량 창조운동'이라는 이름이 붙어 있었다. 종전의 적은 기준량은 버리고 새로 높은 기준량을 설정해 생산을 많이 하자는 운동이다. "미제 무력 침공자들에게 복수의 죽음을 주고 있는 조선인민군 용사들에게 한 알의 탄환, 한 자루의 총이라도 더 많이 더 빨리 보내자!"라는 구호 아래 각 분야에서 증산운동을 전개했다. 증산을 위해 새로운 기술을 받아들이고, 새로운 작업 방법을 도입하려는 노력도 함께했다.

새기준량 창조운동은 군수생산 분야는 물론이고 광업, 방직공업, 임업 등 여러 방면에서 동시에 진행되었다. 군수공장에서는 대포를 비롯한 무기생산 증대운동을 벌여 1952년 말에는 장기전에 대비할 수 있는 무기들을 확보할 수 있게 되었다. 특히 광업 분야에서는 1952년 상반기에 새로운 발파법과 고속도굴진법이 개발되어 종전보다 생산량이 훨씬 많아지기도 했다. 평양방직공장에서는 한 직포공이 새로운 작업 방법을 개발해 8대의 직기를 한꺼번에 움직이면서 작업할 수 있게 되어 1952년의 연간 생산 목표량을 11월 4일에 조기 달성하는 성과를 내기도 했다.

농촌에서는 여성보잡이운동이 펼쳐졌다. 보잡이는 쟁기질하는 사람으로 전통적으로 남성들이 담당했다. 하지만 전쟁 중 남성이 없는 농촌에서 여성들이 나서서 보잡이를 하면서 농업생산을 증대시키자는 운동이 진행된 것이다. "전선에 나간 남편과 아들과 오빠를 대신하여 식량 증산으로 원수들에게 복수의 죽음을 주자!"라는 구호를 앞세우고 모든 농촌에서 여성보잡이운동이 전개되었다. 1951년부터 시작된 이 운동은 1952년 더욱더 활성화되어 황해도에서만 5,000여 명의 여성이 보잡이로 농사에 나섰다. 황해도 송화군 홍암리 여성 73명은 '여성보잡이 돌격대'를 조직해 소 7마리를 끌고 다니면서 이웃마을의 밭을 갈아주기도 했다.

이렇게 농촌도 사력을 다해 일하지 않으면 안 되는 상황이었다. 미군의 끝없는 폭격에 비료공장과 댐들이 대부분 파괴되었기 때문에 웬만한 노력으로는 먹고살 만큼의 산출을 얻기가 힘들었다. 그러니 이런 대대적인 대중운동을 통해 생산력을 조금이라도 더 늘리지 않으면 안 되었다. 조선노동당 농촌 지역조직도 적극 나서 보잡이 강습을 실시하고 더 많은 여성이 보잡이를 할 수 있도록 독려했다.

증산운동과 함께 전 사회적인 절약운동도 전개했는데, 1952년 1월 당중앙위원회 정치위원회 제111차 회의에서 채택된 '경제절약운동을 전 인민적 운동으로 전개할 데 대하여'라는 결정서가 절약운동의 기폭제가 되었다. 결정서는 인민경제 모든 분야에서 절약운동을 벌여야 하며 낭비를 줄이는 투쟁을 힘차게 해나갈 것을 호소했다. 이 결정서가 나온 이후 모든 분야에서 "절약을 위한 투쟁은 승리를 위한 투쟁이다!"라는 구호를 내세우고 낭비 줄이기 운동이 대대적으로 벌어졌다.

생산 현장에서는 오작품을 없애 원료와 자재를 절약하는 운동이 벌여졌다. 특히 수입 자재에 대해서는 더욱 특별한 주의를 기울이는 분위기가 만들어졌다. 또, 수입 자재 중 국산품으로 대체할 수 있는 것은 대체하기 위해 노력했다. 외화가 부족한 상황에서 수입을 최소화하려는 노력을 하지 않을 수 없었다. 이러한 노력 덕분에 1952년 하반기에 북중기계공장에서 800여 만 원을 절약하게 되었고, 평안북도와 자강도, 강원도의 공장과 광산에서 모두 1억 2,100여 만 원을 절약하는 효과를 보았다.

이와 같이 증산운동과 절약운동을 전 사회적으로 활성화시킨 것은 그만큼 물자가 부족해졌기 때문이다. 전쟁이 2년 정도 계속되면서 군수품과 일용품이 모두 부족해졌고, 자금도 달리게 되었기 때문에 이와 같은 대중운동을 대대적으로 벌인 것이다. 또한 이 같은 대중운동은 전후 복구 사업에 대비하는 성격도 갖고 있었다. 휴전 협상이 계속되고 있었기 때문에 휴전 이후 경제를 전쟁 전의 상태로 되돌리기 위한 준비를 해야 하는 상황이었다. 북한은 그 일환으로 생산 현장을 복구해 생산을 정상화하고, 복구에 필요한 물자를 확보하기 위한 운동을 미리부터 전개한 것이다.

농업집단화의 전조

1947년 소 몇 마리를 갖고 필요한 농가에 쟁기질을 해주는 소거리반이 생기고, 1950년 초에는 농기계를 구비하고 논밭을 갈아주는 국영농기계임경소가 운영되는 등 북한의 농업은 차츰 공동 노동이 확대되는 모습이었다. 6·25 전쟁이 시작되면서 공동 노동은 국가가 더 개입하는 모습으로 변화되어갔다. 1951년에는 강원도 철원과 평강, 금화, 고성 등 전선 인근 지역에서 '전선돌격대'와 '전시공동노력대' 등의 이름을 가진 80여 개의 공동작업반이 구성되었다. 여기에는 2,800여 명이 참여해 공동으로 파종과 모내기 작업을 진행했다.

전시인 만큼 이 공동작업반들은 필요한 경우 전투를 하기도 하면서 농사일도 공동으로 했다. 강원도 통천군의 '무장이앙대'는 해안으로 상륙하려는 미군과 전투에 나서 이들을 물리치고 모내기도 공동으로 했다고 한다.[6]

다양한 이름으로 조직되어 활동하던 이러한 조직들이 1952년에는 '전선공동작업대'로 정리되었다. 50명 내외의 농민이 하나의 전선공동작업대를 조직해 일정한 토지에서 공동으로 농사를 지으며 전시 생산과 전선 지원 사업을 전개했다. 협동조합과 유사한 형태였다. 토지를 통합해 운영하고, 가축과 농기구를 공동으로 소유하면서, 생산물은 노동의 질과 양에 따라 분배했다.

1952년 초에 조직된 강원도 철원군 '삭녕전선공동작업대'의 사례를 보자. 우선 5장 20조로 된 규약을 만들었다. 여기에 조직의 운영 방안을 자세히 규정했다. 토지 통합과 가축·농기구 공동 소유, 노동의 양과 질에 따른 분배 등을 명시적으로 규정했다. 공동재산의 애호愛護와 같은 규정도 마련해두었다. 대원은 남자 122명, 여자 52명으로 비교적 큰 전선공동작업대였다.

운영의 직접적 책임은 9명으로 구성된 위원회에서 맡고 있었다. 대원들이 몇 개의 작업반으로 나뉘어 실제 농사를 지었다. 산기슭에 10명 정도 들어갈 수 있는 방공호를 만들어놓고 군사훈련도 실시했다.[7] 이러한 운영 형태는 전후 이루어진 농업집단화의 초기 단계라고 할 수 있다. 6·25 전쟁 말기에는 전선 부근에 이러한 전선공동작업대 75개가 운영되었고, 여기에 1,160명의 농민이 참여해 1,286정보의 농지를 경작했다.

농업협동조합의 조직도 점차 확대되었다. 1952년 12월 당중앙위원회 정치위원회는 '빈농민과 영세 어민의 경제 상황과 그 개선 대책에 대하여'라는 결정서를 채택하고 이들의 생활개선을 위한 농업협동조합과 부업생산협동조합의 조직을 적극 장려했다. 전선공동작업대와 같이 토지를 공동으로 이용하고, 농기구와 가축을 공동으로 소유하면서, 생산된 농산물을 노동의 양과 질에 따라 고르게 분배하는 협동조합의 구성을 독려한 것이다. 이러한 조치에 따라 협동조합은 점차 늘어났다.

북한에서는 1953년 7월에 농업협동조합이 102개, 부업생산협동조합이 72개에 이르러 174개의 협동
조합이 운영되고 있었다. 봄갈이 작업을 하는 농업협동조합원들.

1953년 7월에 조사한 바에 따르면 농업협동조합이 102개, 부업생산
협동조합이 72개에 이르러 모두 174개의 협동조합이 운영되고 있었
다. 여기에는 모두 2,400가구가 참여했다. 지역별로는 강원도가 80개
로 가장 많았고, 평안북도 32개, 함경남도 24개, 황해도 12개, 자강도
10개, 함경북도 9개, 평안남도 7개였다. 강원도에 이렇게 많은 것은 전
선공동작업대가 많았고, 이들이 대부분 협동조합이 되었기 때문이다.

　이렇게 북한의 농업은 국영농목장, 농기계임경소, 협동조합 등을 중
심으로 단계적으로 사회주의적 경제 형태를 강화해나갔다. 사회주의
적 경제 형태가 차지하는 비중은 1953년에 이르러서는 1949년에 비해

농업에서는 5.3퍼센트, 공업에서는 5.4퍼센트, 소매상품유통 부문에서는 15퍼센트 증가했다.[8]

농업집단화의 전조가 되는 또 하나의 현상은 경작권지耕作權地의 증가였다. 토지개혁 이후 토지 소유자가 사라지거나 경작할 수 없게 된 경우 이 토지는 지방인민위원회가 회수했다. 지방인민위원회는 이 토지의 경작권을 토지가 적은 농민들에게 주었다. 이를 경작권지라고 불렀다. 전시에 적에게 협력한 자와 남한으로 도주한 자 등의 토지가 경작권지가 되었다. 국유지를 개간한 농지도 여기에 속했다. 1953년 7월 이 토지가 53만 정보에 이르렀고, 농민들이 경작하는 토지의 4분의 1이 넘었다. 이 토지의 소유자는 국가이고 경작만 농민이 하는 것이었다. 경작권지가 늘어나는 것은 토지의 국가관리제가 점차 확대되는 것을 의미했다. 전반적으로 농업은 공동 노동 형태와 국가관리제가 확대되면서 협동화를 준비하는 모습이 되어갔다.

행정구역 개편

북한은 1952년 12월 22일 최고인민회의 상임위원회 정령政令으로 지방의 행정구역을 전면적으로 개편했다. 기존에는 '도–군(시)–면–리'의 체계였는데, 이를 '도–군(시)–리'의 체계로 단순화한 것이다. 면을 없애고, 리와 같은 행정구역으로 노동자구도 신설했다. 400명 이상의 광산이나 어촌 또는 공장의 노동자가 거주하는 지역을 노동자구로 지정했다. 이는 새로운 사회주의 행정 단위로, 노동자를 우대하는 정책의 일환이었다. 노동력을 집단적으로 관리해 생산성을 높이기 위한 제도였는데, 41개의 노동자구가 신설되었다. 군의 중심지는 읍으로 칭했다.

대대적인 행정구역 개편에 따라 군은 98개에서 168개로 증가되었고, 리는 1만 120개에서 3,658개로 줄어들었다. 2~3개의 리를 하나로 묶는 작업이 진행된 것이다. 1946년에 평양시를 특별시로 승격시키는 조치가 시행되고, 1949년에는 자강도가 신설되었으며, 1951년에는 개성시와 개풍군을 통합해 개성지구로 만들기도 했다. 이처럼 행정 체계에 대한 전반적인 개편은 처음이었다.

이와 같은 행정구역 개편은 대규모 인사이동을 의미하는 것이었다. 당시에는 리 인민위원장도 임명제로 운영되고 있었는데, 군 인민위원회의 과장급이 임명되었다. 종전에는 리 인민위원회에서는 위원장 한 사람만 유급이었으나 이때부터는 서기장 1명, 생산지도원 1명, 세금과 재정 담당 지도원 2명, 민주선전실장 1명 등 모두 5명이 추가로 유급간부가 되었다. 민주선전실장은 농촌 주민들을 상대로 당의 사업을 홍보하고 농민들을 정치적으로 교육하는 일을 담당했다. 좌담회와 강연회를 개최하고 벽보를 통해 전쟁 상황을 전하기도 하고 집단으로 라디오를 청취하는 일을 지도했다. 1946년 11월 종전의 선거선전실의 명칭이 변경되어 민주선전실이 되었고, 1952년부터는 민주선전실장이 리 당 부위원장을 겸임하게 되었다.

실제로 1953년 3월까지 행정구역 개편과 인사이동이 진행되었다. 이는 12월 15~18일 열린 당중앙위원회 제5차 전원회의 문헌토의 사업과 동시에 전개되었다. 제5차 전원회의 결정의 핵심 내용이 종파주의 청산이었는데, 이에 대한 당 전체적인 토론과 동시에 행정구역 개편, 인사이동이 실시된 것이다.[9] 이는 행정 체계의 단순화와 함께 지방의 행정 관료도 순수 김일성 세력으로 교체하기 위한 것이었다. 평양에서는 1953년 초부터 남조선노동당의 핵심 인물들을 제거하는 작업을 전개하면서, 지방에서도 남조선노동당 세력을 철거하게 와해시키려고 했다.

면을 없애고 행정 체계를 4단계에서 3단계로 줄인 것은 중앙지도 체계를 더 강화하려는 것이었다. 북한도 면의 폐지와 관련해 1952년 12월 22일 최고인민회의 상임위원회 정령은 '종래 행정 체계의 불합리성을 퇴치하고 상부의 지도를 하부에 접근시키기 위함'이라고 밝혔는데, 이는 중앙지도 체계를 더 효과적으로 실현하려는 것이 당시 행정구역 개편의 주요 목적이었음을 할 수 있게 한다.

지방 당 조직에 대한 지도단속도 실시되었다. 1953년 6월 중순에는 당중앙위원회에서 지도그룹을 형성해 도·시·군 당에 파견하고, 도·시·군 당 조직에서도 지도그룹을 만들어 초급 당 조직을 지도했다. 조선노동당이 창당된 이후 당중앙위원회가 직접 나서서 하부조직을 단속한 것은 이것이 처음이었다. 이 당시 집중 검토 대상이 된 것은 남한을 대표해서 1948년 8월 선출된 최고인민회의 대의원 360명, 남조선노동당의 정보요원 양성소인 금강정치학원생 1,000여 명, 그 밖에 남로당원으로 활동한 적이 있는 500여 명 등 2,000여 명이었다. 검토 과정을 통해 남조선노동당 지방 세력은 당과 행정조직에서 쫓겨났다.

1952년 12월의 행정구역 개편은 단순한 행정구역의 재조정이 아니었다. 대대적인 조직 개편을 통해 대규모 인사이동의 요인을 만들어내고, 그 과정에서 김일성 지지 세력의 전국적인 확산과 강화를 꾀한 것이다. 이러한 기반 위에서 남조선노동당 세력을 철저하게 제거하고, 1955년에는 남조선노동당 세력의 리더 박헌영까지 처형하게 된 것이다.

터덕거리는 휴전 협상

1951년 7월 휴전 협상이 시작된 이후 군사분계선은 현재의 접촉선으로 하기로 합의했다. 휴전 이후 감시 방법과 포로 송환의 구체적인 방안에 대한 협상은 1952년에도 계속되었다. 휴전감시 방법에 대한 협상은 얼마 되지 않아 합의점에 도달했다. 북한 측이 추천한 폴란드 · 체코슬로바키아와 유엔 측이 추천한 스위스 · 스웨덴이 휴전감시기구인 중립국감독위원회를 구성하는 것으로 합의했다. 휴전협정이 효력을 발생한 지 3개월 내에 한반도 문제를 근본적으로 해결하기 위한 국제 정치 회담을 연다는 데에도 합의했다.

문제는 포로 송환이었다. 1952년 들어서도 유엔 측은 '공정하고 평등한 기초' 위에서 포로 교환이 이루어져야 한다고 주장했다. 일대일 교환의 원칙하에서 송환이 진행되어야 한다는 것이었다. 이에 대해 북한 측은 휴전이 성립되면 양측의 포로를 모두 돌려주는 '전부 송환'을 견지하고 있었다.

1952년 1월 유엔 측은 '자원 송환'을 다시 한 번 주장했다. 인도주의 원칙에 입각해 포로는 자신이 원하는 곳으로 갈 수 있도록 해야 한다는 것이었다. 하지만 북한 측은 여전히 '일괄 송환'을 주장하며 '자원 송환'을 반대했다. 3월 초 유엔 측은 송환을 원치 않는 포로는 제외하고 나머지는 전원 송환하자고 제의했다. 북한 측은 이것도 거부했다. 4월이 되자 북한 측도 공산군 포로들에 대한 자유의사를 확인하는 것에는 동의를 해주었다.

유엔 측은 의사 확인에 들어갔다. 13만 2,000여 명의 포로 가운데 송환에 응하겠다는 포로는 7만여 명에 불과했다. 3만 8,000여 명의 민간인 억류자 가운데는 7,500여 명만 송환을 희망하고 있었다. 그동안의 반공교육 때문에 이런 결과가 나온 것이다. 유엔 측이 이러한 숫자를 제시하자 북한 측은 '북한 측 포로를 강제로 억류해 이승만과 장제스에게 넘겨주기 위한 술책'이라고 격렬히 비난했다.

'포로교환문제 소위원회'에서 성과를 보지 못하고, 1952년 5월부터는 공개회의인 대표단 본회의에서 협상을 계속했다. 회담이 터덕거리는 사이 거제도 포로수용소에서는 테러와 폭행이 난무했다. 공산군 포로들은 북한으로 가기를 거부하는 반공 포로를 위협하고 테러를 가했다. 이들은 조선인민군과 연락망을 확보한 채 수시로 협의하면서 행동했다. 5월 7일에는 공산군 포로들이 포로수용소 사령관 프랜시스 도드 Francis Dodd 준장을 감금하는 사건이 발생했다. 그들은 포로 대우 문제에 대한 토론을 요구하면서 사령관이 제76수용소로 올 것을 요구했다. 도드는 무장경호원 없이 보좌관 한 사람만 데리고 갔다가 붙잡혔다. 유엔군은 조선인민군 포로들과 협상해 '조선인민군 포로들의 송환 의사

거제도 포로수용소에서 공산군 포로들은 북한으로 가기를 거부하는 반공 포로를 위협하고 테러를 가했다. 거제도 포로수용소에서 폭동을 진압하는 미군 경비병들.

를 묻는 심사가 없을 것'을 약속하고 도드를 구했다.

매슈 리지웨이 후임으로 마크 클라크가 유엔군 사령관으로 부임하면서 강공을 구사했다. 북한에 대한 대대적인 공격에 나선 것이다. 6월 하순 그동안 공격을 피해왔던 수풍댐과 수풍발전소를 폭격했다. 댐과 10개의 수력발전소가 폭파되었다. 이 폭격으로 북한 전력의 90퍼센트가 초토화되었다. 이후 1952년 여름 동안 평양을 비롯한 인구밀집 지역에 1만 2,054회의 폭격이 가해졌다. 북한 측도 MIG-15를 동원해 미군과 맞섰지만, 미군의 폭격을 근본적으로 막지는 못했다. 클라크는 중국 대륙에 대한 폭격과 원자폭탄 사용까지 주장하면서 공세를 계속했다.

그런 가운데 미국의 진보당 대통령 후보 빈센트 핼리넌Vincent Hallinan

은 "우선 휴전을 하고, 송환을 원하는 포로는 교환한 뒤, 남은 포로들은 나중에 협상하자"는 안을 내놓았다. 휴전을 조속히 성립시킬 수 있는 방안이었다. 미 국무부는 대체로 이 안을 지지했다. 소련 주재 미국 대사 조지 케넌George Kennan도 찬성했다. 하지만 미 국방부는 전반적으로 반대했고 클라크도 반대했다. 9월 24일 해리 트루먼 대통령 주재로 회의가 열렸다. 결론은 '반대'였다. '공산 측에 대한 양보는 안 된다'는 입장 때문이었다.

9월 28일 다시 판문점에서 회의가 열렸다. 유엔 측은 중립국감독위원회를 구성하거나 국제적십자사를 통해 포로들의 자유의사를 들어서 그에 따라 결정하자고 제안했다. 북한 측은 그것도 거부했다. 10월 8일 다시 만났지만 역시 평행선이었다. 유엔 측은 휴회를 선언하고 회의장을 나왔다. 이후 6개월 동안 회담은 열리지 못했다.

그사이 유엔도 문제 해결에 나서 1952년 12월 제7차 유엔총회에서 체코슬로바키아, 폴란드, 스위스, 스웨덴으로 구성된 송환위원회를 구성해 포로를 4개월 동안 보호한 뒤 가고 싶은 곳으로 가도록 하자는 내용의 결의안을 통과시켰다. 중국과 소련이 거부했지만, 이 결의는 6·25 전쟁의 포로 송환 문제에 대한 국제사회의 관심을 불러일으켰다.

이렇게 포로 송환 문제는 1952년에도 합의를 이루지 못하고 1953년으로 넘겨졌다. 이념적인 문제가 개입되어 있는 만큼 의견이 맞서 타결은 쉽게 되지 않았다. 유엔 측과 북한 측의 실랑이에다가 휴전협정에 반대하는 남한과 미국 사이의 승강이까지 개입되어 어떤 문제보다도 해결에 시간이 많이 걸렸다.

인민들의 살아남기 투쟁

전쟁 중에는 모든 것이 모자라고 귀하지만, 그 가운데서도 가장 큰 문제는 인민들의 의식주가 근본적으로 위협받는다는 것이다. 6 · 25 전쟁이 발발하면서 북한 주민들은 살아남기 위한 투쟁을 하지 않으면 안 되었다. 미군의 폭격에서 살아남아야 했고, 굶어죽지 않기 위해 사투를 벌여야 했다. 융단폭격 가운데서 목숨을 부지하는 길은 땅 속으로 들어가는 것이었다. 땅에 굴을 파고 생활할 수 있게 만든 토굴집을 마련하는 사람이 많았다.

집단적으로 방공호를 파서 주로 그곳에서 생활하기도 했다. 평안남도 순천군의 한 마을에서는 여성들이 '여성방공호건설대'를 조직해 방공호 82개를 만들고 살림을 그곳으로 옮겼다. 구들을 깔아 난방까지 하면서 장기적으로 그곳에서 거주했다. 방공호가 집이 된 것이다. 이 마을은 마을 뒷산 골짜기에 커다란 방공호도 만들어 리 인민위원회, 민주선전실, 탁아소, 자위대 등이 모두 들어갈 수 있도록 했다.[10] 마을 전체가 지하화된 것이다. 도시와 가까워 공격받기 쉬운 마을은 이렇게 마을 자체를 방공호로 옮기다시피 했고, 도시에서 멀리 떨어져 있는 마을은 비상시 대피할 수 있는 대피호를 준비했다. 폭격이 언제 있을지 몰랐기 때문에 집에는 물론 마을의 큰길 옆, 논밭 주변에도 대피호를 파놓았다.

지하생활이 일반화되자 당중앙군사위원회는 1952년 12월 방공호 등도 공격을 피하기 위해서는 주의해야 한다는 명령을 내리기도 했다. 방공호도 계절에 맞게 위장을 잘해야 한다는 내용이었다. 미군이 알아

차리지 못하게 하기 위해서는 등화관제도 철저하게 시행해야 한다는 내용도 들어 있었다.

먹을 것도 절대부족한 상황이어서 최소한으로 먹을 수밖에 없었다. 고사리, 고비, 도라지, 참나물 등 산과 들에서 나는 먹거리를 주로 먹었다. 미숫가루와 다식 등 간편한 먹거리도 주식이 되다시피 했다. 다식은 함경남도 북청 지방의 고유 음식으로 쌀가루에 꿀을 넣어 만든 떡의 일종이다. 크기가 작고 쉽게 얼지도 않으며 변질도 잘 안 되어 비상식량으로 좋았다.

쌀은 군대로 많이 보내져 일반인들은 쌀밥을 자주 먹을 수 없었다. 피난길에 오르거나 산으로 대피하는 경우도 많아 쌀이 있어도 제대로 된 밥을 먹기는 어려웠다. 솥 없이 간편하게 밥을 짓는 방법도 개발되어 비상시에 활용되었다. 땅을 파고 넓은 돌로 방 모양을 만든 다음 돌을 달구었다. 그 안에 물에 담근 쌀자루를 넣고 돌을 덮은 뒤 다시 그 위에 불을 놓아 달구면 웬만큼 밥이 되었다. 더 급할 때는 쌀자루를 땅에 파묻은 뒤 그 위에 불을 놓아 땅의 습기로 밥을 짓기도 했다.

입는 것도 정상일 수는 없었다. 집에서 스스로 대충 만들어 입는 것이 대부분이었다. 위장을 위해서 염색도 스스로 했는데, 갈매나무 열매로 군복과 비슷하게 염색을 할 수 있었다. 비누는 구하기 어려웠고, 잿물을 세제로 활용했다. 잿물은 짚이나 나무를 태운 재를 우려낸 물로 세제 효과가 있었다.

관혼상제는 물론 차리지 못했다. 북한은 전쟁 전부터 관혼상제를 간소하게 치르도록 계도하고 있었다. 전쟁 중에 먹을 것이 모자라는 상황에서 관혼상제를 성대하게 치르는 관습은 자연스럽게 사라져갔다. 간혹 여유가 있는 집에서 생일상 같은 것을 차리려 할 때는 여유 식량을 군대로 보내라는 요청을 받기 십상이었다. 그런 분위기에서 관혼상제는 되도록 간단하게 치르는 방향으로 관행이 굳어져갔다. 전쟁이 계속되는 동안 사람들은 못 먹고 못 입는 상태로 언제 어디서 시작될지 모르는 폭격을 피하고 목숨을 부지하기 위해 처절한 투쟁을 이어가야 했다.

헝가리
의사가 겪은
1952년

야노시 본타Jänos Bonta는 헝가리 출신의 의사로 1952년 1월 전쟁 중인 북한에 파견되어 10월까지 활동했다.[11] 당시 50세였다. 모스크바를 거쳐 오랫동안 기차를 타고 신의주까지 들어왔다. 거기서부터는 트럭을 탔다. 미군의 폭격으로 철길이 끊겼기 때문이다. 폭격의 위험은 계속되고 있어서 밤에만 이동했다. 전조등도 켜지 못했다. 그가 도착한 곳은 평양에서 10킬로미터 떨어진 망전대라는 곳이었다. 군사학교가 있던 자리였다. 그곳에 헝가리가 1950년 7월에 설립한 야전병원이 있었다. 그곳에서 헝가리 의료진 제1진이 1951년 2월까지, 제2진은 1952년 1월까지 환자들을 치료했고, 그는 제3진으로 이곳에 왔다.

헝가리 야전병원은 병상이 500개, 수술실과 X-레이실 등을 갖추고 있었다. 환자가 넘쳐 근처 오루리, 송산리, 남리 등의 농가에 환자를 맡기기도 했다. 그는 이 병원의 한 부서 책임자였다. 주요 업무는 환자들에게 맞는 약을 짓는 것이었지만, 수술환자 마취, 전염병 예방접종, 병원 위생 감독 등 여러 가지 일을 했다. 의사 보조, 간호사, 조교 등 북한 사람들이 그를 돕고 있었다.

1952년 3월에는 인근 마을에 천연두 예방 사업을 실시했다. 1만 명 정도에게 예방주사를 놓았다. 시기에 따라 말라리아와 결핵 예방주사를 놓기도 했다. 당시에는 여러 전염병이 수시로 발생했고, 성병도 드물지 않았다.

휴전 협상이 진행 중이었지만 미군의 폭격이 계속되어 병원을 운영하는 것은 여간 힘들지가 않았다. 헝가리에서 필요한 물자들을 보내줘 진료와 치료는 그럭저럭 할 수 있었지만, 전기가 수시로 끊기는 것은 달리 대책이 없었다. 1952년 4월에도 끊겼고, 6~7월 한 달 동안 전기를 쓰지 못했다. 미군이 압록강의 수풍댐과 수력발전소를 공격했기 때문이다. 살균은 삶는 방법으로 해결했고, 수술실과 X-레이실의 전기는 자가발전기를 돌려 겨우 충당했다. 그 밖에도 미군 폭격으로 인한 피해는 이루 말할 수 없었다. 그는 5월 말부터 8월 말까지 병원 주변의 폭격 피해 상황을 비교적 상세히 기록해놓았다.

5월 24일	4대의 B-29 폭격기가 정오쯤 병원 근처에 네이팜탄을 떨어뜨렸다.
6월 3일	새벽 3시 30분 리버레이터Liberator기가 요양 환자들이 있는 병동과 내과병동에 폭탄 3발을 떨어뜨렸다.
6월 6일	밤에 폭탄 4발이 검사실 옆에 떨어져 북한 운전기사가 쓰러진 고압선에 감전되어 사망했다.
6월 24일	압록강 수력발전소 폭격으로 전기를 사용하지 못하게 되었다.
7월 11일	저녁 9시 50분부터 새벽 4시까지 이미 황폐해진 평양에 무수히 폭격이 가해졌다.
7월 14~15일	폭탄이 병원 인근에 떨어졌다.
8월 9일	B-29 폭격기가 다시 평양을 폭격했다.
8월 12일	폭격기가 병원 상공을 지나갔다.
8월 16일	인근 마을 남리가 폭격을 당했다. 군부대의 군인 4명이 사망하고 14명이 부상당했다. 환자와 간호사들이 거주하던 집도 폭격당해 환자 1명이 사망하고 여러 명이 부상을 당했다.
8월 17일	3킬로미터 떨어져 있는 마을이 폭격당했다. 많은 부상자가 병원으로 이송되어왔다.
8월 20일	헝가리 대사관으로 피신했다.
8월 23일	불가리아 대사관과 모란봉극장으로 다시 피신했다. 밤에 폭격이 계속되어 아침에야 망전대로 돌아왔다.

| 8월 29일 | 정오쯤 병원이 폭격당했다. 동료의사 1명, 헝가리 운전기사 1명이 부상당했다. 이들은 며칠 뒤 헝가리로 후송되었다. 약제실과 환자요양소가 파괴되었다. |
| 8월 30일 | 평양시가 다시 폭탄 세례를 받았다. |

공습경보가 수시로 울리고, 밤 9~10시 사이에는 미군 정찰기들이 규칙적으로 평양과 그 주변을 정찰했다. 움직이는 물체를 발견하면 폭격이 이어졌다. 정찰기는 '재봉틀'이라고 불렸다. 소음이 재봉틀과 같았기 때문이다.

어려운 상황에서도 나름의 문화생활은 있었다. 영사기를 돌려 헝가리에서 보내주는 영화를 가끔 보았다. 영사기 기사는 따로 없어서 방사선 기사가 돌렸다. 모란봉극장에서 무용이나 합창을 감상하는 경우도 있었다. 신문이나 잡지는 헝가리에서 보내주었는데, 6주 전 것을 볼 수 있었다. 가족의 편지도 6주 정도면 도착했다. 최근 소식은 일본에서 하는 영어 라디오방송을 통해 알 수 있었다.

헝가리 병원은 의료진을 계속 교대하면서 전쟁이 끝난 뒤인 1956년 11월까지 진료를 계속했다. 북한은 1969년 봄 전쟁 당시 봉사했던 헝가리 의료진을 2주간 초대해 당시의 노고에 감사를 표하기도 했다.

1953년

제4장

×××

휴전과 재건

박헌영 숙청

6·25 전쟁이 북한의 모든 영역에 큰 영향을 주었지만, 그 가운데서도 가장 주목한 만한 것이 김일성 권력의 강화다. 김일성이 전쟁을 통해 권력을 강화한 것인데, 여기서 중요한 부분이 남조선노동당 세력과 박헌영의 몰락이다. 김일성은 전쟁이라는 위기를 기회로 활용해 자신의 최대 정적인 박헌영과 그의 세력 기반인 남조선노동당 세력을 제거했다. 김일성은 박헌영을 숙청함으로써 전쟁 실패의 책임을 박헌영에게 오롯이 씌울 수 있었고, 자신의 최대 정적을 제거하는 효과도 누렸다. 해방 직후 한반도 공산주의 세력의 리더이자 김일성과 지속적으로 경쟁 관계를 형성한 박헌영을 숙청함으로써 김일성은 자신의 권력 기반을 훨씬 공고화할 수 있었다.

남조선노동당 세력 숙청은 1952년 12월 15~18일 당중앙위원회 제5차 전원회의에서 이미 전조를 보였다. 이 회의에서 김일성은 종파주의자들과 투쟁해야 한다고 강조했다. "당내에는 종파가 없다고 하지만, 종파주의자들의 잔재는 아직 남아 있다"면서 "종파주의자 잔여를 그냥 남겨둔다면, 인민민주주의 국가들과 우리의 형제적 당들의 경험이 가르쳐주는 바와 같이 그들의 출로出路는 결국 적의 정탐배偵探輩로 변하고 만다는 사실에 대하여 우리 당은 심심한 주의를 돌리지 않을 수 없다"고 강조했다.[1] 전쟁이 마무리되어가는 시점에 분파의 이익만을 추구하는 사람들이 있다고 전제하고 이의 근절을 선언한 것이다. 그러고는 당 조직을 통해 이에 대한 토의 사업을 대대적으로 전개했다. '결속을 해치는 이들은 처벌해야 한다'는 분위기를 조성한 것이다.

제5차 전원회의에서는 주요 당직의 변화도 있었다. 먼저 당 선전선동부장 박창옥은 당비서로 승진했다. 대남 사업을 담당하는 당 연락부장을 남로당파의 배철에서 박금철로 교체했다. 박금철은 일제강점기 김일성 세력에 협력하면서 함경남도 갑산 지역에서 활동하던 갑산파의 리더였다. 당의 간부부장인 연안파 진반수는 물러나고 그 자리는 비워두었다. 박금철이 간부부장의 역할도 한 것으로 보인다. 당에서 권력을 획득한 박창옥과 박금철에게 남조선노동당 세력 숙청의 과제가 맡겨졌다.

이렇게 정지 작업이 이루어진 뒤에는 1953년 2월 7일 조선인민군 창건 5주년을 기념해 최고인민회의 상임위원회가 김일성에게 원수의 칭호를 수여했다. 이는 1952년에 시작된 김일성 개인숭배 작업을 계속하면서 전쟁 실패의 책임에서 김일성의 책임을 면해준다는 의미였다. 다른 의미로는 전쟁 실패의 책임을 다른 사람에게 지우겠다는 의미이기도 했다. 그것이 다름 아닌 남조선노동당 세력과 박헌영이었다.

박헌영을 제외한 남조선노동당의 핵심 세력들이 먼저 체포되었다. 1953년 초부터 남조선노동당 핵심 간부 12명이 차례로 체포된 것이다. 당비서 겸 검열위원장 리승엽, 당 연락부장 배철, 당 연락부 부부장 박승원, 당 연락부 부부장 윤순달, 당 선전선동부 부부장 리원조, 문화선전성 부상 조일명, 조소문화협회 부위원장 임화, 무역성 조선일반제품 수입상사 사장 리강국, 검열위원회 상급검열원 조용복, 조선인민군 유격대 제10지대장을 지낸 맹종호, 조선인민군 총정치국 제7부 소속 설정식, 남한 정부에서 내무부 사찰과 중앙분실장을 했던 백형복 등이다. 이들에게 씌워진 혐의는 반국가·반혁명 간첩죄였다.

7월에는 박헌영도 같은 혐의로 체포되었다. 12명에 대한 재판은 휴전 직후인 1953년 8월 3일부터 4일 동안 최고재판소 특별군사법정에서 진행되었다. 리승엽 등 10명은 사형, 윤순달은 15년형, 리원조는 12년형을 받았다. '미 제국주의를 위한 간첩 행위', '남반부 민주역량 파괴와 약화', '공화국 정권 전복을 위한 무장폭동 행위' 등의 죄를 저질렀다고 판결했다. 이렇게 해서 박헌영의 수족이 될 만한 남조선노동당의 주요 인물들을 모조리 제거했다.

1953년 8월 5~9일 열린 당중앙위원회 제6차 전원회의는 남조선노동당 세력 숙청 문제를 정리하는 자리였다. 박정애가 관련 내용을 보고하고 '박헌영의 비호 아래 리승엽 등의 도당이 감행한 반당적·반국가적 범죄 행위와 허가이의 자살사건에 관한 결정서'가 채택되었다. 리승

김일성은 박헌영을 숙청함으로써 전쟁 실패의 책임을 박헌영에게 씌우면서 자신의 최대 정적을 제거하는 효과도 누렸다. 박헌영이 모스크바에서 유학하던 시절의 가족 사진(아내 주세죽, 딸 비비안나).

엽 등은 반국가적 간첩죄를 저질러 처벌을 면할 수 없다는 내용이었다. 이런 내용은 『로동신문』과 중국의 『런민일보人民日報』를 통해 일반에게도 공개되어 이들의 몰락은 공식화되었다.

제6차 전원회의는 숙청된 남조선노동당·남한 출신 세력 등을 당직에서 공식적으로 배제해버리는 절차이기도 했다. 박헌영, 주영하, 장시우, 김오성, 안기성, 김광수, 김응빈 등이 중앙위원회에서 제명되었다. 당 검열위원장 장순명, 검열위원회 부위원장 리기석은 해임되었다.

전쟁의 와중에 김일성은 우선 연안파의 무정을 숙청했다. 역시 연안파인 박일우를 핵심 포스트에서 물러나게 하고, 소련파의 우두머리 허가이를 제거한 뒤에 박헌영과 남조선노동당 세력까지 숙청한 것이다. 묘하게도 전쟁은 그에게 위기와 함께 국내 정치에 진력할 수 있는 공간을 제공했고, 그는 이를 십분 활용했다.

박헌영을 체포했지만 그에 대한 재판 절차는 여타 남조선노동당 인물들과 분리시켜 진행했다. 리승엽 등에 대한 재판이 열리는 동안 제6차 전원회의가 열렸는데, 여기서 박헌영을 재판에 넘기기로 결정했다. 이 회의 직후 남로당계 인사들에 대한 출당이 이루어졌고, 주영하와 장시우 등 국내파 인물들도 숙청되었다. 박헌영에 대한 재판은 바로 열리지 않았다. 소련과 중국에서도 관심을 갖고 있는 거물이었기 때문에 다른 인물들처럼 속전속결로 처리할 수 없었다. 체포한 지 2년 5개월이 지난 1955년 12월에야 재판이 진행되었다.

전 사회적 사상 단속

박헌영과 남조선노동당 세력 숙청에 착수하면서 북한 당국은 북한 사회 전반에 걸쳐 대대적인 사상 검토 작업에 들어갔다. 1952년 12월 당중앙위원회 제5차 전원회의가 끝난 뒤 이 회의에서 보고한 김일성의 '당의 조직적 · 사상적 강화는 우리 승리의 기초'라는 문헌에 대한 전국적인 토의 사업에 들어간 것이다. 종파주의와 투쟁한다는 내용의 보고에 대한 토의이니 '어떻게 하면 종파주의를 청산할 수 있는 것인가'에 대한 토의를 진행했다. 1953년 6월 4일에는 당중앙위원회 정치위원회 회의가 있었는데, 여기서는 제5차 전원회의에 대한 토의 사업의 중요성을 강조하고 이를 더 활력 있게 진행하기로 했다.

당중앙위원회 정치위원회는 우선 첫 단계로 제5차 전원회의 문헌을 당원들에게 철저하게 인식시키는 데 주력하고, 다음 단계로는 당원들의 당성黨性을 검토하면서 당 조직의 전투력을 높이는 작업을 전개하기로 했다. 박헌영과 남조선노동당 세력 숙청을 계기로 노동당원을 비롯한 북한 주민 전체에 대해 정권에 대한 충성과 사회주의 이외의 다른 생각을 하지 못하도록 단속을 철저하게 하려는 것이었다.

6월 중순부터 실제 사업이 본격화되어 당중앙위원회에서 조직한 지도그룹들이 주요 공장과 기업소들에 파견되었다. 도·시·군 당위원회도 지도그룹을 편성해 그 아래 당 조직에 내려보냈다. 이들은 강연회와 토론회, 좌담회 등을 개최해서 제5차 전원회의 문헌 내용에 대해 교육하면서 종파주의 청산의 중요성을 강조했다. 이렇게 진행된 지도 사업은 행정기관, 농목장, 농촌 등 북한 사회 구석구석을 망라했다.

지도 사업이 마무리된 뒤에는 사상 검토 사업에 들어갔다. 초급 당 조직들이 당원 총회를 열어 자아비판과 종파주의적 행태에 대해 비판하도록 했다. 특히 박헌영이나 남조선노동당 세력과 조금이라도 관련을 맺었던 사람들은 철저하게 이를 고백하고 반성한 뒤 추후 행동의 방향에 대해 말하도록 했다. 남한 출신자들에 대해서는 더 강한 자아비판이 요구되었다.

"박헌영이 일제강점기 지하투쟁을 하다가 감옥살이도 하고 해방 후 공산당을 재건해 노동계급을 위해 헌신한다고 해서 존경하는 마음을 가진 적이 있습니다. 하지만 이제 그런 생각이 잘못된 것이었습니다. 깊이 반성하고 앞으로는 당의 방침을 더 철저하게 따르도록 하겠습니다." 이런 식으로 자아비판을 하도록 한 것이다. 북한 사회에서 남조선 노동당의 색조를 완전히 빼내려는 것이었다.

조선노동당의 하부조직으로는 반동 출판물과 금지된 남한 노래 목록이 하달되었다. 이태준, 김남천, 임화 등 숙청된 월북 작가들의 작품은 금서禁書가 되었다. 모든 도서관에서 그들의 책을 없애야 했다. 도서관 서가의 절반 정도가 비게 되고 마르크스와 레닌 저작집과 같은 사회주의 사상서들만 남게 되었다. 결국 이는 종파주의의 폐단에 대한 교육을 대대적으로 실시하고, 남조선노동당과 관련된 무엇이든 발붙이지 못하게 하면서, 당원들에게는 당에 대한 충성을 다시 한 번 굳게 맹세하도록 하는 전 사회적 사상 단속 사업이었다. 이러한 작업은 1954년 초까지 계속되었다.

휴전의 성립

북한 당국이 내부적으로 남조선노동당 세력 숙청과 후속 작업을 대대적으로 진행하는 사이 휴전 협상은 조금씩 진전을 이루고 있었다. 1953년에 포로 송환 문제는 다른 국면을 맞게 되었다. 1월 드와이트 아이젠하워Dwight Eisenhower 행정부가 출범하고, 3월에는 스탈린이 사망하면서 휴전을 둘러싼 국제 환경이 달라졌다. 아이젠하워 행정부는 휴전에 더 적극적으로 나서서 부상 포로부터 교환하자고 제안했다. 이 제안을 중국 총리 저우언라이가 수용했다. 스탈린이 사망하면서 공산 측의 주도권을 중국이 쥐게 되었고, 중국은 휴전을 희망하고 있었기 때문에 이 제안을 받아들였다. 이렇게 해서 5월에는 부상 포로를 교환하게 되었다.

이후 협상은 탄력을 받았다. 5월 25일 유엔 측은 새로운 안을 제시했다. ① 송환을 거부하는 공산 포로는 송환위원단에 이관한다, ② 휴전협정 체결 120일 후에 이들을 석방하거나 유엔총회에 넘긴다, ③ 송환위원단의 의장은 인도가 담당하고 인도만 포로 보호를 위한 군대를 보낼 수 있다. 공산 측도 즉시 송환을 원하는 포로는 본국으로 돌아가도록 하고, 그렇지 않은 사람은 중립국송환위원회가 관리하도록 한다는 안에 찬성했다. 결국 6월 8일 포로 교환 협정은 체결되었다.

이렇게 포로 송환 문제는 해결되었지만, 또 하나 해결해야 하는 문제는 이승만의 휴전 반대였다. 이승만은 북진통일을 주장하며 휴전에 극구 반대하고 있었다. 미국이 반대하면 남한군만으로 북진을 하겠다는 의지도 굽히지 않았다. 아이젠하워는 경제·군사 원조를 약속하고 휴전 동의를 독촉했지만, 이승만은 듣지 않았다. 대신 이승만은 1953년 4월 아이젠하워에게 휴전 동의의 조건으로 한미상호방위조약 체결을 제안했다. 그러나 아이젠하워는 반대했다. 이에 주미 대사 양유찬은 남한군을 유엔군에서 빼내 단독으로 북진할 수도 있다고 미국 정부에 전했다. 5월 5일에는 휴전회담 남한 대표를 소환했다. 5월 30일에는 공식 서한을 통해 한미상호방위조약 체결을 다시 제의했다. 미국은 여전히 'No'였다.

이런 상황에서 이승만은 강수를 두었다. 6월 18일 새벽 미국에 사전

예고도 하지 않고 반공 포로 2만 7,000명을 석방했다. 미국은 놀랐고, 공산 측은 더 경악했다. 서방국가들도 아연실색했다. 전쟁의 확전을 걱정하던 영국 총리 윈스턴 처칠Winston Churchill은 이승만을 '배신자'라고 비난했다. 이승만을 즉각 구속하거나 대통령직에서 쫓아버려야 한다고 미국 정부를 비밀스럽게 압박하기도 했다.

미국은 이승만 정부와 협상을 하지 않을 수 없었다. 미 국무부의 극동담당 차관보 월터 로버트슨Walter Robertson이 남한으로 들어와 협의에 들어갔다. 19일 동안 밀고당기기를 계속했다. 이승만은 결국 휴전을 방해하지 않겠다고 약속해주었다. 그 대신 미국에서 다음의 5가지 약속을 받았다.

① 휴전 후 한미상호방위조약을 체결한다.
② 미국은 장기적으로 군사적·경제적 원조를 제공한다.
③ 남한군을 증강시킨다.
④ 휴전협정에 따라 열릴 '관계국 고위정치 회담'을 준비하는 예비 회담이 실질적 성과를 보이지 못하면 남한과 미국은 이 회담을 거부한다.
⑤ '관계국 고위정치 회담'에 대비한 한미 고위급 회담을 개최한다.

이렇게 한미가 상호방위조약 체결에 합의함에 따라 8월 8일 존 덜레스 John F. Dulles 미 국무장관이 남한에 와서 변영태 외무장관과 함께 한미 상호방위조약에 가조인을 하고 변영태 장관이 미국을 방문해 10월 1일

이승만은 한미상호방위조약 체결, 군사적·경제적 원조 등 5가지 약속을 받아낸 후에 휴전을 방해하지 않겠다고 약속했다. 휴전협정에 서명하는 김일성.

조약에 정식 조인했다. 한미간의 상호방위조약에 대한 합의가 이루어진 후 휴전 협상도 마무리되었다. 1953년 7월 27일 휴전협정이 타결되었다. 공산 측은 미국인 3,314명, 한국인 8,186명 등 모두 1만 2,764명의 포로를 보내주었다. 유엔 측은 북한인 6만 9,000여 명, 중국인 5,000여 명을 송환하고, 한국인 7,800여 명과 중국인 1만 4,500여 명은 송환하지 않고 중립국송환위원회에 넘겼다.

중립국송환위원회는 인도가 의장국을 맡고, 스위스·스웨덴·폴란드·체코슬로바키아의 대표들로 구성되었다. 휴전협정 서명은 이승만은 빠진 채 유엔군 사령관 마크 클라크, 조선인민군 최고사령관 김일성,

중국인민지원군 사령관 펑더화이가 했다. 그때 3자가 서명해 만들어낸 휴전 상태가 지금도 계속되고 있다.

미국의 이승만 제거 계획

반공 포로 석방이 단적으로 말해주는 것이지만, 휴전은 유엔 측과 공산 측 사이, 남한과 미국 사이의 많은 우여곡절 끝에 이루어졌다. 심지어 미국은 이승만 대통령을 제거하려는 쿠데타 계획까지 세우고 있었다. 미국과 중국이 휴전을 논의하던 중 1953년 4월 미국은 고집 센 이승만을 대통령 자리에서 끌어내리는 쿠데타 계획을 성안成案했다. 전쟁 중에 도움을 주기 위해 온 미국이 도움을 받고 있던 남한의 대통령을 제거하는 계획을 입안한 것이다.

'Plan Everready(상시대비 계획)'라는 이름도 붙어 있었다. 미8군 사령관 맥스웰 테일러Maxwell Taylor가 중심이 되어 만든 것이다. 그 내용은 매우 구체적이었다. 휴전을 반대하는 이승만과 고위 관료들을 구금하고, 남한을 미국의 직접적인 군사통치 아래 둔다는 것이다. 미국을 방문 중이던 육군 참모총장 백선엽도 미국에 협조하겠다는 뜻을 표했다. 일을 더 구체적으로 진행하기 위해 백선엽과 아이젠하워의 비밀 회담도 고려되었다.[2]

아이젠하워는 국가안보회의에서 이승만을 격렬하게 비난하면서 "한국은 친구가 아니라 적이 되었고 계속 이렇게 나오면 한국과는 결별하고 미국은 전쟁에서 발을 빼겠다"고 말하기도 했다. 아이젠하워는 특히 이승만이 독자적으로 전쟁을 계속하지 않을까봐 우려하고, 이를 막기 위해서는 쿠데타가 효과적이며, 미국은 쿠데타를 직접 실행하는 것보다는 쿠데타 세력을 승인하는 방안이 좋을 것이라며 나름의 방안을 제시했다. 백선엽과의 비밀 회담은 이런 맥락에서 고려되었을 것이다.

이 쿠데타 계획은 국무장관 존 덜레스가 반대하는 바람에 실행되지는 않았다. 국무부는 이승만을 대신할 만한 카리스마를 가진 지도자를 찾기 어렵다고 여겼다. 전시에 대통령을 제거하고 혼란이 야기될 경우 미국이 감당해야 할 부담이 너무 컸다. 덜레스는 그런 점을 우려했던 것으로 보인다.

미국은 대신 원조를 중단할 수 있다는 강력한 메시지를 전달했다. 한편으로는 회유도 했다. 휴전에 동의하면 대규모 원조를 제공하겠다는 것이다. 이승만은 그것만으로는 안 되고 한미상호방위조약도 체결해야 한다고 제의했다. 결국 미국은 휴전을 얻고, 이승만은 원조와 한미상호방위조약을 받아내면서 접점을 찾았다.

미국의 이승만 제거 계획은 1952년 5월에도 있었다. 이승만은 임시수도 부산에 계엄령을 선포하고, 야당 국회의원들을 헌병대로 끌고 갔다. 야당이 우세한 국회에서 국민 직선으로 대통령이 되려고 개헌을 추진한 것이다. 야당의원들이 반대하자 그들을 헌병대가 체포한 것이다. 자신의 권력을 유지하기 위해 민주주의를 훼손하는 행위를 감행한 것이다. 이승만은 미국의 충고도 듣지 않고 개헌을 추진했다. 이러한 상황에서 미 합동참모부는 이승만을 제거할 계획을 입안했다. ① 이승만

1952년 5월 25일 직선제와 양원제 개헌안을 국회가 부결하자, 이승만은 무력으로 국회를 해산시키고 비상계엄령을 선포했다. 국회의원들이 탑승한 통근버스가 헌병대로 끌려가고 있다.

을 유인해 부산을 벗어나게 한다, ② 이승만 독재의 핵심 인물들을 체포한다, ③ 이승만에게 계엄령 해제와 국회의원 석방을 요구한다, ④ 이를 거부하면 이승만을 감금하고 유엔군이 군정을 실시한다 등의 구체적인 계획을 세운 것이다.

당시에는 남한에 있던 야전군인들의 반대로 계획이 실행되지 않았다. 미8군 사령관 제임스 밴 플리트James Van Fleet 등 군인들이 반공의 보루로 이승만의 가치를 인정했고, 전시에 리더십의 동요를 원하지 않았다. 그래서 미국의 이승만 계획은 '계획'으로 남게 되었다. 두 차례의 이승만 제거 계획은 모두 실행되지는 않았다. 하지만 미국은 그렇게 남한의 대통령을 권좌에서 끌어내리려는 쿠데타 계획을 두 번씩이나 세우고 구체적으로 실행까지 검토했다.

정전 체제와 평화 체제

많은 우여곡절 끝에 1953년 7월 27일 휴전협정이 체결되면서 한반도는 휴전 체제(정전 체제)에 들어갔다. 한반도 정전 체제는 정전협정에 따라 군사분계선과 비무장지대가 설치되고, 군사정전위원회와 중립국감독위원회에 의해 관리 · 운영되는 체제를 말한다. 기본적으로 정전협정에 의해 운영되는 체제이기 때문에 전쟁이 중단된 상태를 관리하는 데 목적이 있었다. 전쟁이 종식된 상태가 아니어서 불안한 체제이기도 했다.

정전 체제가 안정적으로 운영되기 위해서는 군사정전위원회가 원만하게 운영되어야 했다. 군사정전위원회는 정전협정의 이행을 감시하고 위반 사건을 처리하기 위해 유엔 측과 공산 측이 공동으로 구성한 기구다. 각각 5명(3명은 장성, 2명은 대령급)씩을 임명해 구성했다. 휴전후 1991년까지 459차례의 군사정전위원회 회담이 열려 정전협정 위반 사례가 논의되었다. 하지만 1991년 3월 유엔 측 군사정전위원회 수석대표가 미군 장성에서 한국군 장성으로 교체된 이후 북한 측이 군사정전위원회 참가를 거부해 지금은 열리지 않는다. 대신 북한은 '유엔사-북한 장성급 회담'을 열어 주요 문제를 논의할 것을 주장해 1998년부터 몇 차례 회담이 열리기도 했다.

중립국감독위원회는 양측의 군사력 증강을 감시하고 분쟁을 예방하는 역할을 하는 기구다. 유엔 측의 스위스와 스웨덴, 공산 측의 폴란드와 체코슬로바키아 등 4개국으로 구성되었다. 하지만 북한의 정전 체제 무력화 전략에 따라 1991년부터는 체코슬로바키아가, 1995년부터는 폴란드가 참여하지 않는다. 현재는 스위스와 스웨덴 대표만 파견되어 있다. 역시 비정상적으로 운영되고 있는 것이다. 정전 체제가 불안한 체제임은 군사정전위원회와 중립국감독위원회가 제대로 운영되지 않고 있다는 사실이 충분히 보여준다.

이렇게 불안한 체제를 안정된 상태로 전환시켜 새롭게 구성해내는 것이 평화 체제다. 평화 체제는 평화가 확고하게 보장되는 체제를 말한다. 한반도 평화 체제는 한반도에서 평화가 제도와 실질의 측면에서 공고하게 정착된 체제를 말한다. 조금 더 쉽게 말하면, 남북한이 군사적 대결 상태를 종식시키고 화해와 공존의 관계로 발전된 상태를 말한다.

이러한 평화 체제가 성립되기 위해서는 구체적으로 어떤 것이 이루어져야 할까? 첫째는 평화협정이 이루어져야 한다. 휴전협정을 대체하는 평화협정은 한반도 평화의 직접 당사국인 남북한이 체결할 수도 있고, 미국과 중국이 참여해 4개국이 맺을 수도 있다. 그 내용은 6 · 25 전쟁을 공식적으로 종식시키고 평화 상태를 선언하는 것이다. 또 평화를 위협하는 경우의 대응 방안에 대해서도 규정되어야 할 것이다.

둘째는 실질적인 평화의 정착이다. 협정은 어디까지나 제도이고 형식인 것이다. 이것만 지켜진다고 해서 실질적인 평화가 이루어졌다고

1953년 7월 27일 한반도는 휴전협정을 체결하면서 휴전 체제에 들어갔다. 이는 전쟁이 종식된 상태가 아니어서 불안한 체제다. 휴전협정서에 서명하고 있는 연합군 수석대표 윌리엄 해리슨 중장과 조중대표단 수석대표 남일.

볼 수 없다. 제도의 기반 위에서 남북한이 교류와 협력을 지속해 적대감이 해소되어 진정한 평화가 이루어지는 과정이 필요하다. 그럴 때 비로소 한반도 평화가 공고한 바탕 위에 서게 되었다고 말할 수 있고, 한반도 평화 체제가 구축되었다고 할 수 있다.

평화협정의 단계로 나아가기 위해서는 우선 한반도의 중대 현안인 북핵 문제가 해결되어야 할 것이다. 북핵 문제 해결 없이 남·북 또는 남·북·미·중의 평화협정이 이루어질 가능성은 없기 때문이다. 또한 북핵 문제가 해결되기 위해서는 남북 관계와 북미 관계가 대화의 국면을 유지해야 할 것이다. 대화와 협상을 통해 북핵 문제를 해결해야 평화협정이 가능하고, 비로소 평화 체제는 이루어질 수 있다.

전쟁이 남긴 상흔

3년 동안 진행된 전쟁은 엄청난 희생을 가져왔다. 정확한 통계를 낼 수는 없지만, 약 300만 명의 사람이 사망했다. 북한의 희생자가 가장 많아 민간인 약 110만 명, 군인 약 55만 명, 합쳐서 약 165만 명이 사망하거나 실종되었다. 남한의 인명 피해는 민간인 약 99만 명, 군인 16만 2,000명 정도였다. 중국군 희생자는 13만 명, 미군은 3만 7,423명이었다. 미군 이외의 유엔군은 4,429명이 사망하거나 실종되었다. 이들을 통틀면 약 298만 명이다. 남북한 사망·실종자는 280만 명 정도였는데, 이는 당시 남북한의 총인구 약 2,966만 1,000명의 9.5퍼센트 정도가 희생되었음을 의미한다. 북한은 총인구인 947만 2,000명의 18퍼센트가, 남한은 총인구 2,018만 9,000명의 6퍼센트가 사망하거나 실종된 것이다. 인구 대비로 보면 북한의 피해가 훨씬 컸다.

북한의 피해가 이렇게 컸던 것은 장비에서 앞서는 미군과 대적하면서 사망하는 군인이 많았고, 미 공군의 대규모 폭격에 희생된 민간인이 많았기 때문이다. 미군의 무차별 융단폭격은 평양을 비롯한 인구 밀집 지역에 집중되어 많은 피해를 낳았다. 평양에만 43만 개의 폭탄이 떨어졌고, 북한 전역에 1제곱킬로미터당 18개의 폭탄이 투하되었다. 미군이 태평양전쟁을 치르면서 사용한 폭탄보다 많은 양이 북한에 사용되었다.[3]

경제적인 측면의 피해도 컸다. 우선 경제의 기반이 되는 도로, 철도, 항만 등이 대부분 부서져 산업 기반이 무너지다시피 했다. 공장 8,700여 개가 파괴되어 1953년의 공업생산은 전쟁 전인 1949년의 64퍼센트로 줄어들었다. 금속·전기·건설 관련 생산은 절반 이하로 떨어졌다. 댐과 관개시설 등 농업 관련 시설도 대부분 부서졌다. 1953년의 경지 면적은 1949년에 비해 9만 정보가 줄었고, 농업생산은 76퍼센트로 떨어졌다. 병원, 학교, 도서관, 극장 등 사회 기반시설도 대부분 파괴되었다. 학교가 5,000여 개, 병원은 1,000여 개가 부서져 쓸 수 없게 되었다. 평양에는 무사한 건물이 2채밖에 없었고, 평양 인구는 1949년 40만 명에서 1953년에는 8만 명으로 줄어 있었다.

양적으로 계산할 수는 없지만, 심리적 피해도 심했다. 무엇보다 큰 피해는 민족 간의 적대감 형성이었다. 죽고 죽이는 전쟁을 경험하면서 민족 내부에서 적의와 불신이 생기게 되었고, 이는 시간이 흘러도 쉽게 치유되지 않는 깊은 상처로 남았다. 3만 5,000여 명이 학살된 황해도 신천의 학살사건과 같은 좌우익 간의 보복도 북한 주민들 사이에 큰 정신적 상처를 남겼다.[4] 남한군과 유엔군에 협력한 자들에 대한 처벌도 대대적으로 진행되었는데, 이러한 보복성 처벌이 북한 주민들에게 남긴 심적 상흔도 심각했다. '적 기관 복무자', '반동단체 가담자', '전쟁포로 귀환자' 등에 대한 차별과 그로 인한 갈등은 전후 북한의 주요 사회문제가 되었다. 전쟁 동안 발생한 이산離散도 커다란 정신적 피해가 되었다. 가족 중 일부가 남한으로 이동하면서 만날 수 없는 상황에 처하게 된 사람은 수십만 명에 이르렀다.

미군의 무차별 폭격으로 인한 공포심은 전쟁 내내 북한 주민들을 괴롭혔다. 시인 김상오는 「증오의 불길로써」라는 시를 통해, 북한을 폭격하다가 조선인민군의 공격을 받고 떨어진 미군 폭격기와 사망한 미군 조종사를 보는 순간 치밀어 오른 분노와 증오의 감정을 처절하게 토해내기도 했다.

모리스 올리센-미국 비행사여
너는 이미 죽었다.
그러나 나는 너를 용서치 않을 테다.
끝없는 증오의 불길로써
너의 시체를 불사를 테다!

미군에 대한 공포감은 전후 철저한 반미의식으로 북한 주민들의 의식 깊숙이 자리 잡았다. 이는 지금도 북한 사회를 지배하는 중요한 이데올로기가 되었다. 북한은 강한 피해의식으로 인해 형성된 반미 정서를 정치적으로 활용해왔다. 북한 사회를 결속시키고 정권의 지지 기반을 강화하는 수단으로 이용해온 것이다. 인류 역사에 있었던 대부분의 전쟁이 그렇지만, 6·25 전쟁도 시작은 정치적 원인에 의해서였고, 그로 인한 피해는 온전히 주민들의 몫이었다. 죽고, 굶주리고, 심리적 고통에 시달리고, 정치적으로 이용까지 당하는 피해를 주민들이 온통 떠안은 것이다.

김일성 권력의 공고화

6·25 전쟁으로 가장 큰 이익을 취한 이는 다름 아닌 김일성이었다. 전쟁이 시작될 무렵 북한 내부에는 만주파, 연안파, 소련파, 국내파가 경쟁하고 있었다. 물론 김일성이 집권하고 있었기 때문에 만주파가 우위에 있기는 했지만, 다른 정파들도 나름의 세력과 지지 기반을 갖고 있어 김일성의 권력이 공고하지는 못했다. 전쟁의 와중에 김일성은 이러한 구도를 변화시켜 자신에게 유리한 체제를 창출했다. 자신에게 절대 불리한 환경도 반전시켜 오히려 유리하게 만드는 노회한 정치인 김일성의 능력이 유감없이 발휘되었다. 해방 직후에도 소련과 손잡고 국내적 지지 기반이 탄탄했던 오기섭과 같은 공산 세력과 높은 인지도를 갖고 있던 조만식 등을 제거할 때 발휘했던 정치적 수완을 전쟁 동안에도 활용한 것이다.

해방 직후부터 김일성의 경쟁자였던 무정을 평양 사수 실패라는 죄목으로 숙청하고, 박일우도 중국군과의 관계가 정리된 이후 좌천시켰다. 연안파의 핵심 인물들을 그렇게 제거한 뒤 김일성은 소련파의 리더 허가이도 숙청했다. 이렇게 정지 작업을 해놓은 뒤 가장 강력한 정적 박헌영과 그의 남조선노동당 세력에 대해서도 전격적인 숙청을 감행했다.

남조선노동당의 간부뿐만 아니라 월북한 남로당원들도 대대적으로 숙청했다. 직장에서 내쫓고 감옥이나 강제수용소에 가두었다. 남조선노동당 세력과 가까운 인사들도 숙청되었다. 주영하는 그 가운데 최고위급이었다. 김일성은 이러한 작업을 동생 김영주를 시켜 실행하도록 했다. 이렇게 해서 남조선노동당 세력을 와해시키고, 연안파와 소련파와의 힘을 결정적으로 약화시켰다.

김일성은 상층부를 숙청으로 정리하는 한편, 하층부에서는 지지 세력을 확보하는 데 진력했다. 조선노동당 가입 절차를 간소화해 당원을 확장했다. 전면적인 지방행정 개혁을 통해 지지 세력을 지방 구석구석까지 확대할 수 있었다. 이로써 당과 정부의 상층부만이 아니라 하층부까지 김일성 세력으로 채우게 되었다.

전쟁은 군의 강화를 가져오게 마련이다. 6·25 전쟁도 예외는 아니다. 북한은 전쟁 당시 19만 8,380명의 병력을 갖고 있었다. 그러던 것이 휴전 직후에는 육군 31만 7,000여 명, 공군 1만 9,000여 명, 해군 4,000여 명 등 모두 41만여 명이 되었다.[5] 2배 이상이 된 것이다. 이는 김일성의 무력 기반과 충성도 높은 지지 세력의 확대를 의미하는 것이었다. 특히 저개발국가에서 군은 최고지도자의 물적 힘의 기원이 되면서 절대 지지층의 주요 부분이 되어왔다. 김일성은 그런 세력을 대규모로 확대한 것이다.

대외 관계와 연관 지어 생각해보면, 6·25 전쟁은 김일성 정권과 중국의 관계를 훨씬 돈독하게 만들었다. 마오쩌둥이 장제스군과 중국 대륙을 두고 다툴 때 김일성은 마오쩌둥을 도왔고, 그에 대한 보답으로 김일성이 어려울 때 중국은 대규모 군대를 파견해주었다. 전쟁에는 동의하면서 지원은 피하려 했던 스탈린과는 달리 마오쩌둥은 자신의 장남인 마오안잉까지 파견하며 김일성을 도왔다. 이는 북한과 중국의 관계

김일성은 6 · 25 전쟁을 통해 자신에게 유리한 체제를 창출하기 위해 남조선노동당 세력을 와해시키고, 연안파와 소련파의 힘을 약화시켰다. 마오쩌둥과 전쟁에 참전했던 그의 장남 마오안잉.

를 다른 어떤 동맹보다 강한 혈맹의 관계로 만들어주었다. 아직도 양국의 동맹조약에 자동군사개입 조항이 포함되어 있을 정도다. 김일성으로서는 6 · 25 전쟁을 통해 중국이라는 든든한 국제 지원 세력을 확보하게 된 것이다.

이렇게 6 · 25 전쟁은 김일성에게 상층부의 경쟁 세력을 제거하고, 하층부의 지지 기반을 확대하면서, 국제적 지지 세력까지 확보하게 했다. 결과적으로 김일성의 권력 기반은 전쟁 이전보다 훨씬 공고해진 것이다. 이를 바탕으로 김일성 우상화와 유일체제를 확립할 수 있었다.

사회주의 기반 강화

전쟁은 북한의 사회주의 기반을 이전보다 훨씬 강화하는 역할도 했다. 먼저 인적 구성의 측면에서 북한 사회가 사회주의에 우호적인 세력 중심으로 재편되었다. 사회주의에 부정적인 인식을 지닌 사람들은 대부분 숙청되거나 남한으로 이동했다. 1950년 말 중국군과 함께 공세로 전환하고 실지失地를 회복하면서 북한은 남한군과 유엔군에 부역한 사람들에 대한 처벌에 나섰다. 1951년 4월에는 최고인민회의 상임위원회 정령이 발표되어 이들을 '악질 반국가적 범죄자'로 규정하고 부역 사실이 밝혀진 사람들에 대해서는 사형에 처하도록 했다.

북한 인민들이 직접 판단해 처벌할 수 있도록 하는 '군중심판'을 인정해 곳곳에서 자발적인 제재가 이루어졌다. 이 과정에서 남한군과 유엔군에 협력한 많은 사람이 사망하거나 월남했다. 전시 통제 경제가 강화되면서 사영私營기업은 심하게 위축되었는데, 그러면서 생활 기반을 잃고 남한으로 향하는 사람들도 있었다. 1946년 3월 토지개혁 당시에도 토지를 잃고 월남하는 사람이 많았는데, 6·25 전쟁 당시에 '제2차 월남'이 일어난 것이다. 월남자 가운데는 부농이나 상공업자가 많았다. 따라서 전쟁 이후 북한 사회는 이전보다 훨씬 친사회주의로 동질화되었다.

경제 운영의 형태에서도 전쟁은 많은 변화를 가져왔다. 사영기업이 위축되는 만큼 국가의 통제는 심화되었다. 이익을 추구하는 기업은 드물어지고 전쟁 중에도 파괴되지 않고 살아남은 업체들은 국가가 운영하는 경우가 많아졌다. 노사 간의 관계에서도 전쟁 중에는 단체계약이 중지되었다. 사용자와 노동자 사이의 계약이기 때문에 단체계약은 다분히 자본주의적인 것이다. 이런 부르주아적인 요소가 전쟁 중에 중지됨으로써 북한 사회는 사회주의로 한 발 더 다가서게 되었다.

농업 분야에서는 공동 노동의 형태가 많아졌다. 남성들은 대부분 전장으로 나가고 여성들이 남아 소겨리반과 품앗이반 등을 꾸려 농사를 지었다. 1952년 평안남도만 보아도 2만 6,151개의 소겨리반과 3만 3,523개의 품앗이반이 만들어져 운영되었다. 전선의 인근 지역에서는 전선공동작업대가 조직되고, 농업협동조합도 전국적으로 확산되었다. 전쟁이 끝날 무렵에는 영세 농민들을 토지가 많은 지역으로 이주시키고 부업협동조합도 적극적으로 만들도록 했다. 또, 영세 농민과 화전민들을 국영목장에 종사하도록 했다.

유통 분야에서도 협동단체나 국가가 운영하는 상품유통액이 1949년에는 전체의 56.5퍼센트를 차지했지만, 1953년에는 67.5퍼센트로 증가했다. 이와 같은 기업에 대한 국가통제의 강화, 공동 노동 형태의 증가, 국영 유통의 증가는 사회주의 경제 운영 형태를 촉진하는 것이었다.

오랫동안 전시 경제 체제를 운영하면서 계획경제에 대한 필요성이 증가하고, 그러면서 국가계획위원회의 입지는 이전보다 강화되었다. 전시 체제가 일상화되면서 '전쟁사회주의Kriegssozialismus'가 된 것이다.[6] 전쟁 중이어서 시장의 수요와 공급에 기반한 경제를 운용하는 것이 아니라 국가가 자원을 분배하고 필요한 물자를 필요한 만큼 만들어내는 계획경제의 형태가 강화된 것이다. 이렇게 전쟁 동안 인구 구성은 사회주의 우호 세력 중심이 되고, 경제 운영 형태도 사회주의적 형태가 발전하면서 북한의 사회주의 기반은 강화되었다.

중공업 우선, 경공업 · 농업 동시 발전 전략

1953년 8월 5~9일 열린 당중앙위원회 제6차 전원회의는 남조선노동당 세력을 정리하는 자리였을 뿐만 아니라, 전후 북한 경제를 복구하는 방향도 결정하는 중요한 회의였다. 복구의 기본 노선이 '중공업 우선, 경공업 · 농업 동시 발전'으로 결정되었다. 철강과 기계공업 등 중화학공업을 우선적으로 발전시키면서도 주민 생활에 직접 도움이 되는 경공업과 농업 발전도 소홀히 하지 않겠다는 것이다.

김일성은 이 회의에서 "우리는 전후 경제 건설에서 중공업의 선차적 복구 발전을 보장하면서 경공업과 농업을 동시에 발전시키는 방향으로 나아가야 할 것입니다. 그래야 우리나라의 경제 토대를 튼튼히 할 수 있고 인민 생활을 빨리 개선할 수 있습니다"라고 복구 정책의 방향을 설명했다.[7]

이러한 노선을 '자립적 민족경제'라는 기조 위에서 추진한다는 원칙도 함께 결정되었다. 대외에 의존하지 않고 스스로 성장할 수 있는 경제 체제를 갖춘다는 내용이다. 그런데 '중공업 우선, 경공업 · 농업 동시 발전'은 논리적으로 맞지 않는 노선이었다. 중공업 우선이면 경공업과 농업은 뒤로 처지는 것이다. 동시 발전이라면 '중공업과 경공업 ·

농업 동시 발전'이라고 해야 할 것이다. 하지만 북한은 '중공업 우선, 경공업·농업 동시 발전'이라는 모순적인 노선을 내놓았다. 결국 이는 중공업 우선의 스탈린식 경제발전 전략을 말하는 것이었다. 인민들의 반발을 의식해 중공업 우선에다 경공업·농업 동시 발전이라는 말을 붙인 것이다.

실제로 북한 주민들은 제6차 전원회의 내용을 전하는 '전후 인민 경제의 복구 발전을 위하여'라는 제목의 팸플릿이나 『로동신문』의 보도를 보면서 '중공업에서 밥이 나오는가', '당장 배가 고파 야단인데 외국에서 주는 원조를 우선 인민 생활에 돌려야 한다' 등 불만을 이야기하기도 했다. 몇몇 소련파 인사들과 윤공흠을 비롯한 연안파 인사들이 반대 주장을 펴기도 했다. 당시 북한의 실정에서는 소비재 공급을 늘리기 위한 정책이 우선해야 한다고 주장했다.

1953년 3월 스탈린이 사망한 후 소련 정부는 게오르기 말렌코프 Georgii Malenkov에 의해 장악되었다. 말렌코프 정부는 스탈린의 중공업 우선 정책에서 벗어나 소비재 공업 중시 정책을 폈다. 9월 니키타 흐루쇼프Nikita Khrushchyov가 소련공산당 제1서기가 되면서 중공업 우선 정책으로 다시 전환되지만, 1953년 중반 일시적으로 경공업 중시 정책이 추진되었던 것이다. 북한에서 소련파와 연안파의 일부가 경공업 중시를 주장한 것은 말렌코프 정부 정책의 영향이었던 것으로 보인다.

연안파의 거물 가운데 하나인 최창익도 자립적 민족경제의 토대를 만드는 데 주력하기보다는 동구 사회주의 국가들에서 주는 원조를 소비재 위주로 받아 인민들이 쓸 수 있도록 해야 한다고 주장하면서 김일성 세력의 정책에 반대했다.[8] '중공업 우선, 경공업 · 농업 동시 발전'이라는 어색한 용어가 나온 데에는 이러한 반대 세력의 영향도 많이 작용한 것으로 보인다.

북한은 일부 반대에도 기계 · 조선 · 전기 · 화학 공업 · 광업 등 중공업을 우선 발전시켜 경공업과 농업의 발전도 꾀하겠다는 전략을 추진했고, 이를 위해 전 사회적으로 이 전략을 선전하는 작업도 진행했다. 철강 공장을 먼저 세우고, 다음으로 기계 공장을 만들고, 이후 트랙터와 이앙기 등을 만드는 공장을 건설하면 중화학공업은 곧 농업을 발전시키는 길이라고 선전했다. 단계별로 보면, 첫 번째 단계로 1953년 말까지 경제 복구를 위한 준비 작업을 하고, 두 번째 단계로 1954년부터 1956년까지 3년 계획으로 경제 각 부문을 일으켜 전쟁 전의 수준을 회복한 뒤, 세 번째 단계로 1957년부터 5년 동안 공업화의 토대를 마련한다는 계획을 세웠다.

기본 계획이 세워지자 실행에 들어갔는데, 철도를 복구하는 일을 가장 먼저 했다. 그러고는 자동차 운행, 해상운송, 항공운송 등 운송로를 확보하는 작업에 착수하고, 이후 각종 공장을 복구하는 작업을 시작했다. 장기적인 경제 재건을 위해서는 막대한 자금이 필요했는데, 여기에 필요한 자금은 소련, 동유럽, 중국 등이 원조로 제공했다. 소련 10억 루블, 동독 4억 6,200만 루블, 체코슬로바키아 1억 1,300만 루블, 루마니아 6,500만 루블, 불가리아 2,000만 루블 등의 무상원조가 북한을 지원했다.

소련은 경제 건설을 위해 1,700여 명의 전문가도 파견해주었다. 중국의 지원도 전후 복구에서 매우 중요한 부분이었다. 김일성은 1953년 11월 베이징을 직접 방문해 중국인민지원군의 지원에 대해 감사를 표하고 복구를 위한 원조도 요청했다. 이에 대해 중국은 8억 위안을 무상 지원하기로 하고, 북한에 남아 있는 중국인민지원군을 복구 지원에 활용하도록 허용해주었다. 이후 중국인민지원군은 민가, 공공건물, 교량, 제방 등을 보수하고 신축하는 데 크게 기여했다.

북한의 공업지대를 재배치하는 작업도 시작했다. 일제강점기에 형성된 북한의 공업지대는 주로 해안에 설치되었다. 상품을 수탈하는 데 유리했기 때문이다. 이는 원료 생산지와 멀다는 단점을 갖고 있었다. 전쟁 당시 함포 사격의 주요 타깃이 되기도 했다. 북한은 이런 부분에 주목하고 주요 공업지대를 원료산지 근처로 이동시키는 작업을 진행했다.

이러한 원조를 통해 북한은 중공업을 일으켜 1960년대까지는 고도성장을 지속했다. 하지만 이후 북한 경제는 1970년대 하향길에 들어선다. 군수공업과 중화학공업의 지나치게 높은 비중은 북한이 가진 자원의 많은 부분을 이 분야에 배분하도록 했고, 북한 경제의 균형적인 성장을 방해했다.

통일전선 사업

남한도 마찬가지였지만 전쟁이 끝난 뒤 북한 사회는 혼돈스러웠다. 남한군과 유엔군 점령 당시 이들을 돕는 치안대에서 활동했던 사람들과 이들에게서 피해를 입은 사람들이 서로 원수를 대하듯 했다. 남한군과 유엔군이 물러간 뒤 1951~1952년에 북한은 치안대 가담자들에 대해서는 가택연금형인 '두문벌杜門罰'로 처벌했지만, 그것으로 갈등이 마무리된 것은 아니었다. 피해자들이 쉽게 용서하지 못하고 갈등을 일으키는 경우가 많았다.

치안대 가담자 가운데 나중에 발견되는 경우도 있었다. 남한군과 유엔군 후퇴 시 월남하려다가 실패해 숨어 지내다 발각되는 경우가 있었다. 치안대 출신들이 남한군 후퇴 시 숨겨두었던 무기들이 드러나 문제가 되는 경우도 있었다. 이런 경우 재판에 회부되거나 리 인민위원장이 리 인민대회를 열어 주민들의 의사에 따라 처벌했다. 이런 일은 작은 공동체에 깊은 감정의 골을 파놓기 십상이었다.

남한에 포로로 잡혀 있다가 돌아온 귀환자들을 의심하는 눈초리도 매서웠다. 남한군이나 미군이 파견한 간첩일 수도 있다는 의심의 눈초리였다. 월남자의 가족을 보는 시선도 곱지 않았다. 전후 북한 사회는 이러한 전쟁의 상처에 시달리고 있었다. 그래서 북한은 이러한 문제에 적극 대처하고 나섰다. 1953년 12월 18일 열린 당중앙위원회 제7차 전원회의에서 대대적인 통일전선 사업을 벌이기로 한 것이다. 박헌영 세력을 숙청하면서 사상 단속을 진행함으로써 형성된 사회적 긴장을 일정 부분 해소하면서 인민들의 결속을 꾀한 것이다.

해방 직후 북한에서 국가 건설 전략을 놓고 각 정파 간의 논쟁이 전개될 때에도 김일성은 민족통일전선론을 내세웠다. 노동자와 농민뿐만 아니라 자본가도 새로운 국가 건설의 주도 세력으로 참여시켜야 한다

북한은 전후 경제 복구 사업을 효과적으로 시행할 수밖에 없는 절박한 상황에서 통일전선 사업을 내세웠다. 전후 복구 사업에 나서는 북한 군인들.

는 노선이었다. 친일 자본가는 안 되지만 민족적 자본가는 참여시켜 다양한 세력이 힘을 모아 우선 인민민주주의 국가를 세워야 한다는 주장이었다. 오기섭을 중심으로 한 국내파 공산 세력이 노동자·농민 중심으로 국가를 건설해야 한다고 주장한 것과는 대조를 이루었다. 김일성은 권력투쟁뿐만 아니라 노선 싸움에서 승리해 당과 정부의 리더가 될 수 있었다.

전쟁 후유증에 시달리던 북한은 다시 통일전선론을 들고 나왔다. 인민들이 서로 분열하고 갈등하지 말고 화합하고 융화해야 한다는 것이다. 특히 약점이 있는 사람들을 소외시키지 말고 포용해야 한다는 것이 통일전선 사업의 핵심 내용이었다. 그러지 않고서는 사회불안이 심화될 가능성이 높을 뿐만 아니라 북한이 당면하고 있던 전후 경제 복구 사업을 효과적으로 시행할 수 없었다. 이런 절박한 상황에서 통일전선 사업이 나온 것이다.

제7차 전원회의 이후 당 조직을 통해 통일전선 사업이 구체적으로 진행되었다. 각 군의 당위원회가 중심이 되어 우선 소외 계층을 조사했다. 치안대에 가담했던 사람, 월남자 가족, 포로 귀환자 등을 조사했다. 그리고 이들에 대한 포용 방안을 마련하고 실행하도록 했다. 리 당위원위회와 리 인민위원회 간부들이 나서서 이들을 가가호호 방문하고 위축된 감정을 풀어주었다. 또, 강연회와 설명회를 열어 이들에 대한 차별금지를 강조했다.

물론 이러한 감정을 다스리는 사업이 조기에 효과를 보기는 어려웠다. 소외 계층 주민들은 오히려 당국의 의도를 의심하며 경계하기도 했다. 일반 주민들도 격앙된 감정을 쉽게 누그러뜨리지 않았다. 하지만 북한 당국은 전후 경제 건설이 시급한 만큼 주민 화합을 중요시했다. 각지에서 공장 재건 사업과 관개시설 복구 사업 등을 실행하면서 주민들의 정서적 통합을 위한 교육 사업을 지속하지 않을 수 없었다.

민주선전실장의

1953년

1950년 10월 조선인민군에 징집된 김진계는 특무상사에서 시작해 중위까지 진급한 뒤 1953년 5월에 전역했다.[9] 전쟁이 끝나감에 따라 북한은 군에 있던 인력을 제대시켜 농촌과 생산 현장으로 배치했다. 폐허가 된 현장을 복구하는 데 인력이 필요했기 때문이다. 7년 넘게 군에 복무했거나 몸이 허약한 사람, 36세 이상의 고령자가 우선적으로 제대 대상이 되었다. 김진계는 당시 36세여서 전역자 명단에 들게 되었다.

김진계가 배치된 곳은 평안남도 안주군 평률리였다. 그곳에서 그는 민주선전실장으로 일하게 되었다. 1952년 12월의 행정구역 개편에 따라 군청에 해당하는 군 인민위원회 아래에는 리 인민위원회가 있었다. 리 인민위원회에는 위원장과 서기장 1명, 생산지도원 1명, 세금과 재정 담당지도원 2명, 민주선전실장 1명 등 모두 5명의 간부가 일하고 있었다. 행정구역 개편 이전에는 위원장 한 사람만 유급이었는데, 이후에는 5명 모두 유급이 되었다. 민주선전실장은 농촌 주민들을 상대로 당의 정책을 선전하고 정치교육을 하는 것이 주요 임무였다. 전쟁 시작 후 후방의 정치교육의 중요성이 강조되면서 민주선전실장의 역할이 더욱 중시되었다.

김진계는 선동원 20여 명을 데리고 당의 정책을 농민들에게 알기 쉽게 설명하고 안내하는 일을 주로 했다. 평률리의 도서실을 운영하는 것도 그의 일이었다. 마르크스 · 레닌의 저술뿐만 아니라 임화 · 이기영 등이 쓴 시집과 소설, 농업 서적 등 2,000여 권을 갖춘 도서실을 관리요원을 두어 운영하도록 했다. 남조선노동당 세력 체포 이후 지방까지 사상 단속이 강화되면서 월북 작가의 작품은 금서가 되었지만, 그 이전까지는 그들의 작품도 북한 주민들의 교양서 목록에 들어 있었다. 음악이나 무용 서클을 조직해 운영하는 것도 그의 일이었다. 전쟁 중 후방에서 농민들이 술이나 도박에 빠지거나 방탕한 생활을 하는 것을 방지하기 위한 것이었다.

평률리는 논보다 밭이 많은 야산지대였고, 3개 마을에 300여 가구, 1,200여 명이 살고 있었다. 여전히 전시여서 젊은 남자는 거의 없고, 여성과 노인과 아이들이 대부분이었다. 집들은 폭격으로 대부분 파괴되었고, 땅을 깊이 파고 그 위에 대충 지붕을 만든 참호형 임시주택에서 주민들이 생활했다. 300여 가구 중 약 1만 제곱미터 이상의 중농은 너댓 집에 불과했고, 대부분 2,000평 이하의 농가들이었다. 농기계는 없었고, 괭이와 삽과 호미 등 전통적인 농기구로 농사를 지었다. 소가 있는 집도 몇 안 되었고, 비료 공급도 되지 않았다. 그러다 보니 소출이 적을 수밖에 없었다.

쌀은 모자랐고, 보리나 밀과 감자 등도 충분하지가 않았다. 그래서 군 인민위원회에서 쌀을 빌리는 '대여곡 제도'를 이용하는 이들도 있었다. 식량이 모자라는 봄에 무이자로 쌀을 빌리고 가을에 돌려주는 제도였다. 소나무껍질과 칡뿌리를 캐서 먹는 주민도 많았다. 반찬은 고추, 오이, 호박, 상추 등 주변에서 나는 것이 전부였다. 의복 사정도 좋지 않았다. 대부분 단벌이었고, 그나마 여러 군데를 기운 누더기 옷을 입고 생활했다. 김진계는 군에서 입던 속옷과 제대할 때 받은 제대복을 입고 지냈다. 신발은 대부분 짚신이었다. 고무신을 신은 사람은 가끔 있었다.

전쟁 중이어서 학용품은 특히 모자랐다. '똥종이'라고 불리는 재생종이를 공책으로 썼고, 연필은 깍지를 끼워 썼다. 중학생들은 펜을 사용했는데, 물감을 푼 잉크에 펜을 찍어 글씨를 썼다. 펜촉은 아주 귀한 물건이었다. 그렇게 모든 것이 부족한 가운데서도 풍족한 것이 있었는데, 약이었다. 평률리에도 진료소가 있었고, 거기서 필요한 약품을 지급해주었는데, 진료소에 약은 늘 풍부했다. 동구 사회주의 국가들이 약품을 많이 보내주었기 때문이다. 주로 헝가리가 약을 많이 보내주었다.

김진계는 일의 성격상 회의에 참석하거나 회의를 주재하는 경우가 많았다. 군 인민위원회 문화선전부 회의에 참석해 상부의 지시 사항을 전달받고 이를 선동원들에게 전달하는 일을 했다. 민주선전실장은 리 당부위원장과 리 인민위원회 위원, 당 학습강사, 조소문화협회 리 위원장, 유적유물보존위원회 리 위원장을 겸임하고 있었다. 그래서 회의가 많았다. 리 당위원회 회의는 한 달에 4번 참석했다.

선동원 세미나 4번, 리 당위원회 간부학습회 2번, 리 인민위원회 회의 2번, 당원 학습회 4번, 당 세포 총회 4번, 조소문화협회 1번, 민주청년동맹 회의 지도 사업 2번, 여성동맹·농민동맹 회의 지도 사업 1번 등 거의 매일 회의가 열렸고, 김진계는 이 모든 회의에 참석해야 했다. 회의는 통상 밤 늦게까지 하는 경우가 많았다. 바쁘고 힘든 생활이었다. 당시 후방의 정치선전을 북한이 매우 중요시했기 때문에 바쁠 수밖에 없었다. 그런 만큼 보수도 많았다. 한 달에 12원을 받았다. 군 당위원장보다 많은 월급이었다.

김진계는 그렇게 바쁘게 후방 정치선전 사업을 하던 중 1953년 7월 27일 저녁 선동원 세미나를 준비하고 있다가 라디오를 통해 휴전 소식을 들었다. 휴전 이후 민주선전실장의 일은 경제 복구 정책을 선전하고 관개시설 복구 사업 등을 성공적으로 할 수 있도록 농민들을 독려하는 것이었다. 그러다가 10월 초에는 민주선전실장이 무급으로 바뀌었다. 휴전이 되면서 후방 정치선전의 중요성이 다소 떨어져서 나온 조치였다. 김진계는 무급 민주선전실장으로 일하면서 대신 리 인민위원회에서 집과 논 약 5,000제곱미터를 분배받았다.

민주선전실장은 1956년에는 반#유급제로 바뀌었다. 유급제일 때보다는 적지만 월급이 나오게 된 것이다. 농사 일에 종전보다 조금 덜 신경쓰면서 민주선전실장직을 수행할 수 있도록 하기 위한 것이었다. 김진계는 1958년 2월까지 민주선전실장직을 수행하다가 남파 공작원으로 선발되면서 그만두게 되었다. 이후 그는 공작원으로 몇 차례 남북을 오가다 1970년 또다시 남파되어 거제도로 상륙하려다가 체포되어 18년 동안 감옥생활을 했다. 1988년에 석방되어 고향인 강원도 명주군에서 살다가 1991년에 사망했다.

1954년

제5장

×××

사회주의 본격화

경제 복구 3개년 계획 착수

북한은 전쟁 직후 1953년 8월 당중앙위원회 제6차 전원회의에서 1954년부터 1956년까지를 인민경제복구발전 3개년 계획 기간으로 정하고, 1956년까지 모든 경제 영역을 전쟁 전 수준으로 회복한다는 방침을 정했다. 1954년은 3개년 계획의 시작이었다. 1954년에 북한은 당초의 방침대로 인민경제 모든 부문에서 전쟁 전 수준을 회복하고 질적인 측면에서도 '제 기술에 토대하여 제발로 걸어나갈 수 있는 튼튼한 밑천을 마련하는 것'을 3개년 계획의 주요 과업이라고 강조했다.

구체적인 목표도 설정해 발표했다. 1956년에는 공업 부문의 생산액을 1953년의 2.6배로 증가시키겠다고 밝혔다. 석탄 생산은 5.6배로 확대하기로 했다. 생산성 측면에서는 공업은 76퍼센트, 건설은 74퍼센트 향상시키고, 원가 측면에서는 공업에서 20~22퍼센트, 건설에서 11퍼센트 낮추기로 했다. 이렇게 해서 전체적으로 1949년 수준을 회복하겠다는 것이었다. 교육문화 부문의 발전도 추진해 학교를 짓고 학생수를 늘려서 1956년 말에는 초등의무교육제를 실시하겠다는 목표도 제시되었다. 이를 위해 3년 동안 790억 원을 투자하겠다는 계획도 세웠다. 공업 부문에 373억여 원, 농촌 부흥에 55억여 원, 운수와 체신에 113억 원, 주택 건설에 90억 원, 공공 사업에 39억 원, 상업 부문에 12억여 원을 투입하겠다는 방침이다.

성장 목표를 달성하기 위해서는 근로자들의 열성적인 자세가 가장 중요한 문제였다. 북한은 이를 인식하고 근로자들의 근로 의욕을 자극하기 위해 다양한 방안을 실행했다. 가장 직접적인 효과를 위해 임금을 인상했다. 1954년 2월 내각결정으로 노동자, 기술자, 사무원의 월급을 25퍼센트 올린 것이다. 3월에는 이들에 대한 의료 혜택을 확대하는 조치도 취했다. 농민들의 동기부여를 위해 1953년 12월 내각결정을 통해 1952년까지의 농업현물세와 정부의 대여곡 미납분을 면제해준 데 이어 1954년 1월부터는 주택을 마련하고 농기구와 역축役畜을 구입할 수 있도록 19억 원을 대출해주었다.[1] 생산성 향상을 위한 분위기 조성과 관련 정보의 교환을 위한 각종 궐기대회와 부문별 회의도 전국적으로 진행되었다. 교통운수부문혁신자대회, 건축가 · 건설기술자대회, 중공업부문전국열성자회의 등이 지속적으로 열렸다.

정부 조직도 생산 현장을 구체적으로 지도하기 위해 세분화했다. 내각의 중공업성은 금속공업성, 전기성, 기계공업국, 석탄공업국으로 나누어졌고, 화학건재공업성은 화학공업성과 건재공업국으로 분리되었다. 경공업성은 내부의 국을 더 세분화해 담당 업무가 분명하게 드러나도록 바꾸었다. 이와 같은 경제 복구 3개년 계획의 원년인 1954년의 노력과 이후 1955~1956년의 지속적인 생산 증대 활동에 힘입어 북한은 공업과 농업 등 인민경제 모든 부문에서 당초 3개년 계획의 목표를 앞당겨 달성할 수 있게 되었다.[2]

농업협동화로 본격 사회주의화

전쟁 후 피폐해질 대로 피폐해진 농업은 사회주의화를 본격 추진할 수 있는 좋은 기반이 되었다. 북한은 이를 적극 활용해 경제 복구 작업과 함께 생산관계를 사회주의로 개조하는 데에도 박차를 가했다. 실제로 전후 북한의 농촌은 논밭이 황폐화되고 관개시설이 대부분 파괴되어 개인들이 복구하기 어려웠고, 집단적 노동과 국가의 개입이 없으면 원상 복구조차 힘든 상황이었다. 당시 빈농이 40퍼센트, 겨우 먹고사는 정도의 농민이 50퍼센트, 어느 정도 여유 있는 농민은 10퍼센트 정도였다. 전쟁으로 인한 인력 상실 때문에 노동력이 부족했고, 가축과 농기구도 모자랐다. 북한은 이런 상황을 제대로 활용해 농업협동화를 적극 시행해나간 것이다.

1953년 8월 당중앙위원회 제6차 전원회의에서 '중공업 우선, 경공업·농업 동시 발전' 정책과 함께 농업협동화 추진이 결정된 뒤, 11월 김일성의 중국 방문 이후 더욱 고무되어 1954년 1월부터 본격 추진되었다. 전후 인민경제복구발전 3개년 계획의 내용에도 포함되었다. 단계적인 추진이 기본 방침이었다. 농민들은 3가지 중 하나를 선택할 수 있었다. 제1유형은 토지를 합치지 않고 농사만 집단적으로 하는 형태였다. 북한에서 지속적으로 확대되어오던 소거리반과 품앗이를 더욱 확대하는 것이었다. 토지를 합치지 않고 농사일만 공동으로 하는 것이기 때문에 수확물은 개별 농가가 종전처럼 그대로 차지하는 형태였다.

제2유형은 농민들이 자신의 토지를 출자 형태로 합쳐 농업협동조합을 만들고 공동으로 농사를 짓는 것이었다. 수확물 분배는 노동량과 출자된 토지의 규모에 따라 이루어졌다. 농기구와 역축도 출자로 간주해 그에 대한 분배도 따로 했다. 제3유형은 토지와 역축, 농기구 등 생산수단을 모두 합쳐 공동으로 일하고 분배는 노동량에 의해서만 받는 형태였다. 제2유형과의 차이는 토지 출자분에 대한 분배가 없다는 것이다. 제2유형을 반半사회주의 형태, 제3유형을 완전한 사회주의 형태라고 할 수 있다. 토지의 소유권은 제3유형을 선택하더라도 농민들에게 남아 있었다. 그러다가 1960년대에 토지 공동 소유제가 실시되었다.

북한은 이렇게 3가지 형태를 제시해 자유의사로 선택할 수 있도록 하고, 그것도 싫은 경우 개인농으로 남을 수도 있도록 했다. 초기에는 하나의 군에 1~2개의 협동조합을 조직해 시험적으로 운영했다. 100가구 정도 참여하는 소규모로 조합을 형성해 군 인민위원회에서 기술적인 지도와 농기구・농약・비료 등을 지원하면서 운영되도록 했다. 그러면서 당과 인민위원회 조직을 통해 협동화 정책을 대대적으로 선전하며 참여를 유도했다. 군과 리 단위의 당위원장과 인민위원장, 리 인

북한은 농업협동화를 통해 사회주의화를 본격적으로 추진할 수 있었다. 1954년 6월에 이르러서는 1,091개의 농업협동조합이 조직되었다. 농업협동조합 창립 모습.

민위원장 아래 민주선전실장 등을 동원해 간담회와 설명회를 열고 그 중 하나를 선택하도록 했다.

1954년 6월에 이르러서는 1,091개의 농업협동조합이 조직되었다. 제3유형이 54퍼센트, 나머지는 제2유형이었다. 12월에는 10배로 늘어나 1만 98개의 농업협동조합이 생겨났고, 제3유형이 78.5퍼센트였다. 북한 당국이 1954년 하반기에 협동화에 더욱 박차를 가했고, 그것도 완전한 사회주의 형태를 중심으로 추진했음을 알 수 있다.

이 시기 협동화 박차에는 중요한 원인이 있었다. 1954년 가을 북한은 해방 이후 최대의 흉작이었다. 그럼에도 농민들은 30퍼센트 정도의 농업현물세를 내야 했다. 거기까지는 농민들도 인정했다. 문제는 양곡 수매였다. 정부가 주는 가격을 받고 곡식을 내놓아야 했다. 하지만 곡식이 여유 있는 농민은 5퍼센트 정도에 불과했다. 대부분 농민들은 수

매에 응하지 않았다. 북한 당국은 10월에 쌀 자유거래를 금지하는 조치를 내리면서까지 수매를 강행했다. 반발하는 농민들에 대해서는 체포, 폭행, 강제추방 등도 서슴지 않았다. 농민들의 불만은 더욱 확산되었고, 결국 수매는 중단되었다.

이런 위험한 사태를 겪은 북한 당국은 농업협동화를 적극 추진했다. 개인농이 많으면 수매는 어려울 수밖에 없었기 때문이다. 1954년 11월 당중앙위원회 전원회의가 열렸는데, 여기서 농촌경제의 사회주의적 개조 사업을 한층 더 확대할 것을 결의했다. 이렇게 북한 당국이 강력한 의지로 밀어붙여 농업협동조합이 크게 증가했다.

농업협동화는 1954~1955년을 거쳐 1956년에는 전면적으로 추진되었다. 1956년 말까지는 80.9퍼센트가 조합에 가입했고, 1958년 8월에는 모든 농민이 조합원이 되어 농업협동화가 완성되었다. 1958년 말까지는 작은 농업협동조합을 통합해 행정 단위 리와 일치시키는 작업이 완료되었다. 조합수는 리와 같은 3,843개로 통합되었고, 선거로 선출된 리 인민위원장이 농업협동조합의 관리위원장이 되었다. 위원장의 관리하에 농산작업반, 축산작업반, 과수작업반 등 6~7개의 작업반이 만들어지고, 그 아래 20명 내외의 분조가 조직되어 작업의 기초 단위가 되었다. 모내기, 김매기, 풀베기, 거름주기 등 작업마다 점수가 정해지고, 조합원이 이 중 어떤 것을 어느 정도 했는지 매일 기록했다. 이에 대한 합계를 계산해 추수 후 분배하는 식으로 운영되었다. 오늘날에도 북한의 협동농장은 이와 같은 형태를 기본 골격으로 운영되고 있다.

농업협동화에 반대하는 사람들

마르크시즘의 기본적인 주장은 자본주의가 고도화되면 자본가와 노동자의 모순이 극대화되어 노동자의 무장혁명이 일어나고 프롤레타리아 독재와 사회주의 단계를 거쳐 공산주의 사회가 온다는 것이다. 한마디로 생산력이 고도로 발달한 나라에서 생산관계가 자본주의 양식에서 사회주의 양식으로 개조될 수 있다는 것이다. 여기에 농업협동화를 적용시키면, 농업 생산력이 아주 높아진 다음에 농업의 생산관계를 자본주의 양태, 즉 개인농에서 사회주의 양식인 협동농으로 변화시킬 수 있는 것이다.

북한에서도 당국이 협동화를 추진할 때 이에 반대한 세력들은 이러한 주장을 폈다. 농업의 현대화와 기계화로 생산력을 높인 이후에나 협동화가 가능하다고 했다.[3] 이러한 반대 논리에 대해 북한 당국은 전쟁으로 농촌 경제가 파괴되었기 때문에 공동 노동으로 힘을 합쳐서 농업을 일으키는 작업을 진행하지 않으면 안 된다고 주장했다.[4] 생산력과 과학기술의 수준이 낮다고 하더라도 이를 감당할 만한 혁명 역량이 준비되었을 때에는 사회주의적 개조를 시작해야 한다는 것이 김일성 지도부의 인식이었다. 주어진 조건보다는 혁명적 의지와 열성이 중요하다는 것이었다.

농업기계화에 기초해 집단화를 이룬 소련과는 완전히 다른 사회적 조건을 제시하기도 했다. 소련은 토지가 광활하기 때문에 기계화가 사회주의적 집단화의 필수조건이 되었지만, 북한은 토지가 넓지 않고 인구가 조밀해 기계화 없이도 집단화가 가능하다는 주장이었다. 오히려 북한에서는 기계화보다는 공동 노동과 협동화가 우선적으로 진행되어야 한다는 주장도 폈다.

반대 주장 가운데에는 사회주의 개조가 지나치게 빠름을 우려하는 사회주의 개조 시기상조론도 있었다. 농업협동화를 통한 사회주의 체제로 변화시키는 것은 분단을 고착화한다는 주장이었다. 김일성 지도부는 여기에 대해 해방 직후부터 제시한 민주기지론을 내세웠다. 북한을 먼저 사회주의화해서 경제적·정치적으로 앞서가는 사회로 변화시키면 남한을 사회주의화하는 것도 오히려 쉬워진다는 주장이었다.

농촌 현장의 농민들 가운데서 반대하는 사람들이 있었다. 토지가 비교적 많은 농민들이었다. 이들은 자신의 토지를 경작해서 스스로 생활을 영위하는 데 문제가 없고 여유가 있는 편이었기 때문에 굳이 토지를 내놓고 공동 노동을 할 필요가 없었다. 소련도 쿨락kulak이라는 부농들이 집단화에 반발했다. 그들은 격렬하게 저항했고, 많은 사람이 목숨까지 잃었다. 하지만 북한에는 그런 부농이 극히 적었다. 어느 정도 여유 있는 중농이 10퍼센트 정도였고, 부농은 0.6퍼센트에 불과했다. 중농 가운데서도 토지개혁 이전부터 토지를 갖고 있는 구舊중농은 협동화에 부정적이었다. 하지만 토지개혁으로 토지를 분배받아 중농이 된 신新중농은 당국의 정책에 협조적이었다. 게다가 사회주의에 부정적이던 사람들은 대부분 전쟁 중에 남한으로 이주했다. 그래서 농촌 현장의 반대 세력이 조직적으로 저항하지는 못했다.

하지만 소극적인 저항은 꽤 나타났다. 조합에 참여하지 않는 사람도 있었던 것이다. 심지어는 가입했다가 탈퇴하는 사람도 있었다. 대표적인 경우가 황해남도 배천군에서 일어난 사건이다. 이곳에서 1956년 수확물 분배가 끝난 뒤 농민 대다수가 탈퇴해버렸다. '배천바람'이라고 불리는 사건이다. 농업협동조합 탈퇴 사건은 조합 운영 전반에 부정적인 영향을 끼쳤다. 텃밭을 경작하기 위해 조합의 공동 노동에 결석하는 경우가 많아졌다.

이러한 반대 세력을 무마하기 위해 협동화 추진 과정에서 다양한 노력을 기울였다. 농민들을 상대로 직접적인 선전 활동을 실시하고, 반발을 우려해 소유권을 유지한 채 3가지 유형 가운데 하나를 선택하도록 했다. 획일화와 강압의 요소를 줄여서 반발을 최소화하려 한 것이다. 또, 소와 같은 주요 생산수단에 대해서는 보상을 해주었다. 농업협동화에 따른 농민들의 상실감도 최소화하기 위한 조치를 취한 것이다.

초기 참여 거부 농민들을 참여시키기 위해 시범 협동농장에 새로운 영농기술을 제공해 수확을 배가시키도록 하기도 했다. 겨울에도 조합의 공동 노동으로 객토 작업 등을 적극 진행해 농업협동조합의 생산성을 높였다. 그 결과 1954년 말까지 한 마을에 2~3가구 정도 남아 있던 개인농들도 차츰 농업협동조합에 가입하게 되어 1958년 8월에는 농업협동화가 완성되었다.

개인 상공업의 협동화

농업의 협동화와 아울러 개인 상공업도 협동조합화되는 작업이 진행되었다. 1946년 주요 산업이 국유화된 이후 개인들이 경영하는 제조업이나 상업이 많지는 않았다. 전쟁 중 국가의 통제가 강화되면서 개인 상공업은 더욱 위축되었다. 1949년 개인 상공업은 사회 총생산액의 8.2퍼센트 정도였는데, 전쟁 후인 1953년에는 2.9퍼센트에 불과했다. 인구로 보면 개인 기업가는 1953년 전체 인구의 0.1퍼센트, 개인 상인은 1.1퍼센트에 지나지 않았다.[5] 기업 분야는 식료품 가공업, 대장간, 정미소 등이 대부분이었고, 상업 분야는 소규모 소매업이 주류를 이루고 있었다.

이렇게 적은 비중으로 남아 있었지만, 이들에 대한 협동화는 북한 사회주의화의 중요한 단계였다. 사회의 생산관계를 규정하는 데 상공업은 농업 못지않게 중요한 부문이기 때문이다. 그래서 북한은 1954년 개인 상공업에 대한 협동화 사업에도 적극 나섰다. 농업과 마찬가지로 상공업의 협동화에도 3가지 유형이 제시되었다. 제1유형은 업체를 합치지 않고 공동 작업만 하는 형태였다. 제2유형은 업체를 합쳐 출자액과 노동의 양에 따라 분배하는 것이었다. 제3유형은 업체를 하나로 합쳐 공동소유로 하고 오직 노동에 의해서만 분배를 받는 형태였다.

먼저 개조의 대상이 된 것은 수공업이었다. 규모가 영세한 데다 전쟁의 와중에 다른 분야보다 큰 타격을 받았기 때문이다. 이러한 조건 속에서 수공업 분야에 대한 협동화는 속도감 있게 진행되었다. 이런 가운데 김일성은 1955년 4월 당중앙위원회 전원회의에서 '반反탐오 · 반反 낭비 운동'를 제창했다. 이 운동을 통해 인민들이 개인 소유욕을 억제하는 것을 사회주의 사회의 미덕으로 찬양하는 분위기를 만들어내려고 했다. 새로운 생산관계에 적합한 새로운 소유의식을 북한 사회에 확립하려는 것이었다.

이러한 환경으로 수공업협동화는 1956년에 마무리되었다. 이후에는 어느 정도 규모가 있는 기업과 개인 상업 부문에 대한 사회주의 개조가 본격화되었다. 1956년 4월 제3차 당대회에서 자본주의적 상공업에 대한 개조 방침이 결정되어 협동화 작업은 적극 추진되었다.

자본가적 기업과 개인 상공업에 대한 협동화 작업도 큰 저항 없이 진행되었다. 우선 생산력이나 인구에서 그들이 북한에서 차지하는 비중이 적어 저항 세력이 되기는 어려웠다. 또한 농업과 수공업이 협동화되면서 원료와 자재 공급이 되지 않았다. 협동조합의 네트워크를 통한 원자재 공급이 자리 잡으면서 시장으로 나오는 원자재가 사라져간 것이다. 이렇게 되자 이들도 결국은 협동조합에 들어가지 않을 수 없게 되었다. 이러한 과정을 거쳐 개인 상공업도 1958년에 협동화를 완료하게 되었다.

군 장교 양성 체계화

북한은 조선인민군을 강화하는 노력도 지속했다. 이 작업은 1953~

1954년에 걸쳐 지속적으로 진행되었다. 먼저 시작한 것은 전군의 간부화다. 1953년 10월 당중앙위원회 정치위원회에서 조선인민군을 '간부 군대'로 변화시키기로 결정했다. 모든 군이 유사시 한 등급 높은 직무를 수행할 수 있도록 사전에 철저한 교육을 실시한다는 내용이었다.

전쟁이 발발하면 전사(사병)는 하사관, 소대장은 중대장, 중대장은 대대장, 대대장은 연대장, 연대장은 사단장의 역할을 무리 없이 해낼 수 있도록 준비한다는 것이다. 유사시 간부의 수를 늘려 대규모로 징집된 병력을 쉽게 지휘할 수 있도록 하려는 방안이었다. 현재 일본의 자위대가 부사관과 장교 등 간부 위주로 구성되어 유사시 대규모 징집에 대비하고 있는데, 북한은 구성 자체를 간부 위주로 바꾸지는 않으면서 언제든지 간부 숫자를 배가시켜 필요시 대규모 군대로 변화시킬 수 있는 체제를 만들려고 했다.

1954년 들어서는 장교 양성 시스템을 체계화하는 작업에 나선다. 민족보위성에 장교 교육을 담당하는 군사교육국을 새로 설치하고, 필요한 장교 인원을 사전에 파악해 양성할 수 있도록 했다. 교육기관들의 교육 연한도 정리했다. 1954년 신입생부터 군관학교(사관학교)에서 2년 동안 교육을 받고 장교로 임관되도록 했다. 전쟁 당시 간부가 부족해 제대로 교육을 받지 못한 사람들이 하사관이나 장교가 된 경우가 많았다. 그런 하사관과 장교가 전후에도 많이 남아 있었다.[6] 이런 장교들에 대한 체계적인 교육도 당시 북한의 큰 과제였다. 이들에 대한 교육은 강건종합군관학교가 맡아서 했다. 여기서 장교들은 1년, 하사관들은 2년씩 교육을 받도록 했다.

군사교육의 수준을 높이기 위해 군사교육기관들의 명칭도 새롭게 바꾸었다. 해군군관학교는 해군대학으로, 공군군관학교는 공군대학으로, 군의군관학교는 군의대학으로 변경했다. 그러면서 장교 교육을 체계화하고 학생수도 늘려나갔다.

기술 병종을 강화하는 작업도 진행했다. 포병부대의 곡사포병에 대한 훈련을 강화하고 탱크병도 늘렸다. 해군부대에서는 어뢰와 기뢰 등 무기를 효과적으로 다루는 훈련을 더욱 강화했다. 통신병과 통신장비도 강화하는 작업을 계속했다. 1954년 2월에는 기술훈련에서 모범을 보인 항공부대에 당중앙위원회의 축기를 보내주기도 했다. 이와 같은 기술훈련과 장교 양성의 체계화, 하사관·장교 교육 강화를 통해 북한군은 양보다는 질적인 수준의 강화를 꾀하고 있었다.

제네바 회담 실패

휴전협정은 효력 발생 3개월 이내에 한반도 문제를 해결하기 위한 국제회의를 개최하도록 했다. 이 규정에 따라 회의 개최를 위한 논의가 1953년 말 미국, 영국, 프랑스, 소련 사이에 진행되었다. 미국은 국무장관 존 덜레스의 노선에 따라 롤백Rollback 정책, 즉 대소 강경 정책을 채택하고 있었다. 반면 소련은 1953년 3월 스탈린 사후 평화공존 정책을 제시하고 있어 미국은 이에 대한 일정한 호응이 필요한 상황이었다. 영국도 소련과의 대화가 필요하다고 했다. 프랑스는 오랜 인도차이나 개입을 정리할 수 있는 휴전이 필요했고, 인도차이나와 한반도 문제를 논의하는 국제회의 개최에 적극적이었다.

그중에서도 영국과 프랑스가 주도적으로 나서서 한반도와 인도차이나 문제를 논의하는 회의를 스위스 제네바에서 열기로 했다. 참가국은 한국과 6·25 전쟁 참전 15개 유엔 회원국(참전 16개국 중 남아프리카공화국 제외), 북한, 중국, 소련 등 19개국이다. 이 회의는 1954년 4월 26일 시작되었다.

북한에서는 외무상 남일, 남한에서는 외무장관 변영태가 수석대표로 참석했다. 미국 국무장관 존 덜레스, 소련 외무장관 뱌체슬라프 몰로토프Vyacheslav Molotov, 중국 외교부장 저우언라이, 영국 외무장관 로버트 앤서니 이든Robert Anthony Eden, 프랑스 외무장관 조르주 오귀스탱 비도Georges-Augustin Bidault 등 당대 최고의 외교관들이 모여 주로 한반도를 어떻게 할지 논의했다.

핵심 의제는 한반도에 통일정부를 세우는 방안이었다. 남한은 이미 유엔 감시하에 선거가 치러졌으니, 북한에서만 선거를 치러 국회를 구성하면 된다고 했다. 하지만 이는 유엔 회원국에서도 인정받지 못했다. 그래서 남한은 입장을 바꿔 남북한 총선거 안을 수용해 14개항을 제안했다. ① 유엔 감시하의 남북한 자유 총선거, ② 자유 선거를 위한 언론 자유, 비밀투표, 인권 등의 보장, ③ 통일한국 대통령 선거, 현행헌법 개정, 군대 해산 등의 문제는 총선거에 의해 구성되는 입법부에 일임, ④ 중국군은 선거 1개월 전 철수, ⑤ 통일한국정부 통치 확인 뒤 유엔군 철수 등이 주요 내용이었다. 이에 대해 북한은 5개항의 제안을 내놓았다.

제네바 회담은 한국과 6·25 전쟁 참전 15개 유엔회원국과 북한, 중국, 소련 등 19개국에 참가
해 1954년 4월 26일에 개막되었다.

① 외국군 철수, ② 총선거 절차 등을 토의하기 위한 전조선위원회 구성, ③ 선거 감시를 위한 중립국감시위원회 구성(유엔 배제) 등을 골자로 하는 것이었다.

남북한이 첨예하게 맞서는 지점은 3가지였다. 첫째, 선거에 의한 입법부의 구성 방안이었다. 남북한 총선거를 실시하는데, 인구 비례에 의해 국회의원 수를 분배할 것인지, 남북한 일대일로 할 것인지 의견이 갈렸다. 이것을 두고 구체적으로 토의하지는 못했지만, 북한이 총선거 절차 등을 논의하기 위한 전조선위원회 구성을 제의했을 때 그 갈등이 여

실히 나타났다. 변영태가 남일에게 물었다.

"전조선위원회를 남북한 국회의원으로 조직하자 하니 그 비율은 어떻게 할 것인가?"

남일은 2~3분 동안 머뭇거리다가 답했다.

"비율은 일대일이지요."

"그럼 대한민국에서 50명을 보내면 북한에서도 50명을 보내겠단 말인지요?"

"네, 그렇습니다."

이렇게 말한 뒤 남일은 미국의 각 주, 스위스의 각 캔턴canton도 인구가 다르지만 동일한 발언권을 갖고 있다고 설명했다. 여기에 변영태는 "그 나라들은 연방국가가 아닌가? 연방국가가 아니고 단방국가이면서 한 사람의 표가 다른 사람의 5~6표와 같이 계산되는 예가 있는가?" 하고 반문했다.[7]

전조선위원회에서 총선거 방식을 논의하자는 것이 북한의 주장이었다. 이 위원회 구성을 일대일로 해서 남북한의 국회의원 정수도 일대일로 하겠다는 것이 북한의 속내였다. 남북한은 국회의원 선거 방법을 논하기도 전에 이를 논의하는 위원회를 일대일로 구성할지를 놓고도 의견 대립을 보이고 있었다.

남북이 충돌한 두 번째 지점은 선거감시기구로 유엔을 인정할 것인가 하는 것이었다. 남한은 유엔을 감시기구로 하자고 했고, 북한과 공산권은 유엔을 믿지 못했다. 유엔을 친미기관으로 보고 있었다. 그래서 중립국감시위원회를 구성해야 한다고 주장했다. 세 번째 이견은 외국군의 철수 문제였다. 남한은 중국군이 먼저 철수해야 한다고 주장했다. 변영태는 "강도가 경찰을 보고 '네가 무장해제하면 나도 하겠다'라고 하면 되겠는가?"라고 빗대 말했다. 경찰이 총을 겨누면 강도는 총을 놓아야 한다는 이야기였다. 북한이 먼저 남침을 하고 이를 중국이 도왔으니 중국은 강도이고 미국은 경찰이라는 말이었다. 결국은 중국이 먼저 철수하고 미국이 나중에 철수하는 것이 논리적으로 맞다는 이야기였다.

이렇게 의견 차이가 심해 합의는 이루어지지 못했다. 남한 측 대표단은 변영태와 주미 대사 양유찬, 유엔 대사 임병직, 법무차관 홍진기, 외무부 정보국장 이수영 등 10명이었다. 반면에 북한은 80여 명의 대표단이 제네바에 머물면서 일류 별장을 빌리고, 고급 승용차도 9대나 렌트해 저녁마다 각국의 대표단을 위한 파티를 열었다. 북한에서 교육상을 맡고 있으면서 북한의 대표 가운데 하나로 회담에 참여했던 백남운은 변영태에게 개인적으로 만나 협의해보자고 제안하기도 했다. 북한의 또다른 대표 리상조는 남한 측 대표 이수영에게 전화로 연락해 개인적 접촉을 제의했다. 북한이 당시 회담을 국제사회와 남한에 자신들의 입장을 선전하는 기회로 활용하려고 했음을 알 수 있다.

이승만은 이승만대로 남한의 정권을 지키고 싶어 했고, 김일성은 김일성대로 북한의 정권을 잃고 싶은 생각이 없었다. 회담이 성과를 내기 위해서는 서로 일정한 양보가 있어야 하는데 그것이 어려운 상황이었다. 세계를 쥐락펴락하고 있던 베테랑 외교관들이 대거 참여했지만, 이런 부분에 대한 조정은 지난한 문제였다. 그래서 한반도 문제 해결에 그토록 중요했던 제네바 회담은 먹을 것 없는 소문난 잔치로 끝나고 말았다.

북한식 철자법 공포

북한의 언어는 지금 남한과 많이 다르다. 이는 어느 한 시점의 변화라기보다는 70년이 넘는 오랜 분단의 세월이 낳은 결과다. 그런 가운데에도 몇 번의 중요한 변곡점이 있었는데, 첫 번째는 1949년 3월의 한자폐지·한글 전용 조치이고, 두 번째는 1954년 9월의 '조선어 철자법'제정·공포다. 한글 전용 조치에 따라 한자를 쓰지 않을 뿐만 아니라한자어로 된 용어도 순우리말로 대체하는 바람에 남한 사람들이 잘 알아듣지 못하는 말도 많이 쓰이게 되었다. 거기에다가 1954년 조선어철자법이 시행되면서 우리말 쓰기와 말하기에서 남북의 차이는 더욱커지게 되었다.

'조선어 철자법'은 우선 전통적인 24개 자모음에 ㄲ, ㄸ, ㅃ, ㅆ, ㅉ 등된소리 5자와 이중모음 ㅐ, ㅔ, ㅚ, ㅘ, ㅝ 등 16자를 더해 40개 자모음으로 한글을 쓰도록 했다. 두음법칙을 폐지해 'ㄹ'과 'ㄴ'이 모음 앞에오는 경우에도 그대로 표기하고 발음하도록 했다. 이론을 '리론', 이발을 '리발', 낙원을 '락원', 유학을 '류학', 여자를 '녀자', 유대를 '뉴대', 노인을 '로인', 양심을 '량심'으로 적게 된 것이다. 김정은의 부인을 '이설주'라고 하지 않고 '리설주'라고 하는 것은 1954년 '조선어 철자법'

으로 정해진 표기법이 지금도 지켜지고 있기 때문이다.

한자어에서 통용되는 음은 그대로 적도록 했다. '노례奴隷'로 표기하지 않고 '노예'로, '십월+月'이 아니라 '시월'로 쓴 것이다. 합성어에 쓰던 사이시옷을 빼고 대신 어깨표를 달도록 했다. '깃발'은 '기'발로, '댓잎'은 '대'잎으로, '잇몸'은 '이'몸으로 표기하기 시작한 것이다. 외래어 표기도 일부 바꿔서 '탱크'는 '땅크', '캠페인'은 '깜빠니아'로 쓰게 되었다.

어간에 'ㅣ'를 포함하고 있는 용언의 '-어' 형태는 '-여'로 쓰기로 했다. '아니었다'가 아니라 '아니였다', '가지었다'가 아니라 '가지였다'로 통일한 것이다. 어미에서 'ㄹ' 받침 직후 된소리로 발음되는 경우 이를 된소리로 적지 않고 예사소리로 적도록 했다. '이루어질까'로 적지 않고 '이루어질가'로 표기한 것이다. 사동접미사 '추'는 과거 1933년 조선어학회가 공표한 '한글맞춤법 통일안'에서는 '후'로 쓰기도 했지만, '추'로 확정·시행했다. '낮추다', '늦추다', '곧추다' 등으로 통일한 것이다.

북한의 언어 정책은 1940년대와 1950년대 두 차례의 큰 조치로 어느 정도 정리가 되었다. 그러다가 1966년 7월 '조선어 규범집'을 제정해 평양말을 '문화어(표준어)'로 규정하고, 1987년 5월 '조선말 규범집'을 제정해 문화어 발음법과 맞춤법·띄어쓰기, 문장부호 등을 개정해 오늘날 쓰는 북한식 철자법이 정착되었다.

국내파를 당 요직에 앉히다

북한 사회 운영의 핵심인 조선노동당 내부에서는 남조선노동당 세력이 몰락하고 김일성의 만주파가 중심을 이루고 있는 가운데 소련파와 연안파, 북한 지역의 토착 공산 세력인 국내파 인물들이 나름의 활동을 전개하고 있었다. 그 가운데에서 1954년 초 국내파 인물들이 전면에 부상했다. 3월 당중앙위원회 전원회의에서 박금철이 간부부장이 되었다. 박금철은 국내파 가운데에서도 평안북도 갑산 지역에서 활동하면서 1937년 김일성의 보천보전투를 도왔던 갑산파의 핵심이었다. 11월 당중앙위원회 전원회의에서는 박금철이 당의 핵심 포스트인 조직지도부장에 올랐다.

11월 당중앙위원회 전원회의에서 갑산파 리효순은 당 검열위원장이 되었고, 국내파 한상두는 박금철의 뒤를 이어 당 간부부장에 임명되었다. 한상두는 함경북도 지역 적색농민조합운동을 하던 인물로 1952년부터 함경북도 당위원장을 하고 있었다. 또 다른 국내파 리주연은 상업상을 하고 있다가 1954년 11월 최창익이 맡고 있던 재정상에 올랐다.

이들 국내파는 그동안 소련파와 연안파, 남조선노동당 세력에 밀려당의 요직에 진출하지 못했다. 하지만 전쟁을 거치면서 기존의 주요 인물들이 제거되고 당의 핵심 포스트를 차지하게 되었다. 도 당위원장과도 인민위원장 자리도 국내파에게 많이 돌아갔다. 평양시 인민위원장 정연표, 평안남도 인민위원장 리태화, 평안북도 인민위원장 김승섭 등많은 국내파가 지방의 당과 행정조직의 수장이 되었다. 이들은 토착 국내 공산 세력인 만큼 지역 사정에 밝았고, 해방 직후 자발적으로 인민위원회 건설에도 주도적으로 나섰다. 하지만 이후 소련파와 연안파에 압도되어 있다가 1954년에 기회를 잡게 되었다.

이렇게 김일성 세력이 국내파를 중용하게 된 것은 농업집단화의 원활한 추진을 위한 것이었다. 1954년에 본격 추진하기 시작한 농업집단화는 양날의 칼이었다. 북한의 사회주의화를 위해서는 성공적으로 진행되어야 하는 것이었다. 그런가 하면 농민들의 반발도 충분히 예상되는 사업이었다. 오랜 농촌경제 중심의 북한 사회에서 농민들의 토지에 대한 애착은 강했다. 김일성이 해방 후 1년도 안 된 1946년 3월에 전격적으로 토지개혁을 실시한 것도 농민들의 그런 욕구를 충족시켜 지지세력을 확장하기 위한 것이었다. 이런 상황에서 농업협동화의 성공 여부는 농민들의 반발에 대한 대응에 달려 있었다. 김일성 세력은 농촌에 탄탄한 기반을 갖고 있던 국내파의 도움이 필요했다. 그래서 국내파를 중용한 것이다.

11월 당중앙위원회 전원회의에서 당 조직의 개편도 단행했다. 농민부는 농업부가 되었다. 명칭이 바뀐 것은 업무 영역이 바뀌었기 때문이다. 농민동맹 등 농민의 조직에 대한 지도 사업이 떨어져나와 조직지도부로 옮겨졌다. 농민에 대한 통제를 조직지도부가 틀어쥐고 철저하게 하려는 조치였다. 이 또한 농업협동화를 당 차원에서 효율적으로 추진하기 위한 것이었다.

노동부는 폐지되고 산업부가 신설되었다. 이는 직업동맹을 다루는 노동 문제에 대한 권한을 조직지도부로 이관하면서 취한 조치였다. 이로써 조직지도부는 당의 조직 전체를 관리하면서 농민과 노동자 전반까지 관장하는 막강한 권한을 갖게 되었다. 조직지도부를 통해 농민과 노동자들을 지도·관장하게 된 조선노동당은 상·하층부 모두에서 북한의 사회주의적 변화에 핵심적 역할을 했다. 상부의 고위급 회의체에서 '사회주의 개조'라는 정책을 결정할 뿐만 아니라, 하부의 조직들은 농업협동화와 상공업협동화를 적극 선전하고, 관련 교육과 설명회 등을 개최하면서 사회주의적 개조가 성공적으로 진행될 수 있도록 하는 것이다.

김일성종합대학 교수

황장엽의

1954년

황장엽은 한국에도 잘 알려진 인물이다. 김일성종합대학 총장 · 최고인민회의 의장 · 조선노동당 국제 담당 비서를 지냈고, 1997년 한국으로 망명해 생활하다가 2010년에 사망했다. 한국에 망명한 북한 인사 가운데 최고위급이다. 그는 6 · 25 전쟁이 발발하기 얼마 전 소련으로 유학을 떠났다. 모스크바종합대학에서 철학을 공부했다. 전쟁이 끝난 뒤 1953년 11월 귀국해 1954년 1월 김일성종합대학 철학 강좌장(학과장)이 되었다.

1954년 김일성종합대학은 전쟁 당시 피난하면서 자리 잡은 평안남도 순천군 백송리 자모산 자락에 여전히 머물고 있었다.[8] 당시 학교 상황은 말이 아니었다. 강의실은 트럼통으로 만든 난로에 생솔가지를 때서 겨우 난방을 했다. 연기가 너무 나서 문을 열면 잉크가 얼고 손이 곱아 글을 쓸 수가 없었다. 다른 땔감이 없어 그렇게 문을 열었다 닫았다 하면서 수업을 해야 했다.

대학뿐만 아니라 북한 전역이 당시까지 전쟁으로 인한 폐허의 상태에서 벗어나지 못했다. 시골뿐만 아니라 평양 시내에도 변변한 집이 없고 토굴들이 즐비했다. 거지와 소매치기, 좀도둑도 도처에 있었다. 황장엽도 비가 오면 비가 새고 불을 때면 방 안에 연기가 차는 집에서 아내와 딸 하나를 데리고 살았다. 땔나무도 직접 구해 와야 했다. 먹을 것도 구하기 힘들어 다른 반찬은 마련하기 어려웠고, 매끼 무와 소금만으로 끓인 국을 먹었다. 소금물에 큰 무 뿌리가

들어 있다고 해서 '염수대근탕'이라 불렀다. 이름만이라도 그럴듯하게 붙여놓은 것이다. 당시 식량은 배급소에서 배급을 해주었는데, 배급소 게시판에 된장을 배급한다는 공지라도 뜨게 되면 모두 좋아했다.

황장엽은 마르크스·레닌주의를 가르쳤는데, 수강생은 대부분 6·25 전쟁 때 월북한 사람들이었다. 남한에서 대학교수를 했던 사람도 많았다. 함봉석이라는 사람은 독일 철학에 조예가 깊었다. 황장엽에게서 여러 가지 자료를 얻어 『독일고전철학』이라는 책을 내기도 했다. 그런 사람들이 사회주의 사상에 대한 깊이 있는 공부를 위해 황장엽의 강의를 들었다. 1953년 남조선노동당 세력의 숙청과 함께 시작된 사상 검토 작업은 1954년에도 계속되었다. 남한 출신 월북자들은 가시방석이었다. 월북 학자들은 대부분 순수한 편이었고, 오해를 받지 않기 위해 사회주의 사상 강좌를 더 열심히 들었다.

하지만 이런 사상 검토의 분위기를 이용하는 북한 사람들도 있었다. 서울대학교 교수를 하다가 월북한 김진구라는 사람이 있었다. 학식이 높아 황장엽과도 친했다. 북한 학자 가운데 그의 높은 학식과 인망人望을 시기하는 사람이 있었다. 그는 비밀경찰에게 김진구를 간첩이라고 고발했다. 김진구가 원산에 있는 독일계 수도원 사람들과 친분이 있었는데 이를 걸고넘어진 것이다. 비밀경찰에게 체포된 김진구는 다시 돌아오지 않았다.

1954년 북한은 전쟁 복구 사업이 한창이었다. 평양 시내에 있는 학교의 교원이나 학생들은 모두 건설 현장에 동원되었다. 하지만 백송리는 평양에서 상당히 떨어져 있는 산골이어서 동원되지는 않았다. 황장엽은 그렇게 1955년까지 백송리에서 지냈다. 그러다가 1955년 말 평양에 있던 김일성종합대학이 복구되어 대학이 평양으로 이사했다. 황장엽도 평양으로 옮겨갔다. 1997년 중국 베이징에서 한국 영사관으로 망명할 때까지 평양에서 살았다.

1955년

제6장

×××

주체사상이 싹트다

마르크스-레닌주의 교육 강화

북한의 역사는 인민들에 대한 지도와 교육, 단속의 역사라 해도 과언이 아닐 만큼 대대적인 지도 사업이 많았다. 북한은 이를 '교양 사업'이라고 표현한다. 지도 사업 또는 교육 사업 정도의 의미다. 1955년 4월부터는 당원들에 대한 공산주의 교양 사업이 대대적으로 전개되었다. 1953년 초 남조선노동당 세력을 체포할 당시부터는 남조선노동당 동조 세력을 청산하기 위한 사상 단속이 벌어졌다. 그러면서도 1953년 말에는 월남자 가족이나 귀환 포로 등 소외 계층을 다독거리기 위한 통일전선 사업이 펼쳐졌다.

그러던 북한이 공산주의적 계급 교양 사업으로 다시 주민들을 단속하기 시작한 것은 1955년 4월 당중앙위원회 전원회의 이후였다. 북한은 근로자들에게서 개인주의와 이기주의 등 낡은 사상과 비非계급적 현상들이 나타나 사회주의 혁명의 전진을 저해하고 있다고 판단했다. 또, 전쟁 후 도시와 농촌의 많은 소부르주아계급이 노동계급의 대열에 합류했지만, 그들의 계급의식이 철저하지 못하다고 보고 있었다. 그런데도 당 사상 사업 부문에 있는 반당종파분자들은 계급 교양 사업을 태만하게 하면서 북한 실정에 맞지도 않는 다른 나라 것을 교조주의적으로 교육시키고 있었다는 것이 김일성 지도부의 판단이었다.[1]

이에 따라 북한은 당원들에 대한 마르크스-레닌주의 교육을 훨씬 강화했다. 또한 당원들을 열렬한 정치 활동가로 육성하기 위한 훈련도 실시했다. 마르크스-레닌주의 학설과 원칙들을 구체적인 북한 현실에 결부해 생각하고 일상생활 속에서 실현할 수 있는 교육도 강화했다. 한마디로 당원과 인민들을 상대로 공산주의에 대한 이론과 실천 교육을 한층 강화한 것이다.

4월 당중앙위원회 전원회의는 또한 당 사업 풍조의 결점을 관료주의로 규정했다. 일을 형식적으로 하는 경우가 많다는 것이었다. 이는 국가재산을 빼돌리는 탐오와 함부로 쓰는 낭비로 연결된다고 보았다. 그래서 이러한 관료주의와의 투쟁도 전개했다. 당 부위원장 최용건이 이 운동의 책임을 맡았고, 국가검열성의 부상 서휘, 평양시 당위원장 고봉기 등 연안파가 최용건을 돕도록 했다. 공산주의 교양 사업과 반관료주의 운동은 당을 중심으로 1년 동안 지속적으로 전개되었다.

운동의 전개 방식은 다른 사람에 대한 비판과 자기비판을 동시에 하는 것이었다. 이 과정을 통해 낡은 사상적 잔재를 드러내고 시정하는 방식이었다. 이와 함께 자백운동도 전개했다. 과거의 탐오·낭비를 솔

직히 고백하고 새로운 출발을 하자는 취지였다. 이러한 방식은 실행 과정에서 많은 문제를 낳았다. 다른 사람에 대한 비판이나 자기비판이 상급기관의 요구에 따라 형식적으로 이루어지는 경우가 많았다. 비판이 특정인을 비방하기 위한 목적에 이용되기도 했다. 자백운동도 일률적으로 자백을 강요하는 경우가 발생하는 등 부작용이 많았다. 하지만 사업을 추진한 김일성 지도부는 이완된 사회 분위기를 잡도리하고 집단주의 의식을 당원과 인민들에게 새삼 심어주는 효과를 얻었다.

그렇다면 당시 북한 사회의 상황과 관련해 이 사업이 갖는 의미는 무엇일까? 하나는 농업협동화가 한창 진행되는 와중에 북한에 남아 있던 소부르주아적 사상을 근절하고 집단주의 의식을 고취해 북한 사회를 철저하게 사회주의로 변화시키기 위한 사회운동이었다. 또 하나는 1955년 4월에 '당 사상 사업 부문에 있는 반당종파분자의 계급 교양 사업 태만'이라는 김일성 세력의 기본 인식을 바탕으로 계급 교양 사업을 전격 시행함으로써 1956년에 있을 연안파와 소련파에 대한 대대적인 숙청을 예고하는 것이었다.

김일성 중심의 공산주의 역사

김일성은 1930년대 만주의 중국공산당군 조직에서 항일투쟁을 시작해 국내 공산주의 운동의 역사에서는 유리되어 있었다. 박헌영이 1925년 조선공산당 창건 당시 참여한 한국 공산주의 운동 역사의 중심적 인물인 것과는 비교된다. 연안파 주요 인물 가운데에도 최창익과 허정숙 등은 1920~1930년대 국내에서 공산주의 운동을 했던 인물들이다. 이에 대해 김일성은 1920년대 국내 공산주의 운동을 무시하고 역사 서술을 자신에게 유리하도록 해나갔다.

김일성은 1955년 4월 15일 발행된 코민포름Cominform 기관지 『항구적 평화와 인민민주주의를 위하여』에 「레닌의 학설은 우리의 지침이다」라는 논문을 실었다. 이 논문은 당 기관지 『근로자』 4월 25일자에도 그대로 실렸다. 이 내용은 1925년에 창립되어 3년 후 해체된 조선공산당의 권위를 인정하지 않으면서 김일성의 항일빨치산투쟁의 가치를 높이 평가하는 것이었다.[2]

조선공산당은 민족해방운동의 고무자 정도였지 인민의 투쟁에 대한 진정한 혁명적 · 레닌적 지도를 하지는 못했다고 평가했다. 그러면서 이 논문은 1930년대 초부터 시작된 국내와 중국 동북 지방에서의 항일빨치산투쟁이 민족해방운동의 새로운 단계이며, 1936년 5월에 김일성이 결성했다는 지하투쟁 조직 조국광복회가 조선의 모든 애국적 역량을 집결하는 데 중요한 역할을 했고 민족통일전선의 중심축이었다고 보았다.

이 논문은 해방 직후 재건된 조선공산당은 1946년 조선신민당과 합당해 조선노동당이 되었다고 설명했는데, 이는 김일성이 중심이 되어 출범시킨 조선공산당 북조선분국을 당 중앙으로 기정사실화하면서 박헌영이 서울에 재건한 조선공산당을 부인하는 것이었다. 한국 공산주의의 역사가 '항일빨치산투쟁→ 조국광복회→ 조선공산당 북조선분국

김일성은 조국광복회가 조선의 모든 애국적 역량을 집결하는 데 중요한 역할을 했다며, 1945년 박헌영이 재건한 조선공산당은 그 가치를 인정받기 어렵다고 주장했다. 1949년 3월 모스크바를 방문한 김일성과 박헌영이 소련 제5차 최고회의장을 둘러보고 있다.

→북조선공산당→조선노동당'의 흐름으로 진행되어왔다는 것이다.

요컨대 김일성은 논문을 통해 한국 공산주의의 뿌리는 항일빨치산투쟁에서 찾아야 하고, 1925년에 창립된 조선공산당과 1945년에 박헌영이 재건한 조선공산당은 한국 공산주의의 역사에서 가치를 인정받기 어렵다고 주장했다.

1955년 6월 25일자 『근로자』에 실린 허정숙의 논문 「소비에트 군대에 의한 조선의 해방과 조선 인민의 창조적 투쟁」은 마르크스-레닌주의적·혁명적 당의 창건은 김일성에 의해 국내외에서 토대가 확립되었고, 그에 기초해 당이 해방과 동시에 창건되기 시작했다고 기술했다.

김일성을 중심으로 한국 공산주의 운동이 형성되고 발전되었다는 이야기였다.

한편으로는 연안파 세력을 인정해주는 주장이 당시까지는 용인되는 양상이었다. 1955년 10월 『근로자』에 실린 송예정의 논문은 1925년 조선공산당에서 1946년 북조선노동당까지의 연속성을 인정하고 있는데, 이는 '조선공산당→조선독립동맹의 중국 내 항일투쟁→조선신민당·북조선공산당→조선노동당'의 역사를 지닌 연안파를 인정하는 것이었다. 이와 같은 역사를 가진 연안파는 '항일빨치산투쟁→조국광복회→조선공산당 북조선분국→북조선공산당·조선신민당→조선노동당'이라는 역사를 가진 김일성의 만주파와 연합 세력이라는 설명이었다.

이러한 1955년의 한국 공산주의 운동사에 대한 설명은 우선 박헌영을 부인하는 취지를 담고 있었다. 12월의 박헌영 재판을 준비하는 성격을 갖고 있었던 것이다. 다른 측면으로는 연안파를 우군으로 인정하는 성격을 갖고 있었다. 박헌영을 재판해서 처형하고, 소련파마저 약화시키기 위해서 어느 한 세력은 지원군으로 삼아야 했는데, 연안파가 그 대상이 된 것이다. 김일성과 그의 세력은 이러한 전략을 역사적인 논리를 세워 실현하려고 했다.

박헌영 재판

박헌영이 체포된 것은 1953년 7월이지만, 그에 대한 재판이 열린 것은 1955년 12월 15일이다. 재판은 재판장 최용건의 주재로 평양의 최고재판소에서 열렸다. 최용건은 12월 2~3일 열린 당중앙위원회 전원회의에서 박금철과 함께 당중앙위원회 부위원장에 선출되었다. 최용건 옆에는 내무상 방학세, 당 검열위원장 림해, 국가검열상 김익선, 최고재판소장 조성모가 판사로 앉아 있었다. 최고검찰소장 리송운이 검사로 논고를 했다. 변호인은 없었다. 박헌영이 '김일성의 변호사는 필요없다'며 거절했기 때문이다. 조선노동당의 중앙위원과 중앙당의 부장을 비롯해 내각의 부상 이상 간부, 시 · 도 당위원장, 사회단체의 주요 간부 등 모두 1,000여 명이 재판을 지켜보았다.

1953년 7월 박헌영을 체포해서 바로 다음 달 열린 당중앙위원회 제6차 전원회의에서 재판을 하기로 결정했다. 그런데 재판이 열리기까지는 2년 5개월이 걸렸다. 이렇게 재판이 지연된 데에는 몇 가지 이유가 있었다. 첫째, 박헌영이 죄를 인정하지 않았다. 남조선노동당 간부를 지낸 박갑동이 기록해놓은 바에 따르면, 북한 당국은 간첩죄를 고백하도록 하기 위해 박헌영을 평안북도 철산군의 산속 외딴집에 가둬놓고 맹견에게 물어뜯도록 하는 등 온갖 고문을 자행했다고 한다.[3] 그럼에도 박헌영은 오랫동안 자신의 잘못을 인정하지 않았다.

둘째, 남조선노동당 세력의 리더 박헌영에 대한 기소와 재판은 국내의 동요를 일으킬 수 있었다. 당의 부위원장이면서 부수상과 외무상을 겸직하고 있던 그는 여전히 상당한 세력을 갖고 있었다. 섣부르게 재판을 서둘렀다가 역풍을 불러일으킬 수 있었다.

셋째, 대외적 파문도 우려되었다. 박헌영은 소련과 중국의 지도부도

김일성은 박헌영을 '미 제국주의자들을 위한 간첩 행위'와 '남반부 민주역량 파괴 · 약화 행위', '공화국 정권 전복 음모 행위' 등의 죄목을 씌워 처형했다.

잘 알고 있는 명실상부 북한의 2인자였다. 전쟁 동의를 얻을 때도 박헌영은 김일성과 함께 스탈린 · 마오쩌둥을 만났다. 그런 박헌영을 숙청하는 것은 대외적 반향을 불러올 수 있었다. 실제로 소련은 스탈린이 사망한 후 1954년 봄에 조사단을 북한에 보냈다. 박헌영 사건의 재검토를 요구했다. 하지만 김일성이 내정간섭이라며 거부했다. 이후에도 소련은 외교 채널을 통해 상당한 압력을 가했다.⁴ 이처럼 박헌영 사건은 공산세계의 관심 사항이었다.

소련이 주목하고 있었기 때문에 재판을 섣부르게 할 수도 없었지만, 지연시키면 더 간섭을 받을 수도 있었다. 1955년 12월에 김일성은 취조는 그만하고 재판을 진행할 것을 결정했다. 재판 결과는 사형과 함께 전재산 몰수형이었다. 1953년 리승엽 등 남조선노동당 주요 인물들에 대한 판결과 마찬가지로 '미 제국주의자들을 위한 간첩 행위'와 '남반부 민주역량 파괴·약화 행위', '공화국 정권 전복 음모 행위' 등을 저질렀다는 것이다.

이렇게 판결을 해놓고도 북한은 바로 박헌영을 처형하지는 못했다. 간첩죄에 대한 분명한 증거가 없는 상태에서 처형할 경우 소련과 중국의 반발이 예상되었기 때문이다.[5] 실제로 소련은 사형이 확정된 이후에도 1956년 4월 평양 주재 대사 바실리 이바노프Vasily I. Ivanov 대사를 통해, 이후 후임 대사 세르게이 수즈달레프Sergei P. Suzdalev를 통해 '박헌영을 죽이지 말고 소련으로 보내달라'고 여러 차례 요청했다. 하지만 1956년 소련파와 연안파가 김일성의 개인숭배에 대한 반대 움직임을 보이자, 위기의식을 느낀 북한은 1956년 7월 박헌영을 처형했다.

북한 외무성 부상을 지낸 박길룡의 증언에 따르면, 김일성이 동유럽과 소련, 몽골을 방문하고 귀국한 7월 19일 내무상 방학세에게 "그 이론가 어떻게 됐어?"라고 묻더니 그날 중으로 처형하라는 명령을 내렸다고 한다. 박헌영은 처형 직전 "부인 윤레나와 두 자식을 외국으로 보내겠다는 약속을 지키라"는 말을 김일성에게 남겼다고 한다.[6]

박헌영이 1956년 12월쯤 처형되었다는 증언도 있다. 북한 내무성 부상을 지낸 강상호의 증언이다. 그에 따르면, 1956년 12월 어느 날 김영철 내무성 중앙부장이 밤에 박헌영을 지프에 싣고 평양의 교외 야산으로 가서 총살했다고 한다. 내무상 방학세가 지켜보고 있었다.[7] 남조선 노동당 간부 출신 박갑동은 처형 직전 박헌영이 "역사의 날조자, 혁명의 찬탈자, 민족의 반역자, 인민의 원수 김일성을 타도하라"고 외쳤다

는 이야기를 전하기도 했다.[8]

그런데 처형은 1956년 7월에 되었다고 보는 것이 옳다. 1956년 연안파 · 소련파 숙청사건인 '8월 종파사건' 이후 마오쩌둥이 개입했다. 중국 베이징에서 아나스타시 미코얀Anastas Mikoyan을 단장으로 한 소련 대표단과 최용건을 단장으로 한 북한 대표단을 차례로 만났다. 1956년 9월 18일 최용건을 만난 자리에서 마오쩌둥은 박헌영 사건을 이야기하면서 "당신들은 과거에 박헌영을 죽였다. 그는 남조선 인민의 지도자로서 절대로 죽어서는 안 되는 간부였다"고 분명히 말했다.[9] 마오쩌둥의 이 발언은 중국의 문헌에 기록되어 있다. 1956년 9월 18일 이전에 박헌영이 처형된 것이다.

박헌영은 미국의 간첩이었는가?

박헌영은 1900년 충남 예산에서 태어나 1919년 경성고등보통학교를 졸업한 뒤 중국 상하이로 건너가 공산당 조직 활동을 했다. 1922년부터는 국내에서 활동해 1925년 조선공산당 창당에 참여했다. 1920년대 후반에는 모스크바로 탈출해 동방노력자공산대학에서 공부했고, 이후 다시 상하이로 건너가 공산주의 활동을 계속했다. 상하이에서 체포되어 국내로 압송돼 복역한 후 해방될 때까지 국내에서 지하활동을 계속했다. 해방 직후 조선공산당을 재건해 책임비서가 되었다. 이후 서울에서 공산 세력의 리더로 활동하다가 미군정의 체포망이 좁혀오자

1946년 10월 북한으로 넘어갔다. 김일성과 경쟁·협력의 관계를 유지하면서 북한 정권에 참여해오다가 6·25 전쟁을 승리로 이끌지 못하면서 갈등이 심화되어 결국 재판받고 사형되는 운명을 맞게 되었다.

그가 재판에서 받은 죄목 중 '남반부 민주역량 파괴·약화 행위'는 전쟁이 일어나면 남로당원 20만 명이 봉기할 것이라는 호언好言들이 실제로 실현되지 않았던 것을 말한다. 하지만 '미 제국주의자들을 위한 간첩 행위'와 '공화국 정권 전복 음모 행위'는 여전히 논란이 있다. 쿠데타 모의와 관련해서도 박헌영이 리승엽, 박승원, 배철 등과 함께 정권 전복을 꾀했다고 하지만, 북한의 주장 외에 객관적인 증거는 발견되지 않는다. 박헌영이 미국의 간첩으로 전쟁 중에 미국에 비밀정보를 제공해 북한 정권을 약화시켰다는 죄목은 북한이 박헌영 처벌에 따른 후유증을 최소화하기 위해 회심의 일타로 준비된 것일 텐데 역시 북한의 주장을 그대로 믿기에는 미심쩍은 부분이 많다. 특히 북한이 강조한 것이 박헌영의 간첩 행위이기 때문에 이 부분을 자세히 살펴볼 필요가 있다. 관련 자료들은 북한의 발표와는 달리 박헌영이 간첩이 아니었을 가능성을 높여준다.

첫 번째로 해방 직후 서울에 주재하던 소련 영사 아나톨 샤브신Anatole Shabshin의 부인이 증언한 바에 따르면, 박헌영이 해방 직후부터 1946년 10월 월북할 때까지 샤브신과 거의 하루 한두 차례 만났다. 박헌영의 서울 활동을 샤브신이 일일이 체크하고 있었던 것이다. 이 때문에 박헌영이 미군정 당시부터 미국의 간첩 활동을 시작했다는 북한의 주장은 선뜻 믿기 어렵다.[10]

박헌영이 미국의 간첩이라는 죄목은 김일성이 처벌에 따른 후유증을 최소화하기 위해 준비한 회심의 일타였다. 1953년 남조선노동당 재판 기사(『로동신문』, 1953년 8월 5일)와 1955년 박헌영 재판 기사(『로동신문』 1955년 12월 18일).

    두 번째로 박헌영은 전쟁 중 시종일관 미국과 싸우는 데 적극적이었는데, 이는 미국의 간첩이라면 취하기 어려운 태도다. 1950년 7월 1일 평양 주재 소련 대사 스티코프가 스탈린에게 전문을 보냈는데, 미국이 개입하자 김두봉과 홍명희는 조선인민군만으로는 전쟁이 어렵다고 보았으나 김일성과 박헌영은 적극적인 모습을 보였다고 한다. 당시 박헌영이 김일성과 함께 어려운 가운데서도 전쟁에 필요한 자원을 최대한 동원하기 위해 동분서주하고 있었다는 내용도 들어 있다. 박헌영이 미국의 간첩이었다면 오히려 미국에 유리하게, 즉 미국과의 전쟁에 소극적으로 임했어야 앞뒤가 맞다.

인천상륙작전 이후 북한이 불리해진 상황에서 박헌영은 중국군의 지원을 받는데도 적극적이었다. 1950년 9월 21일 조선노동당 중앙위원회 정치위원회 회의가 열렸는데, 여기서 김일성은 중국의 개입에 소극적인 태도를 보였다. 하지만 박헌영은 김두봉, 박일우 등과 함께 중국의 참전을 요청하자는 주장을 폈다.

1950년 12월 중국군이 계속 남진하는 것보다는 휴식을 취하면서 '완만한 작전'을 구사하려 하자, 박헌영은 평양 주재 소련 대사 블라디미르 라주바예프Vladimir N. Razuvaev에게 불만을 토로하기도 했다. 중국군과 조선인민군이 서울을 재점령한 1월 4일 이후 작전 방향을 논의하기 위해 중국인민지원군 사령관 펑더화이, 김일성, 박헌영이 1월 11일 만났을 때에도 박헌영은 화까지 내면서 남진을 주장했다. 결국은 중국의 강력한 주장에 따라 2개월 동안 휴식하면서 준비하는 것으로 합의가 되긴 했지만, 박헌영의 당초 주장은 '쉼 없는 남진'이었다.

세 번째로 중국의 기록에 마오쩌둥이 '박헌영이 미제 간첩이 아니다'라고 단도직입적으로 말한 대목이 있다. 1956년 9월 18일의 일을 기록한 「모주석접견조선대표단담화기요毛主席接見朝鮮代表團談話紀要」라는 문헌에 그렇게 기록되어 있다. 당시 마오쩌둥은 '8월 종파사건'에 대해 개입하기로 하고 최용건을 단장으로 한 북한 대표단을 만났는데, 그 자리에서 최용건에게 과거 이야기를 하면서 "당신들은 그가 미국의 간첩이라고 말했는데, 미국은 아직 그가 미국의 간첩인지도 모르고 있지 않은가? 마구잡이로 살인을 해서는 안 된다"고 질책하듯이 말했다. 박헌영이 간첩이 아니라고 최용건의 면전에서 이야기한 것이다.

　결국 미군정과 연결되어 있었고, 6 · 25 전쟁 당시 군사정보를 미국에 넘겨주었다는 북한의 주장은 믿기 어렵다. 그뿐만 아니라 일제강점기 동안 감옥생활까지 하면서 사회주의 세상을 만들겠다는 신념을 지켰던 인물이, 정권의 부수상으로 전쟁을 공동으로 일으킨 인물이 적국에 군사정보를 넘기며 간첩 행위를 했다는 것은 상식적으로도 믿기 힘들다. 따라서 간첩 혐의는 한국 공산주의 역사의 주역이면서 남조선노동당 세력이라는 지지 기반을 갖고 있던 박헌영을 효과적으로 숙청하기 위해 김일성 세력이 만들어낸 것이다.

주체사상의 맹아

　박헌영 체포 이후 계속된 소련의 간섭은 김일성으로 하여금 북한만의 자주적인 세계를 갈망하게 만들었다. 스탈린 사망 이후 소련 지도부가 당내 집단지도를 내세우고 대외 정책으로 평화공존을 주장해 김일성 지도부는 소련을 경계하지 않을 수 없었다. 그래서 나타난 현상이 소련파에 대한 비판과 좌천, 주체성 문제의 제기였다. 소련파에 대한 비판은 박헌영 재판 전부터 시작되었다. 주요 타깃은 허가이 숙청 이후 소련파 대표의 역할을 하던 박창옥이었다.

　1955년 10월 당 · 정 지도간부회의에서 김일성은 국가계획위원회의 잘못을 집중 비판했다. 다른 부처 위에 군림하려는 관료주의적 태도,

선택과 집중을 제대로 하지 못하는 평균주의적 성향을 신랄하게 지적한 것이다. 당시 국가계획위원장은 박창옥이었다. 국가계획위원회는 경제 관련 각 성을 통제하는 막강한 권한을 갖고 있었다. 김일성은 그런 국가계획위원회를 심하게 비판함으로써 경제 부문에서 큰 영향력을 행사하고 있던 박창옥의 위상을 떨어뜨렸다.

또한 1955년 12월 2~3일 당중앙위원회 전원회의에서는 산업부를 없애고 공업부와 건설건재운수부로 분리했다. 경공업과 중공업 전반을 공업부가 맡고, 건설건재운수부는 중공업 분야 중에서도 건설과 건설자재, 운수 부문만을 담당하도록 했다. 당이 경제를 세밀하게 통제하게 된 것이다. 이 또한 경제 관련 두 부처가 구체적인 사업을 분명하게 책임지게 함으로써 박창옥이 위원장을 맡고 있던 국가계획위원회의 권한을 크게 약화시켰다. 이 전원회의에서는 소련파 가운데 당 선전선동부장 박영빈과 내각 중공업성 부상 김열이 해임되었다. 만주파의 최용건과 갑산파의 박금철이 당 부위원장이 되고, 국내파 한상두가 당 조직지도부장, 갑산파 리효순은 당 간부부장, 연안파 림해는 당 검열위원장이 되었다. 만주파, 갑산파, 국내파, 연안파를 안배하면서 소련파는 배제하는 형국이었다.

이렇게 소련파의 입지를 약화시킨 뒤 박헌영의 재판을 12월 15일에 열고, 12월 말에는 '주체'의 문제를 제기했다. 12월 28일 당 선전선동부문 책임일꾼회의에서 김일성이 '사상 사업에서 교조주의와 형식주의를 퇴치하고 주체를 확립한 데 대하여'라는 연설을 통해 사상 사업 전반에 걸친 평가를 하면서 북한의 사상 사업에 '주체'가 없다고 비판하고 '주체'의 강화를 역설했다.

> 우리 당 사상 사업에서 주체는 무엇입니까? 우리는 어떤 나라의 혁명
> 도 아닌 바로 조선 혁명을 하고 있는 것입니다. 이 조선 혁명이야말로
> 우리 당 사상 사업의 주체입니다. 조선 혁명을 하기 위해서는 조선 역
> 사를 알아야 하며 조선의 지리를 알아야 하며 조선 인민의 풍속을 알
> 아야 합니다. 우리의 선전선동 사업에서 남의 것만 좋다고 하고 우리
> 자체의 것을 소홀히 하는 현상은 얼마든지 찾아볼 수 있습니다. 내가
> 언제인가 인민군 휴양소에 한 번 가보니 거기에는 시베리아 초원의
> 그림이 붙어 있었습니다. 그 풍경은 아마 러시아 사람의 마음에는 들
> 것입니다. 그러나 조선 사람들에게는 우리나라의 금수강산이 더 마음
> 에 듭니다.……인민학교에 가보니 사진이 걸렸는데 마야콥스키, 푸시
> 킨 등 전부 외국 사람들뿐이고 조선 사람은 한 사람도 없었습니다. 이
> 렇게 아이들을 교양해서야 어떻게 민족적 자부심이 생기겠습니까? 자
> 체의 것을 성실하게 연구하고 그것에 통달하여야 합니다. 어떤 사람
> 들은 소련식이 좋으니 중국식이 좋으니 하지만 이제는 우리식을 만들
> 때가 되지 않았습니까?[11]

이렇게 김일성이 주체성을 내세운 것은 소련의 간섭에서 자유로워져
야겠다는 의식과 박헌영 재판으로 인해 발생할 수 있는 자신에 대한 비
판을 국외에 대한 비판으로 전환하기 위한 것이었다. 국내 정치에 쏠려
있는 관심을 대외적인 일로 전환하려는 관심전환 가설diversion hypothesis

의 적용이라고 하겠다.

김일성은 주체성의 문제를 제기하면서도 다시 한 번 소련파를 공격했다. 책임일꾼회의 연설에서 박창옥이 당 선전선동부장을 할 때 일제강점기 조선프롤레타리아예술가동맹KAPF을 부인하고 조선의 역사에 대해 제대로 연구하지 않았다고 비판하고, 박영빈도 선전선동부장 당시 국제 긴장 상태가 완화되고 있다면서 미 제국주의에 대한 경계를 약화시켰다고 비난했다.

1956년 1월에는 당 상무위원회에서 박창옥은 국가계획위원장직에서 해임되고 당 정치위원직도 잃었다. 박영빈도 당 정치위원직에서 해임되었다. 문예 사업을 하면서 과오를 저질렀다는 이유였다. 역시 소련파인 기석복과 정률도 문화선전성 부상에서 해임되었다. 원래 평론가였던 기석복과 시인이었던 정률, 소련파 평론가인 전동혁은 작가동맹 중앙위원회에서도 제명되었다. 반면에 소련파에 대해 적대감을 갖고 있던 연안파 김창만은 교육상에 등용되었다.

이렇게 해서 1956년 1월에 북한 권부의 역학 관계에서 소련파는 힘을 잃게 되었으며, 만주파의 헤게모니하에서 국내파는 어느 정도 힘을 얻고, 연안파도 일부 배려를 받는 상태가 되었다. 당중앙위원장은 김일성, 부위원장은 최용건·박금철·박정애였고, 정치위원은 김일성·김두봉·박정애·김일·최용건·박금철이었다. 김두봉만 연안파였고, 나머지는 김일성의 측근들이었다. 조직지도부장 한상두는 국내파, 간부부장 리효순은 갑산파, 공업부장 백홍권과 상업재정협동단체부장은 순수 테크노크라트였다. 당 검열위원장 림해와 내각 농업성 부상 박훈

일은 연안파였다.

1955년 말 북한의 정치 상황을 정리해본다면, 박헌영 재판 이후 소련 파는 배제되고, 김일성은 자율성 확보 차원에서 주체성을 내세우고 있었다. 하지만 '주체'는 사상 사업의 영역에서 이제 막 나오기 시작했을 뿐 일반적으로 사용되는 용어는 아니었다. 이렇게 나오기 시작한 '주체'는 주체사상의 맹아라고 할 수 있는 것으로, 1950년대 후반과 1960년대를 거치면서 주체사상으로 체계화되어 북한 체제의 핵심 이념으로 자리 잡게 되었다.

정치적 색체가 약화된 문학

1955년의 북한 문학은 협동화 과정과 미래에 대한 묘사가 주를 이루었다. 협동화로 인해 사회주의 세상을 건설할 수 있고, 그 속에서 풍요로운 생활을 할 수 있다는 내용을 묘사한 것이다. 시와 소설 등 대부분의 문학작품들이 그런 내용을 담아내 주민들에게 희망을 주는 데 주력했다.

대표적인 것이 1955년에 발표된 민병균의 서정시 「나의 새 고향」이다. '뜨락또르(트랙터)' 운전사와 협동조합에서 일하는 처녀가 농업협동화에 적극 참여하면서 사랑과 희망을 키워가는 이야기다. 협동화의 미래를 묘사한 시 외에도 관개시설 공사나 댐 건설 등 대규모 협동 작업의 장관들을 형상화한 시도 많이 발표되었다. 「나의 새 고향」 일부를 감상해보자.

봄갈이 끝낸 젊은 뜨락또르 운전사
그의 다정한 조합 처녀
새 고향 찾아온 나를 위하여
하루 아침 길동무해 주었네.

우리는 나란히 걸어갔네.
구락부 마당을 지나 뽕나무 밭을 지나
담배 건조실, 양잠실 담벽을 돌아
양돈장 우리, 염소 우리를 돌아,
우리는 다시 돌아갔네.
푸른 밀밭머리를 지나서
복숭아, 사과, 어린 과목밭들을 지나서
산마루 높이 올라섰네.

산에는 붉은 진달래
온 산을 덮어 만발하였네
하늘엔 봄 종달새
오르고 내리며 지저귀였네.

그러나 이 아침 산에 진달래 꽃밭이

어찌 우리의 마음만큼 화려했으랴!

이 아침 하늘에 종달새 합창이

어찌 우리의 노래처럼 황홀했으랴!

　소설도 협동화 과정을 소재로 한 것이 많았다. 1956년에 나온 리근영의 중편소설 『첫 수확』은 협동 노동과 협동조합의 정착 과정을 극적이면서도 명쾌하게 묘사했다. 제대군인 김상진은 협동조합의 관리위원장이 되어 협동화에 앞장서 일한다. 하지만 토지개혁 당시 상당히 많은 토지를 분배받은 외삼촌 안경하, 전쟁 당시 남한군에 협력하고 치안대 활동을 한 박병두 등이 김상진의 협동화 작업을 방해한다. 안경하는 조합에 참여하지 않으려 하고, 소를 가진 이가 공동 작업에 소를 내놓지 않는 경우도 발생한다. 하지만 김상진은 차근차근 공동 작업을 조직해 농사를 효율적으로 짓는 모습을 보여준다. 그러면서 비협조적인 사람들을 조합으로 모두 끌어들인다. 합리성과 도덕성의 힘을 보여주려는 작품이었다.

　1956년에 출간된 김만선의 『태봉 영감』과 전재경의 『나비』, 1958년에 나온 천세봉의 『석개울의 새봄』도 1950년대 중후반 북한의 가장 중요한 과제였던 농업협동화 과정을 묘사하고 있다. 1958년 1부작을 시작으로 1963년까지 3부작으로 완성된 『석개울의 새봄』은 6 · 25 전쟁 후 북한 농촌의 변화를 긴 호흡으로 써내고 있다. 특히 1부는 협동화 과정에서 나타나는 농촌의 계층간 갈등을 섬세하게 묘사하면서 이를 극복하는 과정을 차분하게 그리고 있다.

1955년 무렵 협동화와 함께 북한 문학의 또 하나 중요한 주제는 '영웅 만들기'였다. 특히 6 · 25 전쟁 당시 남한군이나 유엔군과의 전투 과정에서 살신성인의 자세로 주변을 살린 전쟁 영웅들을 소재로 한 작품이 많이 나왔다. 1955년작 민병균의 서사시 「조선의 노래」는 6 · 25 전쟁 기간 후퇴와 진격을 반복하는 동안 보여준 한 조선인민군 중대장의 영웅적인 모습을 형상화했다. 중대장은 김일성의 항일 유격대 활동을 전범으로 삼아 6 · 25 전쟁의 많은 난관 속에서도 희생과 솔선으로 이를 극복해가는 것으로 그려진다.

역시 1955년에 나온 윤세중의 중편소설 『도성 소대장과 그의 전우들』, 1956년 출간된 박태영의 희곡 『리수복』도 작은 전쟁 영웅들을 그리고 있다. 1956년에 나온 한성의 희곡 『어랑천』은 농민들의 항일빨치산투쟁을 지도하는 당 일꾼의 영웅적인 모습을 부각하고 있다.

1955년 즈음 북한 문학의 가장 두드러진 특징은 김일성에 대한 찬양을 찾아보기 어렵다는 것이다. 김일성에 대한 개인숭배 분위기가 고조되던 1952~1953년의 상황과는 크게 대조된다. 김일성 개인숭배를 직접적으로 표현하는 것보다는 활기 넘치는 삶의 현장과 작은 영웅들의 삶을 그림으로써 김일성 체제에 대한 지지와 긍정적인 인식을 확산하려 했기 때문일 것이다. 이러한 분위기는 농업협동화 과정이 마무리되는 1958년까지 지속된다. 요컨대 1950년대 중후반 북한 문학은 정치적 교의敎義를 직접적으로 주입하는 것은 피하면서, 경제 부문의 사회주의화 작업에 진력하고 있는 북한 사회를 간접적인 방식으로 지원하고 있었다고 할 수 있다.

평양시 당위원장이

본

1955년

해방 전 중국에서 항일투쟁을 한 연안파 가운데 1916년 함경남도에서 태어난 고봉기라는 인물이 있다. 1935년 중국으로 건너가 중앙육군군관학교를 졸업하고 줄곧 항일투쟁에 참여했다. 해방 후 북한에 들어가 평안북도 정주군당 책임비서, 평안북도당 부위원장, 외무성 부상 등을 거쳐 평양시 당위원장까지 올랐다. 하지만 1956년 '8월 종파사건'으로 숙청되었다. 연안파 가운데 무정, 김두봉, 최창익 정도의 거물은 아니지만, 그 아래 고위급 정도는 되는 인물이다.

고봉기는 숙청 이후 북한에서 자신이 보고 경험한 것을 기록해놓았는데, 그것이 국내에 입수되어 1990년에 출간되었다. 거기에 1955년 상황이 잘 기록되어 있다. 1955년에 그는 평양시 당위원장이었다. 12월 당중앙위원회 전원회의에서 박창옥이 위원장인 국가계획위원회의 권한을 약화시키고 박영빈과 김열등 소련파를 주요 직책에서 해임시킨 김일성 지도부는 평양시당을 통해서도 소련파를 견제하는 작업을 진행해나갔다.

전원회의가 끝난 뒤 김일성은 동생 김영주에게 주요 기관에 나가 당 조직을 중심으로 회의를 열고 당원들을 단속하라고 지시했다.[12] 김영주는 당 조직지도부 부부장을 맡고 있었다. 김일성의 지시를 받은 김영주는 평양시당의 두 부위원장과 조직부장에게 몇몇 주요 기관의 당원 총회를 개최할 것을 지시했다. 평양시 당위원장 고봉기는 당중앙위원회에서 주최하는 도 당위원장 모임에 참가

제6장 **주체사상이 싹트다**

하고 있었다. 김영주는 연안파인 고봉기를 껄끄럽게 여겨 그가 자리를 비운 틈을 타서 그 아래 간부들에게 지시를 했던 것으로 보인다. 고봉기는 모임에 가면서 평양시당 간부들에게 중앙기관의 당원 총회와 같은 일은 당중앙위원회 부위원장 박금철의 승인을 받은 후에 하라고 지시해놓았다.

평양시당 간부들은 고봉기의 말을 김영주에게 전했다. 그러자 김영주는 "그 지시는 이미 어제 일이고 오늘 새 지시가 내려졌으니 이 지시대로 집행합시다" 라면서 당원 총회 개최를 독촉했다. 그러면서 구체적으로 대상 기관도 정해주었다. 외무성, 건설성, 노동신문사였다. 이들은 모두 소련파들이 최고 책임자를 맡고 있는 기관이었다. 외무상 남일, 건설상 김승화는 이름 있는 소련파였다. 김영주의 성화에 평양시당 간부들은 이들 중앙기관에 나가 당원 총회를 열도록 했다. 당중앙위원회 전원회의 결정 사항을 전파하는 일은 당 부위원장 박금철이 책임지고 있고, 중앙기관 당원 총회는 그의 승인을 받은 다음 하도록 되어 있었는데, 갑자기 평양시당 간부들이 회의를 하라고 다그치자 남일과 김승화가 반발했다.

특히 남일은 평양시당 조직부장 김충식의 독촉을 무시하고 박금철에게 '평양시당 조직부장이 당의 결정을 무시하고 함부로 성의 당 회의를 진행시키려 한다'는 취지로 박금철에게 보고했다. 박금철과 당 조직지도부장 한상두가 김충식을 불러 심하게 질책했다. 하지만 그것이 김일성과 김영주의 지시에 의한 것임을 알게 되어 박금철과 한상두도 더는 문제 삼지 못했다.

이를 당시 평양에서는 '외무성 당총회 사건'이라고 불렀다. 이 사건은 김일성이 12월 전원회의에서 결정된 일, 특히 소련파에 대한 경계의 내용을 전파하는 데 얼마나 관심을 쏟았는지 말해준다. 공식적인 통로인 당 부위원장 채널 외에도 김영주를 통해서도 주요 기관에서 조속히 당원 총회를 열도록 한 것이다. 더욱이 그 타깃이 주로 소련파가 책임지고 있는 중앙의 주요 기관들이었다. 소련파가 맡고 있는 기관의 당원들을 소집해 소련의 반反개인숭배 분위기를 비판하고 소련파 수장들을 경계한 것이다. 당원들로 하여금 자기가 속한 조직의 수장까지 경계하도록 한 것이다.

1956년

제7장

×××

김일성 반대파의 도전과 실패

스탈린 비판과 '수령' 칭호 실종

1956년 2월 14일 열린 소련공산당 제20차 대회는 소련 공산주의 역사에서 중요한 전환점으로 기록된다. 당시 소련공산당 서기장 흐루쇼프가 스탈린의 개인숭배를 정면에서 비판했기 때문이다. 세계 여러 사회주의 국가도 소련의 영향으로 개인숭배의 경향을 보이고 있었는데, 소련에서 개인숭배 비판이 일자 그 영향을 받지 않을 수 없었다. 소련 공산당 제20차 대회 이후 북한 정치도 소용돌이 속으로 빠져들어갔다.

당시 북한은 당 부위원장 최용건, 당 간부부장 리효순, 황해북도 당위원장 허빈, 소련 주재 북한 대사 리상조 등 4명이 대회에 참석했다. 대회에서 나온 주요 발언과 결정 사항은 『로동신문』을 통해 북한에 전해졌다. 흐루쇼프의 보고와 미하일 수슬로프Mikhail Suslov, 아나스타시 미코얀의 연설 속에 나오는 개인숭배 비판도 전해졌다.

북한의 반응은 김일성 개인숭배를 일시 중지하는 것이었다. 『로동신문』 등 주요 매체의 글에서 '수령'이란 호칭이 사라졌다. 『로동신문』은 2월 23일자부터 '수령'을 쓰지 않았다. 북한 당국은 '경애하는'과 같은 수식어도 쓰지 못하게 했다. 그 대신 개인이 아니라 집단성을 갖고 있는 당을 수령으로 칭했다. 그렇다고 해서 북한이 김일성 개인숭배를 포기한 것은 아니었다. 관영 매체들을 통해 조선노동당의 역사를 김일성 중심으로 체계화하는 작업은 계속했다.

그러다가 3월 중순에는 '수령'도 다시 사용했다. 3월 중순 예술인열성자대회가 열렸는데, 여기서 김일성에 대한 찬양이 이어졌다. 『로동신문』(1956년 3월 19일)은 "예술발전을 위하여 항상 심심한 배려를 들려주시는 경애하는 수령 김일성 원수의 교시에 충실할 것을 강조하면서 결의문을 채택하였다"라고 보도했다. 이렇게 수령 칭호는 한 달 정도 만에 다시 사용되었지만, 소련의 개인숭배 비판이 북한에 준 충격과 영향은 매우 컸다.

1956년 3월 20일 당중앙위원회 전원회의는 방소訪蘇대표단에게서 소련공산당 제20차 대회에 대한 보고를 받는 자리였다. 흐루쇼프가 스탈린을 비판한 연설 내용을 듣는 자리이기도 했다. 또한 김일성 지도부가 일정 정도 개인숭배 현상이 있었음을 인정하는 회의이기도 했다. 회의 결과 개인숭배 경향을 시정하기 위한 당의 과업이 제시되었다. 소련공산당 제20차 대회의 결정 사항을 당 조직지도부와 선전선동부가 나서서 북한 사회에 전파한다는 내용이었다. 이에 따라 전원회의가 끝나 후 '소련공산당 제20차 대회 결정서', '조선공산당 중앙위원회 3월 전

소련공산당 제20차 대회에서 흐루쇼프와 미하일 수슬로프, 아나스타시 미코얀 등은 스탈린의 개인숭배를 비판했다. 흐루쇼프와 스탈린.

원회의 결정'이라는 2개의 문건이 리당위원장 이상의 간부들에게 배포되었다. 군대에서도 정치 부중대장 이상의 장교들에게 전해졌다.

그 내용은 북한이 개인숭배 비판을 전면적으로 수용한다는 것은 아니었다. 개인숭배가 배제되어야 할 것임이 틀림없는데, 실제로 개인숭배를 실현하려 한 것은 박헌영이라는 것이었다. 『로동신문』에도 유사한 내용의 논문들이 실렸다. 4월 5일자에 남조선노동당 출신이면서도 숙청을 피한 허성택의 논문이 게재되었다. 개인숭배사상과 보신주의가 맹종盲從·맹동盲動의 중요한 원인이 되는 것이고, 자신도 과거 간첩종파분자 박헌영의 영향 아래 있을 때 그러한 과오를 범한 적이 있다는고 했다. 개인숭배에 대한 비판의 타깃을 박헌영으로 돌린 것이다.

김일성은 개인숭배와는 거리가 멀다는 주장도 폈다. 『로동신문』 4월 7일자에는 「소련공산당 제20차 대회 문헌을 깊이 연구하자」라는 사설이 실렸는데, 그 내용은 조선노동당은 레닌의 집체적 원칙을 고수했으며, 당중앙위원회가 집단지도의 원칙 아래 운영되었다는 것이다. 김일성 자신은 레닌이 강조한 당 운영의 집체성 원칙을 제대로 지켰고, 이를 어기고 개인숭배의 잘못을 범한 사람은 박헌영이며, 이런 이유로 박헌영이 처벌받았다는 것이 김일성 지도부의 논리였다.

김일성으로 권력 집중

4월 23일부터 일주일간 조선노동당 제3차 당대회가 열렸다. 1948년 3월 이후 8년 만에 열리는 당대회였다. 김일성이 주요 이슈에 대해 연설했다. 당시 북한의 혁명 단계와 관련해 1947년 북조선인민위원회 출범 이후 사회주의로 이행 중인 과도기로 규정하고, 경제발전 노선을 '중공업 우선, 경공업·농업 동시 발전 전략'으로 재확인했다. 개인숭배 문제와 관련해서는 3월 전원회의와 마찬가지로 그 책임을 박헌영에게 돌렸다. 당시 당대회를 '제3차 당대회'로 이름 붙인 데에서부터 박헌영과 남조선노동당의 체취를 완전히 제거하려는 의도가 담겨 있었다.

북조선노동당 창립 대회를 '제1차 당대회', 북조선노동당 제2차 대회를 '제2차 당대회'로 삼고 1956년 당대회를 '제3차 당대회'로 삼은 것이다. 북조선노동당과 박헌영의 남조선노동당이 합당한 중요한 행사는 당대회 역사에서 배제했다. 해방 직후 서울에 있었던 조선공산당의 재건, 남조선노동당의 건설, 남북노동당의 합당으로 이어지는 역사적 줄기를 한국 공산주의 운동사에서 완전히 빼버린다는 의도를 명백히 한 것이다.

당대회에서 토론에 나선 김두봉과 김광협 등은 북한이 레닌적 집단지도를 해왔다고 주장했다. 축하사절로 온 소련공산당의 레오니트 브레즈네프Leonid Brezhnev가 개인숭배 문제를 좀더 분명하게 다루어야 한다고 지적한 데 대해서는 최용건이 조선노동당은 중앙위원회 중심으로 집체적 지도체제를 유지해왔다고 답했다. 전쟁의 와중에도 당중앙위원회 전원회의를 지속한 것이 이를 잘 보여준다는 주장이었다. 박금철, 박정애, 김창만, 한상두 등도 집단지도성을 강조했다.

제3차 당대회를 통해 당 조직과 당 지도부도 크게 개편되었다. 우선 당중앙위원회 정치위원회를 없애고, 정치위원회 업무를 당중앙위원회 상무위원회로 통합했다. 최고 의사결정기구를 하나로 통일해 권력의 집중을 꾀한 것이다. 당의 집행부서는 당 규약에 규정하지 않고 중앙위원회에서 결정할 수 있도록 해서 중앙위원회로 힘이 모이도록 했다. 당 조직을 집단적 관할하에 둔다는 의미로 당 조직위원회를 부활시켰다.

당중앙위원회 위원장은 김일성이 계속 맡고, 부위원장은 3명에서 5명으로 늘려 최용건·박정애·박금철·정일룡·김창만이 맡았다. 출신 정파는 다르지만 모두 김일성의 직계가 된 사람들이었다. 김일성이 부위원장의 수를 늘린 것은 부위원장의 힘을 떨어뜨리기 위한 것이었다. 집단지도의 모습은 강화하면서 힘이 소수 부위원장에 몰리는 것은 방지하자는 것이었다.

당중앙위원회 상무위원에는 김일성, 김두봉, 최용건, 박정애, 김일, 박금철, 림해, 최창익, 정일룡, 김광협, 남일 등 11명이 선출되었다. 김일성, 최용건, 김일, 김광협은 모두 만주파였다. 국내파의 박정애, 갑산파의 박금철과 리효순, 테크노크라트 정일룡과 리종옥, 소련파의 남일, 연안파의 김창만 등 계파별로 1~2명씩을 선출했다. 그러면서도 소련파의 유력 인물인 박창옥과 박영빈은 배제했다.

전체적으로 김일성의 헤게모니가 확립된 가운데, 연안파가 일정한 세력을 유지하면서 소련파는 세력을 크게 잃은 모양새였다. 그렇다고 해서 김일성이 절대권력을 행사할 수 있는 상황은 아니었다. 당중앙위원 71명 가운데에는 연안파 19명·소련파 9명이 있었고, 북한 지역 토착 국내 공산 세력인 국내파 9명, 남조선노동당 출신 7명도 있었다. 만주파는 8명이었다. 만주파와 가까운 갑산파가 3명이었다. 만주파와 갑산파를 합쳐도 11명에 불과했다. 최상부의 권력은 김일성으로 어느 정도 집중되었지만, 이를 받쳐주는 세력이 온전히 김일성 추종 세력은 아니었다.

외교의 다변화

초기 북한의 외교는 진영외교를 벗어나지 못했다. 소련의 도움으로 정부를 세우고 중국의 도움으로 전쟁을 치른 북한이 소련·중국과 거

김일성은 1955년 4월 인도네시아 반둥에서 아시아 · 아프리카 29개국이 국제회의를 열고 결속된 모습을 보이자, 비동맹국가들과의 교류를 강화할 필요를 느꼈다. 반둥회의에 참석한 자와할랄 네루(인도), 콰메 은크루마(가나), 가말 압델 나세르(이집트), 수카르노(인도네시아), 요시프 브로즈 티토(유고슬라비아).

리를 두는 자주적 외교를 하기는 어려웠다. 전쟁 후에는 경제 복구를 위해 소련과 중국, 동구 사회주의 국가들의 도움이 절실했다. 역시 진영외교를 벗어나지 못하게 하는 요소였다.

하지만 세계는 빠르게 변화하고 있었다. 제2차 세계대전 이후 아시아와 아프리카의 많은 나라가 독립해 유엔에 가입하면서 활동력을 강화하고 있었다. 이들은 미국과 서구 중심의 세계에 대해 비판적이었다. 당초 북한은 비동맹을 내세우는 신생국들을 '기회주의적으로 서방에 기생하는 반동국가들'이라고 비난했다. 하지만 1955년 4월 인도네시아 반둥Bandung에서 비동맹국가들이 국제회의를 열고 반제국주의와 반식민주의를 표방하며 결속된 모습을 보이자, 북한은 이 비동맹국가들과의 교류를 강화할 필요를 느끼게 되었다.

1955년 12월 28일 당 선전선동부문 책임일꾼회의에서 김일성은 북한의 사상 사업에 '주체'가 없다고 말하고 '주체'를 강화해야 한다고 강조했다. 이때 '주체'라는 말을 처음 거론했고, 인민을 위한 당 사업을 진행하면서 줏대 있게 해야 한다고 역설했다. 기본적으로는 당 내부를 향한 비판이었다. 그의 연설은 당의 간부들이 소련을 떠받들면서 소련식을 선호하는 것을 비판하는 내용도 포함하고 있었다. 대외적인 의존이나 사대적인 의식에서 벗어나야 한다는 주장이었다.

1956년이 되면서 자주성을 확보하려는 북한의 모습이 좀더 분명해졌다. 1956년 2월 소련공산당 제20차 대회에서 흐루쇼프가 스탈린을 비판하고 서방과의 평화공존을 주장하면서 소련과 중국의 관계가 소원해졌다. 북한은 스탈린을 비판하는 흐루쇼프 노선에 비판적인 입장을 취하면서도 비동맹국가들과의 외교를 확대하는 방안을 찾았다. 그런 과정에서 나온 것이 '다변화 외교'였다. 1956년 4월 제3차 당대회에서 '다변화 외교' 방침을 선언한 것이다.

김일성은 당대회 보고를 통해 "상이한 사회제도를 가진 나라들과의 평화공존에 대한 레닌적 원칙을 견지하며 자주권의 상호존중과 평등권에 입각하여 세계의 모든 평화 애호국들과의 정치적 · 실무적 관계를 맺기 위하여 노력하여야겠습니다"라고 말했다. 소련 · 중국 일변도에서 평화를 사랑하는 많은 나라와 교류를 확대하는 방향으로 외교 지향점을 변화시키겠다는 것이었다.

당대회가 열린 4월에 북한은 '대외문화연락위원회'라는 당 외곽단체를 설립했다. 지금도 존재하는 민간외교 담당기관이다. 비동맹국가들과의 외교를 강화하기 위해 새로 설립한 것이다. 1961년 9월 제4차 당대회에서 김일성은 사회주의 국가의 단결, 제국주의 진영에 대한 반대 투쟁과 함께 신생 독립국가에 대한 외교도 강조했다.

1960년대 중소 분쟁이 심화되는 상황에서 북한은 초기에는 스탈린의 개인숭배를 비판하는 소련과 거리를 두고 중국에 기울어진 모습이었다. 하지만 1966년 중국에서 문화대혁명이 시작되고 홍위병들이 김일성까지 비판하자, 북한은 1966년 10월 당대표자회에서 '내정 불간섭과 상호평등'을 내세우면서 '자주노선'을 선언했다. 이후 어느 한쪽에 치우치기보다는 실리를 확보하는 데 중점을 둔 외교가 북한 외교의 중요한 흐름이 되었다. 1956년 4월 당대회에서 선언한 '다변화 외교'는 이러한 흐름의 기원이 되었다.

8월 종파사건

제3차 당대회에서 김일성의 권력을 강화하긴 했지만, 반대 세력의 불만도 커져갔다. 개인숭배 문제에 대한 김일성 지도부의 얼버무리기식 태도가 불만을 부추겼다. 1956년 6월 1일 김일성이 전후 복구를 위한 지원 확보를 위해 동유럽과 소련 외유를 떠나자 불만은 더욱더 커졌다. 평양 주재 소련 대사 이바노프가 이를 독려했다.

당시 연안파의 최고 실력자였던 최창익에게 당중앙위원들을 결집해 김일성 대신 당중앙위원회 위원장 자리를 차지하고, 대신 김일성은 내각 수상직만 맡도록 하자는 제의까지 했다. 최창익은 이바노프가 거듭 제의하자 역시 연안파인 조선직업총동맹 위원장 서휘와 협의한 뒤 제의를 받아들였다. 이바노프는 박창옥 등 소련파에게도 김일성의 권력 집중은 문제가 있다는 소련의 입장을 전달했다.[1]

7월이 되면서 불만 세력은 반김일성연합을 형성했다. 주도 세력은 최창익, 서휘, 상업상 윤공흠, 황해남도 당위원장 고봉기 등 연안파였다. 박창옥·박의완·김승화 등 소련파, 리필규·류축운·오기섭 등 국내파가 가세했다. 7월 30일 열린 당의 부장과 부부장 회의에서는 당 부위원장 박금철과 박정애가 개인숭배 문제와 관련한 당의 잘못을 인정하기도 했다. 하지만 근본적인 변화가 나타나지 않았다.

반김일성 세력은 8월 당중앙위원회 전원회의를 기다렸다. 김일성을 당중앙위원회 위원장에서 물러나게 하겠다는 계획이었다. 8월 30일 드디어 평양예술극장에서 전원회의가 개최되었다. 7월 19일 장기 외유에서 돌아온 김일성이 성과를 보고하기 위해 마련한 자리였다. 김일성은 동독, 폴란드, 루마니아, 소련, 몽골을 방문해 3억 루블의 원조를 확보하고 귀국했는데, 이런 내용을 당에 보고하려고 했다. 하지만 연안파에게는 김일성을 공격하기 위해 기다리던 자리였다.

공격은 거침이 없었다. 윤공흠이 나섰다. 김일성의 개인숭배가 당에 심각한 문제를 일으키고 있다고 공격했다. 김일성의 독재적인 당 운영도 비판했다. '최용건이 당중앙위원회 결정도 없이 당중앙위원회 부위원장이 되었다', '정준택과 정일룡 등 친일파를 경제 관료로 중용했다' 등 누구도 공개적으로 말하지 못하던 것을 대놓고 거론하며 맹공을 가했다. 인민들은 헐벗고 굶주리고 있는데, 정부는 군수공업 중심의 중공업 우선 정책을 펴고 있는 데 대한 비판도 했다.

김일성 세력이 이를 두고 볼 리 없었다. 윤공흠은 단상에서 끌려내려왔다. 그에 대한 출당 논의가 이루어졌다. 반대한 사람은 서휘뿐이었다. 반김일성연합에 있던 이들도 침묵했다. 서휘와 리필규도 출당되었다. 최창익과 박창옥은 당직을 박탈당했다. 이것이 북한이 말하는 '8월 종파사건'이다. 지금까지 공식적으로 확인된 유일한 반김일성 운동이다.

최창익은 어떤 인물인가?

'8월 종파사건'을 주도한 최창익은 1896년 함경북도 온성 출생으로 일본 와세다대학 정치경제학과를 졸업했다. 귀국 후 서울에서 활동하면서 1923년 고려공산청년동맹에 참여했다. 1924년에는 조선청년동맹과 사회주의자동맹 등에 참여하면서 사회주의 운동을 계속했다. 만주와 연해주에서 활동하다가 1927년에 다시 귀국해 조선공산당 간부로 활동하다가 1928년 일본 경찰에게 체포되어 감옥살이를 했고, 1935년에 출옥한 뒤 중국으로 망명했다.

1936년 김원봉의 조선민족혁명당에 참여했지만, 탈당해 조선청년전위동맹을 결성했다. 1937년 12월 조선민족혁명당, 조선민족해방자동맹, 조선혁명자연맹과 함께 한인 통일전선단체 조선민족전선연맹을 출범시켰다. 이 단체의 군사조직인 조선의용대가 창설될 때 지도위원을

최창익은 조선민족전선연맹의 군사조직인 조선의용대에서 지도위원을 맡아 활동하기도 했다. 1938년 10월 10일 조선의용대 성립기념 사진.

맡았다. 1938년 말에는 중국공산당이 자리하고 있던 옌안으로 옮겨 활동했다. 1941년 화북조선청년연합회 결성에 주도적인 역할을 했고, 1942년 이를 조선독립동맹으로 개편해 김두봉 아래에서 부주석으로 활동했다.

해방 후 평양으로 들어가 1946년 조선신민당을 창당하고 부위원장이 되었다. 북조선공산당과 합당해 북조선노동당이 창립될 때에도 당중앙위원회 상무위원을 맡았다. 이후 내각의 재정상, 국가검열상, 부수상 등을 맡아 활동했다. 1956년에는 '8월 종파사건'을 일으켰다가 숙청되었다.

최창익은 사회주의 조직 활동을 하면서도 이론에 밝았다. 특히 사회주의 이론과 경제 이론에 관심을 기울였다. 그래서 매우 논쟁적인 인물이었다. 옌안에서 항일투쟁을 할 당시부터 특히 무정과 노선 싸움을 많이 했다. 무정은 실행과 실천을 중시했는데, 최창익은 이론을 실천 못지않게 중시했다. 조선독립동맹의 무장조직인 조선의용군의 정체성을 두고도 생각을 달리했다. 무정은 조선의용군을 중국공산당 산하에 두려고 했다. 최창익은 중국공산당과 분리된 채 독립적인 성격을 가져야 한다고 맞섰다. 결국 무정의 의견대로 중국공산당 소속이 되어 두 사람의 갈등은 수그러들지 않았다.

조선의용군의 생산 활동을 놓고도 다투었다. 조선의용군 사령관 무정은 필요한 식량과 생필품을 자체적으로 생산·조달했다. 산을 개간해 감자를 심고 물레를 돌려 실을 빼냈다. 이는 중국공산당이 무정을 높이 평가한 이유가 되기도 했다. 그러나 최창익은 생산 활동에 쓰는 시간을 아껴 정치학습과 군사훈련을 더해야 한다고 생각했다.[2] 역시 무정의 생각대로 조선의용군이 운영되어 최창익과의 갈등은 계속되었다. 그런 상태로 해방이 되고 귀국해 해방 정국에서 연안파는 분열하는 모습을 보였다.

그런 가운데서도 최창익의 이론적 능력은 발휘되어 1949년에는 그의 주도로 『조선민족해방운동사』가 편찬되었다. 이는 항일운동과 한국 공산주의 운동의 역사를 북한의 시각으로 정리한 것이다. 만주와 옌안에서의 투쟁 등을 모두 항일운동 역사의 주요 부분으로 포함하는 내용이었다. 김일성 세력이 만주 항일빨치산투쟁 중심으로 항일운동의 역사를 왜곡하기 전까지는 이 저술이 북한의 공식 사관 역할을 했다.

이론과 실제적 능력을 갖춘 최창익은 북한 정부 수립 이후에도 초대와 제3대 재정상을 맡으면서 김일성 정권에 참여했지만, 기본적으로 김일성의 중공업 우선 정책에는 반대했다.[3] 인민 생활의 개선을 위한 경공업과 농업에 정책의 우선순위를 두어야 한다고 생각했기 때문이다. 김일성의 개인숭배에 대해서도 비판적이었다. 특히 개인숭배의 부당성에 대한 문제의식을 분명히 했고, 이를 문제삼을 기회를 찾고 있었다. 그러던 중 평양 주재 소련 대사 이바노프의 독려와 재촉이 더해졌다. 최창익은 연안파 중 가까운 인물들을 모았고, 그 연대를 소련파와 국내파로 확대했다.

이러한 움직임을 최용건이 모두 파악하고 있었다. 최창익은 개인숭배를 문제삼아 김일성을 공식적으로 당중앙위원회 위원장에서 끌어내리기 위해 1956년 8월 전원회의를 이용하려고 했고, 김일성 세력은 최창익의 세력을 일망타진하기 위해 역시 전원회의를 활용했다. 정보와 세력이 모자라는 최창익이 김일성을 넘어서지 못했고, 그는 바로 그 회의에서 숙청되었다. 중국과 소련 덕분에 일시적으로 복직되었지만, 구속되어 박창옥 등과 함께 군사폭동음모 혐의를 받고 1960년에 처형되었다.

최창익은 허정숙의 남편이기도 하다. 허정숙은 허헌의 딸이다. 항일운동 당시 결혼한 두 사람은 입북 이후에는 소원한 관계였던 것으로 보인다. 허정숙은 최창익과 함께 옌안에서 평양으로 들어가 초대 내각의 문화선전상을 지냈고, 최창익이 숙청된 이후에도 사법상, 최고재판소장, 당중앙위원회 비서, 조선민주여성동맹 중앙위원회 비서장, 조국통일민주주의전선 의장 등을 지내다가 1991년에 사망했다.

연안파와 소련파 숙청

'8월 종파사건'은 주동자 몇 사람에 대한 처벌로 끝나지 않았다. 신변의 위험을 느낀 윤공흠, 서휘, 리필규, 문화선전부 부상 김강 등이 압록강을 넘어 중국으로 망명했다. 전원회의 첫날 회의장을 빠져나와 김강의 차를 탄 이들은 밤을 이용해 압록강가에 도착했다. 낚시질을 하는 몇 사람이 있었는데, 마침 그중 한 사람이 윤공흠과 안면이 있었다. 그를 통해 거룻배를 한 척 구해 압록강을 건넜다.

중국과 소련이 '8월 종파사건'의 내용을 전해 듣고 간섭하기 시작했다. 9월 15~27일 열린 중국공산당 제8차 전국대회에 소련 대표로 부수상 미코얀이 참석했다. 마오쩌둥은 미코얀에게 사건의 내막을 조사하기 위해 공동 대표단을 파견하자고 제의했다. 미코얀은 흐루쇼프에게 건의하고, 흐루쇼프도 동의해 중국의 국방부장 펑더화이와 소련의 미코얀이 북한에 파견되었다.

펑더화이는 6 · 25 전쟁 때 파병된 중국군의 총사령관이었고, 미코얀은 동유럽의 개인숭배 문제도 부정적으로 보면서 이를 수정하기 위해 동분서주하던 인물이었다. 김일성으로서는 상대하기 쉽지 않은 사람들이었다. 중국과 소련이 이들을 파견할 때에는 김일성을 당중앙위원

회 위원장에서 해임시킬 것까지 계획하고 있었다.[4]

평양에 들어온 이들을 대하는 김일성은 유순했다. 이들의 요구를 수용할 태세였다. 펑더화이와 미코얀도 김일성을 당중앙위원회 위원장에서 해임하는 것은 어렵다는 것을 알았다. 당중앙위원회가 김일성 세력으로 구성되어 있었기 때문이다. 중국과 소련 대표단은 8월 전원회의 결정을 재고해달라고 요청하고 돌아갔다. 9월 23일 다시 당중앙위원회 전원회의가 열렸다. 여기서 김일성은 8월 전원회의 결정을 번복했다. 최창익과 박창옥을 당중앙위원으로 복직시켰다. 윤공흠, 서휘, 리필규는 복당시켰다. 중국과 소련의 격분을 무마하기 위한 조치를 취한 것이다.

그러나 김일성은 곧 반격에 나섰다. 1956년 말이 되어가면서 소련과 중국이 더는 북한 국내 문제에 개입할 여지가 없어지자, 김일성 세력은 반김일성 세력에 대한 반격을 시작한 것이다. 1956년 10월 헝가리에서 민주화운동이 발생해 소련은 이를 무마하기 위해 그곳에 관심을 기울일 수밖에 없었다. 또 소련과 중국의 갈등이 심화되면서 중국과 소련은 북한을 자신들 쪽으로 끌어당기기 위해 노력하게 되었다. 그러면서 김일성은 운신의 폭이 넓어졌다.

김일성은 '8월 종파사건' 이전까지만 해도 주로 내각 수상의 역할에 신경을 많이 썼다. 전쟁 이후 폐허에서 벗어나기 위해서는 북한을 경제적으로 복원하는 일이 중요했고, 이를 위해 내각을 통할하고 실제 건설과 경제 재건 사업을 진행하는 데 더 관심을 기울일 수밖에 없었다. 하지만 '8월 종파사건'을 겪고 나서는 당 사업의 중요성을 새삼 깨닫고

당의 일을 직접 장악·지휘하기 시작했다.

1956년 10월부터 김일성은 각 도 당위원회를 소집해 종파주의 비판에 나섰다. 11월에는 민주청년동맹 중앙위원들을 모아놓고 최창익, 윤공흠, 리필규, 서휘 등을 반당종파분자라고 공격했다. 11월 21일에는 소련 대사 리상조를 소환했다. 그는 '8월 종파사건' 직후 흐루쇼프에게 편지를 보내 사건에 개입해 해결해줄 것을 요청한 인물이었다. 김일성의 소환에 위험을 감지한 리상조는 응하지 않고 소련으로 망명해버렸다.

1956년 12월부터 1957년 5월까지는 당 전체를 상대로 당증 교환 사업을 실시했다. 군 당위원회에 '당증 교환 사업 그룹'을 조직해 이 그룹이 당원들을 면담하고 사상을 확인하는 방식이었다. 그렇게 대대적인 사상 확인 작업을 거쳐 당성이 약한 당원들은 철저하게 걸러냈다. 12월 11~13일 당중앙위원회 전원회의에서도 김일성은 최창익 등을 반당종파분자라고 맹렬하게 비난했다.

당증 교환 사업과 동시에 당중앙위원회가 나서서 지방당에 대한 집중지도를 시작했다. 규율이 해이해진 지방당에 대해서는 질책하고 문책하는 작업을 전개한 것이다. 평안남도당에 대한 집중지도 검열을 시작으로 전국의 도·시·군의 당위원회가 집중지도를 받았다.

이와 같은 숙청 작업은 1960년까지 계속되었다. 그 과정에서 연안파와 소련파를 중심으로 200여 명이 체포되고 숙청되었다. 그중 상당수는 처형되었고, 소련파 250여 명은 소련으로 돌아갔다. 최창익과 박창옥 등은 1960년 1월 재판을 받고 총살형에 처해졌다. 이때 총살형을 선고받은 사람은 20명이었고, 15명은 장기징역형을 선고받았다.[5] 국내파와 남조선노동당 세력이 제거된 이후 연안파와 소련파까지 숙청됨으로써 북한 지도부는 이제 김일성을 철저히 추종하는 만주파 위주가 되었다. 다만, 박금철을 위시한 갑산파가 만주파를 따르면서 그 아래를 받치고 있었다.

조선인민군 8만 명 감축

북한은 지금까지 남한에 여러 차례 군축을 제의했고, 군축에 관한 토의도 제안해왔다. 대부분은 평화 애호국가임을 내세우려는 대외 전략 차원에서 이루어진 제안이었다. 하지만 북한이 실제로 군을 줄인 경우도 있다. 1956년 5월 31일 8만 명 군축을 선언하고 실제로 8월 말까지 줄인 것이다. 북한 역사에서 지금까지 딱 한 번 실행한 군축이다.

북한은 군축 선언 이후 신속하게 군을 줄였는데, 사병과 하사관만이 감축 대상이었다.[6] 구체적인 대상은 만 25세 이상이거나 1949년 12월 30일 이전에 입대한 사병과 하사관이었다. 나이가 많거나 군생활을 7년 이상 한 군인들을 전역시킨 것이다. 전역자들은 가족이 있는 곳으로 가든지, 아니면 시·군 인민위원회의 군사동원부에 신고하고 노동과에서 배치해주는 곳으로 가서 일을 하게 되었다.

중국에서 조선의용군에 지원했다가 북한으로 들어온 군인들도 이때 전역하는 사람이 많았다. 8만 명의 10퍼센트 정도는 그런 사람들로 전역 후 대부분 중국으로 돌아갔다. 전쟁 중 남한에서 조선인민군에 지원한 사람이나 포로가 되었다가 조선인민군에 들어간 사람도 있었는데, 이들은 공장에 배정되거나 송도정치경제대학에 배치되어 대남 요원으로 양성되었다. 송도정치경제대학은 전쟁 후 남한 출신들을 대남 간부로 양성하기 위해 개성시에 만들어진 대학으로 4년제였다. 당 조직지도부 양성과가 직접 관할했다. 지금은 없어지고 그 자리에 송도사범대학이 들어가 있다.

사병·하사관 감군과 함께 장교들에 대한 선별 작업도 동시에 진행되었다. 우수한 장교들에 대해서는 군사정치학교에서 교육을 받도록 했다. 1956년 8만 명 감군 당시 제6사단 제15연대 제1대대장이 김우라는 소좌였는데, 20대 후반의 능력 있는 장교였다. 그는 육군대학으로 보내져 고급 교육을 받게 되었다. 반대로 나이가 들었거나 능력을 인정받지 못한 장교들은 공장이나 기업소에 배치되었다. 이즈음 북한은 생산 현장에 준군사조직을 만들었는데, 직원이 1,000명 미만인 공장이나 기업소와 광산 등은 대대로, 1,000~5,000명 사이는 연대로, 그 이상은 사단으로 편성하고, 현역 장교들을 배치했다.

이렇게 일부 장교들을 직장의 군사 지휘관으로 보내 정기적으로 군사훈련을 시켜 예비군으로 확보해놓은 것이다. 실제로 제6사단 제15연대 제2대대장 강용욱 소좌는 평양에 있는 기업소의 지휘관으로 갔다. 30대에 중국에서 조선의용군으로 입대해 당시에는 40세가 넘었다. 이렇게 계급에 비해 나이가 많은 장교들을 생산 현장의 군사 지휘관으로 보낸 것이다.

8만 명을 줄였지만, 군단이나 사단의 수를 줄이는 개편은 하지 않았다. 그 대신 소속 병력을 줄였다. 전쟁 전에는 보병 중대 병력이 170명이었는데, 전쟁 당시 100명 정도로 유지되었고, 8만 명 감군 이후에는 80명으로 줄었다. 그러면서도 포병과 기계화부대는 오히려 늘렸다. 양은 줄이면서 질은 강화하려는 것이었다. 각 보병사단에는 포병연대가 하나씩 있었는데, 포병연대를 하나씩 더 신설했다. 제6사단도 120미리 박격포 36문을 보유한 포병연대가 있었는데, 비슷한 규모의 포병연대를 하나 더 창설했다.

이렇게 북한이 일방적 감군을 실행한 것은, 첫째는 경제 건설에 필요한 인력을 확보하기 위해서였다. 공장과 농장에서 생산 배가운동을 계속해야 하는 상황인데, 일할 수 있는 남성 인력은 부족했다. 그리고 대규모 군을 유지하는 것은 정부 예산에 큰 부담이었다. 당시 정부 예산의 70퍼센트를 경제 건설에 쏟아붓고 있었고, 대외 원조는 점점 줄어드는 상황이었다. 남한도 1958~1960년 두 차례에 걸쳐 12만 명을 감축했는데, 역시 경제 건설 인력 확보와 예산 절감을 위해서였다.[7] 둘째는 대외적인 선전 효과를 위한 것이었다. '전쟁이 아니라 평화를 원한다'는 메시지를 대외에 전하려고 한 것이다. 당시 감군을 관영 언론들이 대대적으로 보도한 것은 이런 이유 때문이다.

초등의무교육 실시

　북한은 1949년 9월 최고인민회의 제1기 제4차 회의에서 1950년 9월 초등의무교육을 전면적으로 실시하겠다고 밝혔다. 이때까지는 남침 계획을 구체화하지 못했기 때문에 이런 계획이 가능했다. 하지만 1950년 6월 전쟁이 발발하고 의무교육제도는 연기되었다. 그렇게 연기된 '전반적 초등의무교육'이 1956년 8월에 시행되었다. 4년제의 인민학교(초등학교) 교육을 의무화한 것이다(남한은 1950년 6월 6 · 25 전쟁 직전 초등의무교육제가 실시되었다).

　초등의무교육이 실시됨에 따라 북한에서도 만 6세의 모든 어린이를 학교에 보내야 했다. 새 학년은 4월 1일에 시작하고, 한 반에 60명 정도였다. 1교시는 45분으로 운영했다. 인민학교가 농촌 지역에는 리 단위마다 1개씩 세워졌고, 도시 지역에는 1~2개 동(洞)에 하나씩 지어졌다.

　초등의무교육에 이어 2년 후인 1958년 10월에는 중등의무교육도 시행했다. 인민학교 4년과 초급중학교 3년, 모두 7년 교육을 의무화한 것이다. 1967년 4월부터는 '9년제 기술의무교육'을 실시했다. 인민학교 4년과 고등중학교 5년 동안 의무교육을 실시하면서 기술교육을 강화했다. 노동을 할 수 있는 17세가 될 때까지 국가가 책임지고 무료의무교육을 실시하도록 한 것이다. 전기와 기계의 기초기술에 관한 지식을 가르쳐 한 가지 이상의 기술을 습득할 수 있게 하려는 취지였다.

　1968년부터는 새 학년의 시작이 4월에서 9월로 바뀌었고, 1972년 9월부터는 '9년제 기술의무교육'이 폐지되고 '전반적 11년제 의무교육'이 실시되었다. 1년간의 유치원, 4년제 인민학교, 6년제 중학교 교육을 의무적으로 하게 한 것이다. 종전에는 소련식 교육제도를 따라가는 경향이 있었으나, 거기서 벗어나 나름의 교육제도를 수립해 시행한 것이다.

1997년부터는 다시 새 학년의 시작을 4월로 하는 것으로 바꾸었고, 2002년 9월부터는 '인민학교'를 '소학교'로, '고등중학교'를 '중학교'로 개칭했다. 2012년 9월에는 최고인민회의 의결을 통해 '전반적 12년제 의무교육'을 실시하겠다고 밝혔다. 교육 기간이 늘어나는 만큼 학생 수가 많아져 준비가 필요했다. 몇 년간 전국적으로 1,000여 동의 교사校舍를 추가로 건설하고 7,000여 개의 교실을 새로 마련해 2016년 4월부터 '12년제 의무교육'을 시행했다. 이전과의 차이는 소학교 교육이 1년 늘어난 것이다. '유치원 1년, 소학교 4년, 중학교 6년'이던 것을 '유치원 1년, 소학교 5년, 초급중학교 3년, 고급중학교 3년'으로 바꾼 것이다.

북한은 의무교육을 1년 늘려 12년 의무교육을 실시한 것에 대해 지식경제 시대 교육 발전의 현실적 요구와 세계적 추이에 맞게 교육의 질을 높이기 위해서라고 밝힌 바 있다. 1년 늘어난 시간만큼 강화된 교육이 있는데, 주로 김일성・김정일의 활동에 대한 교육과 영어 교육이 강화되었다. 특히 영어는 그동안 '외국어'라는 이름으로 편성되었지만, '영어'라고 분명하게 밝히고 수업시간도 늘어났다. 이러한 변화에서 북한 나름의 주체적인 교육과 변화하는 세계에 적응할 수 있는 교육을 강화하려는 방침을 엿볼 수 있다.

지방인민회의 선거

1956년 11월에는 6·25 전쟁 이후 첫 선거가 치러졌다. 9월 4일 최고인민회의가 인민회의 선거는 11월 20일, 도·시·군 인민회의 선거는 11월 27일에 실시한다고 발표하면서 본격 준비에 착수했다. 선거 전반을 관장하는 선거위원회가 지역별로 구성되었다. 당의 지방조직과 지방인민위원회의 주요 인물들이 선거위원을 맡았다. 개성시를 보면, 선거위원장은 개성시 인민위원회 부위원장이 맡고, 선거위원회 부위원장은 개성시당 부위원장이 되었다. 개성시 직업동맹위원회 위원장, 여성동맹 위원장, 민주청년동맹 부위원장, 농업협동조합 관리위원장, 시장의 자치위원회 위원장 등이 선거위원으로 참여했다(『개성신문』, 1956년 9월 20일).

10월이 되면서 지방인민위원회들은 결산보고를 하면서 선거 분위기를 고조시키고, 선거구별로 후보자들을 결정했다. 18세 이상의 주민이면 모두 후보가 될 수 있었다. 하지만 당이 주도해 선거구별 후보를 찾아 정했다. 지역 사업을 다루는 자리인 만큼 당성이 투철하면서 지역이나 직장에서 명망 있고 주민들과 잘 어울리는 사람들이 지방인민회의 대의원 후보로 추천되었다. 1946년 11월 첫 선거 이래로 북한에서 선거는 하나의 명절과 같은 행사로 자리를 잡았다. 1956년 11월 선거도 그런 분위기였다. 1956년 11월 20일자 『개성신문』은 이를 잘 전하고 있다.

"내일이 선거날이지? 언니는 또 새옷을 해 입었구려." 옥선이가 이렇게 말하자 길운이는 "응, 요 며칠 전 백화점에 가서 새로 끊어다 해 입었어." "언니는 참명절보다 더 잘 차렸구먼." "명절보다라니……. 정말 명절이지, 우리 살림이 이렇게 피게 해준 주권기관을 선거하는 날인데."

이렇게 축제 분위기 속에서 11월 20일 리 인민회의 선거가 실시되었고, 전국에서 모두 5만 4,279명의 리 인민회의 대의원이 선출되었다. 27일 치러진 도·시·군 인민회의 선거에서는 9,346명의 대의원이 당선되었다. 도 인민회의 대의원 당선자들을 직업별로 보면, 협동조합 농민이 28.4퍼센트로 가장 많았고, 다음으로 노동자가 27.2퍼센트, 사무원이 23.1퍼센트, 인텔리가 7.3퍼센트 등의 순이었다.

남한이었다가 북한에 편입된 이른바 신해방지구인 개성 지역(개성시, 개풍군, 판문군)에서도 처음으로 북한식 선거가 실시되었다. 개성시는 새로 선출된 개성시 인민회의 대의원 가운데 기업가와 상인의 비율이 9.8퍼센트로 전국 평균 3퍼센트(도 인민회의 대의원 당선자)보다 훨씬 높았다. 다른 지역에 비해 사회주의화의 진행 속도가 느렸음을 알 수 있다. 또, 농업협동조합원보다 생산협동조합원의 비율이 높았는데, 이는 개성시가 전통적인 상공업 중심 지역이었기 때문이다.

개풍군과 판문군에서는 각각 3명의 개인농이 인민회의 대의원에 선출되었는데, 이는 협동화의 진행 단계에서도 개인농을 배척하고 핍박하기보다는 포용하면서 협동화에 참여시키려는 정책이 실시되었기 때문으로 보인다.

12월에는 선출된 대의원들이 제1차 인민회의를 개최하고 행정기관인 인민위원회를 구성했다. 개성시에서는 제1차 인민회의가 12월 18~19일에 열렸다. 여기서 인민위원회 위원장과 부위원장, 11명의 인민위원이 선출되었다. 이들이 개성시의 실무 행정을 담당했다.

농업협동화 반대 운동

상층부에서는 숙청의 소용돌이가 몰아치는 가운데에서도 지방에서는 본격적 사회주의화에 대한 저항도 나타났다. 북한은 사회주의화의 주요 요소로 농업협동화를 1954년 1월부터 추진했다. 1955년을 거쳐 1956년에는 전면적으로 농업협동화를 추진하고 있었다. 그런데 1956년 말 북한 당국이 심각하게 우려할 만한 사건이 발생했다. 농업협동화에 반대하면서 협동조합에서 탈퇴하는 농민들이 생겨난 것이다. 황해남도와 개성시 등 6·25 전쟁 이전에는 남한 땅이었던 '신해방지구'에서 주로 발생했다. 이 지역 농민 가운데서도 형편이 좋은 부농과 중농들이 1956년 결산 분배가 완료되자 협동조합에서 탈퇴했다. 특히 황해남도 배천군에서 이런 현상이 심해 '배천바람'이라고 불렸다.

북한 당국은 대대적인 단속에 나섰다. 농민들에 대한 사상 검토를 실시하고, 조합에 가입하지 않은 부농과 조합을 파괴하려고 한 농민들을 가려내 이른바 '악질 부농'으로 규정하고 처벌했다. 사태 악화에 대한 책임을 물어 황해남도 당위원장 고봉기와 황해남도 인민위원장 백순제, 개성시 인민위원장 리달진 등을 해임하고 처벌했다.

1957년 4월부터는 황해남도 당 조직에 대한 중앙당의 집중지도가 시작되었다. 중앙당에서 요원들이 파견되어 도·시 당 간부와 군 당위원장들을 집중 교육했다. 교육받은 군·당의 지도요원들은 다시 리 당위원장에 대한 사상 교육을 실시했다. 교육 내용은 고봉기의 반당 행위, 박헌영·리승엽 영향의 잔재 등을 비판하는 것이었다. 김일성도 주요 회의에 참석해 '반혁명분자들과의 투쟁'을 강조하고 '혁명적 경각성'을 촉구했다.

5월에는 '배천바람'의 현장 배천군에서 공개 재판을 통해 협동화 반대 세력 가운데 4명을 처형하기까지 했다. 재판은 농민 수천 명이 모인 가운데 진행되었다. 피고 4명은 전쟁 당시 남한군이 조직한 단체에 가입해 주민들을 고문·학살한 적이 있고, 허위로 자수해 농민들 속에서 살면서 간첩 활동을 해왔다고 했다. 그 가운데 1명은 농업협동조합의 관리위원장이 되어 협동화 사업을 방해하는 작업을 해왔다고 했다. 4명 모두 사형을 선고받고 농민들이 지켜보는 가운데 처형되었다.[8] 개성시에서도 비슷한 공개재판이 진행되어 피고인이 미 정보기관의 간첩 혐의로 처형되었다.

이렇게 북한은 '배천바람'을 계기로 농촌에 대한 전반적인 사상 단속과 비협조적인 부농·중농에 대한 처벌을 하면서, 한편으로는 농업협동화 사업에 더욱 박차를 가했다. 그 결과 1958년 8월에 농업협동화가 마무리되었다.

천리마운동의 시작

천리마운동이 본격화된 것은 1959년 3월 '천리마작업반운동'이 시작되면서부터다. 하지만 그 시작은 따로 있었다. 바로 1956년 12월 당 중앙위원회 전원회의다. 이 전원회의에서 대중적 열의를 동원해 대대적 증산운동이 결의된 것이다. 이런 결의가 나온 것은 당시 경제적 사정이 좋지 않았기 때문이다. 1956년 말 북한은 1957년부터 시작되는 제1차 5개년 계획을 구체적으로 세우려고 했다. 하지만 이 계획을 실현하기 위한 자금 조달이 어려워졌다. 전쟁 후 비교적 많았던 대외 원조가 급감했다. 이전까지 연평균 200억 원 정도였던 원조가 1957년에는 140억 원으로 줄어들었다. 게다가 임금 인상으로 추가적으로 지출해야 하는 자금이 100억 원 정도 예상되는 상황이었다.

이러한 상황에서 1956년 12월 11~13일 당중앙위원회 전원회의가 열렸다. 이 회의에서 5개년 계획을 모두 작성하는 것은 미루고 1957년 계획만을 확정했다. 경제발전 노선은 중공업 우선 정책을 지속하기로 했다. 금속, 석탄, 화학, 기계 등을 중심으로 한 중공업 발전을 추진한다는 노선이었다. 그러면서도 경공업과 지방 생산기업소의 생산성을 제고하고 설비를 최대한 활용해 인민 생활의 향상도 꾀하기로 했다. 공업 부문에서 국가계획 이외에 40~50억 원 정도의 증산, 농업 부문에서 5만 톤 이상의 추가적 수확을 추진하기로 한 것이다.

문제는 어떻게 증산을 하느냐 하는 것이었다. 전원회의는 "내부 원천을 적극 탐구·동원하고 물자 소비와 재정 지출에서 엄격한 절약제를

김일성은 강선제강소를 방문해 근로자들에게 '혁명의 영도 계급은 노동계급'임을 강조하면서 사회주의 건설의 대고조를 독려했다. 강선제강소를 현지 지도하는 김일성(맨 오른쪽).

확립하며 노동력을 절약하는 운동을 전 당적이고, 전 인민적으로 추진할 것"을 결의했다(『로동신문』, 1956년 12월 15일). 노동력과 물자를 최대한 동원하고 지출은 최대한 절약한다는 것이었다. 이른바 '천리마식' 증산이었다. 전원회의 후 김일성은 생산 현장에 다니면서 '천리마를 탄 기세로 달리자!'는 구호를 내세우며 혁명적 열의를 발휘해줄 것을 당부했다. 부족한 국가 자원은 우선 중공업에 투입해 높은 성장률을 낼 수 있도록 하고, 경공업과 농업의 발전은 인민들의 노력으로 성취하려는 전략이었다. 북한은 인민경제발전 5개년 계획의 첫해인 1957년에 경제적인 성과를 내기 위해 대대적인 집단 혁신운동을 벌여야 하는 상황이었다.

김일성은 평안남도 남포시에 있는 강선제강소에 내려가 현지의 근로자들을 상대로 '혁명의 영도 계급은 노동계급'임을 강조하면서 사회주의 건설의 대고조를 독려했다. 당과 정부의 간부들은 지역을 나누어 공장과 기업소, 협동농장을 시찰했다. 중앙당 차원에서 집중지도그룹도 구성해 지방당 조직에 대한 지도와 교육도 실시했다. 생산 현장에서는 종업원총회와 열성자회의 등이 소집되어 계획을 초과 달성하자고 결의하기도 했다. 공장과 기업소들은 비축되어 있는 물자를 내놓고, 원료 효율을 최대화할 수 있는 공정을 개발하면서, 근로자들을 최대한으로 동원해 생산성을 높이는 방향으로 운영했다.

그 결과 1957년 공업생산은 정부계획을 17퍼센트 초과해서 달성했다. 1957년 12월에도 정부가 계획을 세운 뒤 당이 나서서 초과 목표를 제시하고 이후 군중대회를 통해 증산을 결의하는 형태로 경제계획이 진행되었다. 1956년 12월 전원회의와 그에 따른 대대적인 증산운동으로 이후 북한의 경제계획 작성의 메커니즘이 정리된 것이다. '정부의 계획 작성·당의 증산 목표 설정·현장의 증산 결의'라는 형식이다. 정부가 우선 통계자료를 활용한 경제계획을 작성해 당에 제출하면 당은 노력 동원을 감안해 추가적인 목표를 제시하고, 노동자와 농민들이 목표 초과 달성을 결의하는 형태다. 이른바 '경제계획 작성에서의 군중노선'이다.⁹ 이런 식으로 북한은 매년 정부계획보다 초과 달성했다고 발표했다.

조선인민군

정치장교가 본

1956년

조선인민군 정치장교로 오랫동안 근무한 여정은 보병연대의 정치 부연대장과 포병연대의 정치 부연대장 등을 거쳐 1956년 초에는 공병여단의 정치 부여단장을 맡고 있었다. 나이는 31세였고, 남한군 계급으로 따지면 중령 정도 되었다. 정치 부여단장은 여단의 정신교육을 책임지면서 조선노동당의 지시 사항을 부대 내에 전달하는 역할을 하는 직책이었다.

1956년 3월 어느 날이었다.[10] 여정은 따사로운 햇살을 받으며 집무실에서 일을 하고 있었다. 그런데 갑자기 당직사관이 "부대 차렷!" 하고 소리쳤다. 곧 당직사관이 뛰어들어왔고 그를 따라 특종병 정치부장을 맡고 있던 김단이 들어왔다. 그의 계급은 소장(한국군 준장)이었다. 김단은 정치 부중대장 이상 당원 간부들을 소집해달라고 말했다. 여정은 해방 전까지 북한에 있다가 해방 직후 만주로 건너가 조선의용군에 가입했다가 북한으로 들어가 조선인민군 장교가 되었으니 연안파에 속한다고 할 수 있지만, 소련파 김단과도 어느 정도 친밀한 관계를 유지하고 있었다. 간부들이 모이기를 기다리는 사이 김단은 앞으로 공산주의 사회에서 개인숭배는 없어질 것이며 김일성 수령에 대한 만세도 부르지 않게 될 것이라고 여정에게 말해주었다.

얼마 지나지 않아 간부들은 회의실에 모였다. 회의실 앞에는 소대장 2명이 보초를 서도록 했다. 김단은 문건 2개를 꺼냈다. 절대 비밀이라며 아내한테도 말하지 말라고 경고했다. 하나는 '스탈린의 개인숭배와 그 후과'라는 문건이었다. 소련공산당 제20차 대회에서 흐루쇼프가 스탈린을 비판한 내용이었다. 간부들은 조심스럽게 읽었다. 스탈린이 독재자와 폭군으로 묘사되어 있었다. 숙청에 따른 비극적인 결과들도 적혀 있었다.

또 하나는 '조선노동당 중앙위원회 3월 전원회의 결정'이라는 문건이었다. 개인숭배를 일부 인정하고 앞으로 개인숭배 현상이 나타나지 않도록 하기 위한 당 조직의 과제가 제시되어 있었다. 이 문건들은 리 당위원장 이상의 당 간부들에게도 전달되었다. 그러면서 김일성에 대한 개인숭배가 일시 자제되는 분위기였다.

여정은 제3차 당대회에 참여하는 평안남도 당 대표로 선출되어 당대회 전 열리는 도당 대표대회에도 참가했다. 1956년 4월 평양 마오쩌둥광장에 있던 평남도당 청사에서 대표대회가 열렸다. 당중앙위원회 부위원장 박금철과 평안남도 당위원장 김만금이 연설했는데, 이전과는 좀 다른 모습이었다. 김일성을 언급하는 횟수가 줄었고, 수식어도 훨씬 간단해져 있었다. 수령이란 호칭이 2월 하순 사라졌다가 3월 중순 다시 쓰이고는 있었지만, 여전히 조심하는 분위기는 남아 있었다.

이렇게 1956년 2월 소련공산당 제20차 대회와 3월 조선노동당 중앙위원회 전원회의 직후 김일성 세력이 자숙하는 분위기였지만, 그것이 근본적인 변화는 아니었다. 4월 제3차 당대회를 겪으면서 개인숭배와 관련해서는 '우리에게 문제는 없다'는 태도를 분명히 하고, 개인숭배를 배척하던 소련과 연계되어 있던 소련파와는 한층 더 거리를 두게 되었다. 소련파는 배제되어갔고, '8월 종파사건' 이후에는 연안파와 함께 숙청 대상이 되었다. 연안파인 여정은 1959년에 제15사단 정치위원까지 했지만, 종파분자로 몰려 10년간 감옥살이를 했다. 석방 후 1969년에 탈북해 중국 헤이룽장성黑龍江省 무단장牡丹江에서 살았다.

1957년

제8장

×××

전 사회적 사상 검증과 숙청

집단지도 체제

북한은 '8월 종파사건' 이후 당을 중심으로 사상 단속에 나서면서도 한편으로 집단지도 체제로 가볼까 하는 고민을 했던 것으로 보인다. 소련과 중국의 요구가 그것이었고, 김일성의 일인 독재화에 반대하는 세력을 무마하는 방안으로 효과적일 수 있기 때문이었다. 1956년 12월 말 평양 주재 소련 대사 이바노프의 보고서에 관련 내용이 있다.[1]

이 보고서에 따르면, 소련과 중국의 압력으로 최창익과 박창옥 등을 복직시킨 1956년 9월 당중앙위원회 전원회의 이후 당 하부의 비판이 어느 정도 과감해졌다. 집단지도 원칙이 당의 실제 사업에서 빈번하게 나타나기 시작했다. 당의 선전이나 문예 사업에서 김일성 개인숭배도 자제되는 분위기였다. 당과 정부의 문제들이 집단적으로 결정되기 시작했고, 지도부를 비판하는 사람들에 대해서도 인내심이 발휘되기 시작했다. 이렇게 이바노프의 보고서는 1956년 9월 전원회의 이후 북한이 소련공산당 제20차 대회 직후와 같이 어느 정도는 자숙하는 모습이 되었고, 그 속에서 집단지도 체제의 움직임도 있었다고 적고 있다.

이바노프의 후임으로 1957년 4월 알렉산더 푸자노프Alexander Puzanov가 평양 주재 소련 대사로 부임했다. 그의 비망록에도 집단지도 체제와 관련된 내용이 있다. 이 비망록에 따르면, 푸자노프가 4월 9일 김일성을 만났다. 1956년 9월 당중앙위원회 전원회의에서 최창익과 박창옥 등을 복직시키도록 소련과 중국의 간섭이 있었기 때문에 김일성이 소련에 대해 어떤 태도를 갖고 있는지 궁금했다. 김일성은 이에 대해 "북한에 반소 분위기는 없다"고 설명했다.

소련은 '9월 전원회의' 간섭 이후에도 북한에 집단지도 체제를 도입하는 문제에 관심을 갖고 있었다. 김일성은 당중앙위원회 위원장을 맡고, 최용건이나 김일이 수상을 맡는 체제를 고려하고 있었다. 7월 5일에는 푸자노프가 외무상 남일을 만났다. 남일은 점진적으로 집단지도 체제로 전환하는 것이 옳다고 주장했다. 우선은 김일성이 당위원장과 수상을 모두 맡고, 당중앙위원회에 제1비서직을 신설해 김일을 선출한 뒤, 2~3년 후 김일에게 수상을 맡기자는 방안이었다.

7월 12일에는 푸자노프가 소련파 박의완과 만났다. 그도 김일성이 소련에 대한 "우호적인 태도를 취하고 있다"고 말했다. 소련이 집단지도 체제를 생각하고 있는데도 비판적인 태도가 아니라는 것이었다. 7월 29일에는 푸자노프가 박정애를 만났다. 박정애는 그 자리에서 김일성이 당위원장과 수상을 계속 겸임할 수도 있지만, 김일성이 당위원장을 맡아 당 사업에 집중하고, 수상은 김일, 최고인민회의 상임위원장은 최용건이 맡는 방안도 있을 수 있다고 말했다.

소련은 당시 세계의 공산국가들이 새로운 시대를 맞아 개인숭배를 배격하고 집단지도 체제로 변화하기를 바랐다. 그런 차원에서 북한의 '8월 종파사건'에 간섭하고 집단지도 체제 도입을 요구했던 것이다. 여기에 부응해 김일성 세력도 집단지도 체제에 대한 고민은 했던 것으로 보인다. 남일과 박정애의 이야기가 이를 잘 보여준다. 하지만 이들이 생각한 것은 김일성이 당위원장을 맡고, 그의 최측근을 수상이나 최고인민회의 상임위원장에 앉히는 것이었다. 김일성의 측근인 김일이 수상을 맡고 최용건이 최고인민회의 상임위원장을 맡을 수 있다는 것이다. 이는 견제와 균형을 가능하게 해주는 진정한 집단지도 체제는 아니었다. 다만 소련의 요구에 답하는 차원에서 생각해낸 '형식적 집단지도 체제'였다고 여겨진다.

소련의 반당그룹 축출과 중국의 정풍운동

눈을 바깥으로 돌려 당시 소련을 보면, 소련도 큰 정치적 회오리를 겪고 있었다. 1957년 6월 22~26일 열린 당중앙위원회에서 흐루쇼프 세력은 말렌코프와 몰로토프와 라자르 카가노비치Lazar Kaganovich를 반당그룹으로 규정하고, 그들은 중앙위원과 상무위원에서 해임했다. 이들이 흐루쇼프를 몰아내려고 했는데, 이 시도가 실패하자 오히려 흐루쇼프가 반격한 것이다. 이 소식이 북한에 전해졌다. 7월 6일 조선노동당은 소련공산당의 대응을 "당의 사상의지와 행동상 통일을 파괴하려는 종파적 행위를 과감하게 극복하고 당 대열의 순결성을 수호하기 위한 정당한 조치"라고 치켜세웠다.

이러한 움직임은 앞에서 본 집단지도 체제 이슈와 비슷한 시기에 나타났다. 소련의 요구는 집단지도 체제지만, 소련에서 진행되는 상황은 김일성 독재 체제를 재촉하는 신호를 주고 있었다. 당시 북한의 권력 내부는 이러한 상충된 메시지를 놓고 매우 혼란스러웠을 것으로 보인다.

그즈음 중국의 상황도 볼 필요가 있다. 중국은 소련보다 조금 이른 시점부터 비슷한 일을 겪고 있었다. 1957년 4월 중국공산당이 '정풍운동에 관한 지시'를 발표하면서 정풍운동은 본격화되었다. 정풍운동은 공산주의에 비판적인 우파와의 투쟁이었다. 마오쩌둥이 직접 글을 발표하기도 하면서 진두지휘했다. 이 운동은 1958년 여름까지 계속되었는데, 그동안 55만여 명이 '반사회주의자'로 비판을 받았다. 그 가운데에는 세계적인 사회학자 페이샤오퉁費孝通, 작가 딩링丁玲, 화가 류하이쑤劉海粟 등 유명인도 많았다. 우파로 몰린 사람들은 광산이나 농촌으로 내려가 노동을 하는 하방下放을 당해야 했다. 전국인민대표대회 대표와 전국인민정치협상회의 위원들이 해임되고 하방되는 경우도 있었다. 심지어는 몇 년씩 감옥생활을 하는 경우도 있었다.

반우파운동이 이렇게 대대적으로 전개되었다는 것은 우파운동이 있었다는 의미다. 실제로 1956년 말부터 중국에서 공산주의와 공산당 관료주의를 반대하는 사례가 많이 나타났다. 이들은 파업, 시위, 동맹휴학, 집단농장 탈퇴 등 다양한 방법으로 당에 반대하는 운동을 전개했다. 대부분은 당 간부들의 관료주의에 항의하는 것이었는데, 공산당의 정책이나 사회주의 체제 자체를 반대하는 경우도 있었다.

이러한 상황에 대처하기 위해 중국공산당은 대대적인 정풍운동을 전개했다. 우파운동을 사회주의에 대한 심각한 도전으로 본 것이다. 특히 마오쩌둥은 1956년에 발생한 폴란드와 헝가리 인민봉기가 사회주의 정권을 무너뜨리는 것으로 보았기 때문에 강력하게 대응했다. 1956년 6월 포즈난Poznań 사건에서 시작된 폴란드 인민봉기는 10월 친소련 사회주의 정부를 전복시키고 브와디스와프 고무우카Władysław Gomułka 정부를 세웠다. 헝가리에서도 10월 봉기가 일어나 11월에 친소정부를 반소적인 임레 너지Imre Nagy 정부로 바꿔놓았다. 이러한 사례를 불과 몇 개월 전에 관찰했기 때문에 마오쩌둥은 강력한 반우파운동으로 대응한 것이다.

폴란드와 헝가리 사태는 김일성 정권을 긴장시켰다. 김일성은 1956년 12월 당중앙위원회 전원회의에서 헝가리 사태를 미 제국주의자들의 반정부 폭동으로 규정하면서, 이승만 정부도 북한에서 반정부 폭동을 시도하고 있다고 비난했다. 김일성도 그만큼 반정부운동에 대해 신경 쓰고 주목했다는 이야기다. 더욱이 '8월 종파사건' 전후로 폴란드와 헝가리에서 대대적인 인민봉기가 일어났기 때문에 김일성이 이를 받아들이는 강도는 매우 높았을 것으로 보인다.

그러한 상황에서 1956년 말 중국의 우파운동, 1957년 4월 중국공산당의 정풍운동, 1957년 6월 소련의 반당그룹 축출을 접하게 되었다. 김

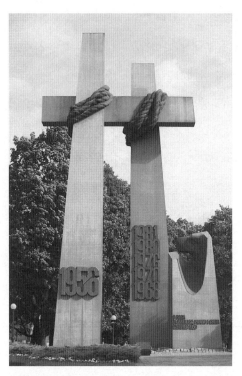

1956년 10월 폴란드에서 일어난 인민봉기로 친소련 사회주의 정부가 전복되고 새로운 정부가 들어섰다. 1956년 6월 일어난 포즈난 사건을 기념하는 조형물.

일성과 그의 세력은 이를 보면서 당에 반대하는 세력과 종파 세력에 대한 근절 의지를 분명히 했을 것으로 보인다. 집단지도 체제를 원하는 소련의 요구에 대해서 일정 정도 수긍해주는 듯한 모습을 보이면서도 실제로 김일성 지도부는 '반종파 투쟁'을 강화했다. 이렇게 김일성 세력이 방향을 정리해가는데 폴란드, 헝가리, 중국, 소련에서 벌어진 일련의 사태들은 많은 영향을 주었다.

전방위 사상 검증과 김두봉의 퇴진

1956년 말에 시작된 반종파 투쟁은 1957년에 좀더 역동적으로 진행되었다. 우선 당증 교환 사업이 탄력을 받아 대대적으로 전개되었다. 이 사업은 1956년 12월 시작되어 1957년 5월까지 집중적으로 펼쳐졌다. 군 당위원회에 마련된 '당증 교환 사업 그룹'은 당원들을 일일이 면담해 사회주의 사상의 철저성을 확인했다. 과거의 과오도 다시 끄집어내 문제삼으면서 당성을 시험했다. 5개월 동안의 당증 교환 사업을 통해 당원 300여 명이 출당되었다.

북한은 소련 대사관에 이 사업에 대해 설명했는데, 그 목적은 4가지였다. 첫째는 1949년 조선노동당 창당 이전에 발행된 당증의 교환이었다. '북조선노동당' 이름으로 발행된 당증을 '조선노동당'이라는 이름으로 발행된 당증으로 교환하려는 것이었다. 둘째는 오래되고 훼손된 당증의 교환이었다. 당시에는 종이의 질이 낮아 훼손된 당증이 많았다. 셋째는 당증 교환 과정에서 당원들에 대한 교육을 실시하기 위한 것이었다. 넷째는 엉뚱하게 징계를 받았던 사람들을 복당시켜 구제하는 것이었다. 당원을 탈락시키기만 하는 것이 아니라 탈락되었던 당원들을 당으로 복귀시키는 작업도 함께했다는 것이다.[2]

이렇게 여러 가지 목적을 설명했지만 실제 목적은 이 과정을 통해 사상적으로 잘 무장된 사람들만 당원으로 남겨두려는 것이었다. 그뿐만 아니라 이 사업을 통해 '종파분자'들의 잘못을 전체 당원에게 분명하게 인식시키려는 목적도 있었다.

당원에 대한 사상 검토 작업은 당증 교환 사업을 통해 하면서 초급 당 간부에 대한 사상 검증은 '초급 당 단체의 결산·선거'를 통해서 했다. 1957년 1월 하순부터 실시되었다. 리 당위원회나 기업소의 당위원회, 그 아래 부문 당위원회, 당 세포 등의 조직에서 결산과 위원장·부위원장 등 간부 선거를 실시한 것이다. 결산회의를 통해 자유주의와 종파주의에 대한 투쟁을 전개하도록 하고, 선거를 통해 당의 정책을 제대로 실행하지 못하는 간부들을 배제하도록 한 것이다.

이와 동시에 중앙당의 지방당에 대한 집중지도도 본격적으로 시행되었다. 당중앙위원회의 휘하에 수천 명의 간부가 지도그룹을 형성하고, 이들을 도·시·군의 당위원회에 내려가 그동안의 잘못을 지적하고 시정 방향을 제시했다. 1957년 1월에는 평양시 당 단체들에 대한 집중지도가 시작되었다. 주요 대상은 건설성, 상업성, 내각건재공업국, 직업동맹위원회의 당위원회였다. 이들은 '8월 종파사건'의 직접 관련자들이 장을 맡고 있던 기관들이었다. 건설성은 소련파의 김승화, 상업성은 연안파 윤공흠, 내각건재공업국은 국내파 리필규, 직업동맹위원회는 연안파 서휘가 책임자였다. 지방당 조직의 사상 검열과 지도를 위한 이 사업은 3월 중순까지 진행되었다.

그 와중에 5~6월에는 김일성종합대학의 교수들이 '8월 종파사건' 당시와 비슷하게 개인숭배를 비판하는 일이 발생했다. 7월에는 평양시당 등 몇몇 지방당에서 중급의 활동가들이 중국으로 망명을 시도하기도 했다. 이런 일이 발생한 이후 8월부터는 북한 당국의 단속이 더욱 심해졌다. 그 과정에서 무리한 비판이 가해지기도 했고, 그로 인해 자살하

는 사람까지 생겨났다.[3]

1957년 8월 27일에는 최고인민회의 대의원 선거가 실시되었다. 1948년 정부 수립을 위한 선거 이후 8년 만에 제2기를 구성하기 위한 것이었다. 말하자면 제2대 국회의원 선거였다. 7월부터 지역별로 선거위원회가 꾸려지고, 여기서 후보자를 선출했다. 개성시 선거구에서는 개성시 인민위원장을 하고 있던 김명호가 최고인민회의 대의원 후보로 선출되었다. 해방 전 교육 사업을 하다가 조선공산당에 입당하고, 해방 후 개성이 남한 지역에 있을 때 반미·반이승만 투쟁에 앞장서다가 투옥된 경력이 있는 인물이었다. 개성시당 부위원장을 지냈고, 1956년부터 개성시 인민위원장으로 일하고 있었다.

판문군 선거구에서는 홍왕농업협동조합 관리위원장 정락선이 후보로 선출되었다. 일제강점기 적색농민조합운동을 하고, 6·25 전쟁 후 면 당위원장을 지냈으며, 홍왕농업협동조합을 조직해 관리위원장을 하고 있는 인물이었다. 이런 식으로 전국에서 215명의 후보가 선출되었다.

선거 당일 아침 7시부터 투표를 했지만, 새벽 5시부터 줄을 서서 기다리는 사람들이 있었다. 선거관리를 맡은 선거분구위원회마다 빨리 끝내려고 경쟁했기 때문이다. 선거를 조기에 깔끔하게 끝나도록 관리하는 것도 정권에 충성하는 하나의 방안으로 인식되었던 것이다. 이날 선거에 후보로 나선 215명이 모두 당선되었다. 김일성은 문덕선거구에 출마해 당선되었다. 재선된 사람은 74명에 불과했다. 전쟁이 있었고, 정치적 변동도 컸기 때문이다.

새로 선출된 대의원 가운데 여성은 27명이고, 계층별로는 노동자 대표가 84명, 농민 대표가 68명, 사무원·인텔리 대표가 60명, 기업가·상인 대표가 3명이었다. 소속별로는 조선노동당 소속이 84명이고, 조선민주당 11명, 천도교청우당 11명, 사회단체 20명 등이었다. 조선노동당 84명을 계파별로 보면 만주파 8명, 갑산파 4명, 연안파 15명, 소련파 12명, 북한 국내파 27명, 남조선노동당 출신 13명이었다. 남조선노동당, 연안파, 소련파, 국내파가 아직도 최고인민회의에는 상당히 남아 있었다. 물론 이들은 대부분 김일성을 지지하는 사람들이었다.

제2기 최고인민회의는 9월 18일 첫 회의를 열어 의장단을 선출하고 내각을 구성했다. 최고인민회의 상임위원장에는 김두봉을 밀어내고 최용건을 앉혔다. 최고인민위원회 상임위원장은 명목상의 국가원수였다. 김두봉을 그런 자리에 올려놓고 실제 권력은 김일성이 갖는 것이 그동안의 김일성 세력의 권력 안배 방안이었다. 1946년 북조선노동당을 창당하면서 위원장은 김두봉, 부위원장은 김일성이 맡으면서 형성된 관행이었다. 하지만 만주파 최용건이 김두봉의 자리를 차지하면서 그런 구도는 무너졌다. 명목상의 자리든, 실질적 권력이든 모두 김일성과 그의 세력이 차지하는 형국이 된 것이다.

1956년 '8월 종파사건'을 연안파가 주도했지만, 김두봉은 적극적으로 가담하지 않았다. 그 바람에 당장의 피바람은 피할 수 있었다. 숙청의 광풍을 피하기 위해 1957년 2월에 열린 전국상업일꾼 열성자대회에 나가 종파분자들을 비판하기도 했다. 김일성 세력은 연안파 원로 김두봉이 연안파를 비판하게 함으로써 반김일성 세력의 잘못을 분명하게

김두봉은 '8월 종파사건'에 적극적으로 가담하지 않아 피바람은 피할 수 있었다. 하지만 불과 1년 만에 제2기 최고인민회의가 구성되면서 상임위원장에서 물러났다. 김두봉(앞줄 오른쪽에서 세 번째)이 연안파 지도부와 함께 찍은 사진.

드러내려고 했다. 그 바람에 김두봉은 최고인민회의 상임위원장 자리를 지킬 수 있었다. 하지만 그것은 1년에 불과했다. 1957년 9월 제2기 최고인민회의가 구성되면서 상임위원장에서 물러났다.

내각 수상으로 김일성이 다시 선출되고, 제1부수상에는 김일이 유임되었다. 민족보위상은 김광협, 사법상은 허정숙, 대내외 사업상은 진반수, 외무상은 남일, 내무상은 방학세가 맡았다. 국가검열상에는 박문규, 석탄공업상에는 허성택, 재정상에는 리주연, 교육문화상에는 한설야가 임명되었다. 김일과 김광협만 만주파이고, 나머지는 다른 정파 출신들이지만, 이들은 모두 김일성 세력이 된 인물들이었다.

김영주의 부상

1957년 10월 17~19일 당중앙위원회 전원회의가 열렸다. 대외적으로는 건설 부문 사업에 대한 문제를 논의하는 자리였다. 하지만 더 중요한 것은 당 요직에 대한 인사였다. 김일성의 동생 김영주가 당 조직지도부장을 맡으면서 명실상부한 실세가 되었다. 김일성에게는 바로 아래 동생 김철주와 그 아래 동생 김영주가 있었는데, 김철주는 1935년에 사망했다. 그래서 김영주는 김일성과는 열 살이나 차이가 났다. 북한의 러시아 유학생 1진으로 1946년 모스크바종합대학으로 유학을 가서 정치경제학부를 졸업하고 귀국한 뒤 1953년 남조선노동당 세력 숙청 당시 주요 역할을 했다. 이후 당중앙위원회 지도원과 당조직지도부 과장을 거쳐 조직지도부 부부장으로 일하고 있었다.

김영주의 조직지도부장 임명으로 그때까지 조직지도부장이던 한상두는 겸임하던 직업동맹위원장만 맡게 되었다. 김영주의 부상은 그것으로 끝나는 단순한 문제가 아니었다. 김일성을 옹위하면서 반종파 투쟁을 철저하게 전개하자는 소장 강경그룹의 세력화를 의미하는 것이었다.[4]

당 선전선동부 부부장 김도만, 과학·학교교육부 부부장 고혁, 연락부 부부장 어윤갑 등이 소장파에 속하는 인물들이었다. 1959년 당 이론비서가 되는 황장엽, 같은 해 당 국제부장이 되는 박용국, 1960년 『로동신문』 주필이 되는 허석선 등도 여기에 포함되었다. 이들은 모스크바나 동유럽에서 유학한 젊은 당료라는 공통점을 갖고 있었다. 정부 인사 가운데는 내무상 방학세가 대표적인 강경파였다. 이들은 반혁명분자들과의 투쟁을 전면적으로 하고 전국화해야 한다고 주장하면서 1960년까지 계속되는 반종파 투쟁의 선봉 역할을 했다.

반면에 온건파는 1956년 '8월 종파사건' 이후 투쟁의 방향과 관련해 반종파 투쟁에 한정해야 하고, 이를 전반적인 반혁명 투쟁으로 확대해서는 안 된다고 주장했다. 한상두와 같은 일제강점기 적색농민조합과 노동조합 출신의 국내파, 반김일성운동에 가담하지 않은 연안파 림해 등이 온건파였다. 이들은 반혁명분자 · 계급적 적대분자들과의 투쟁이 오류를 범한 당원들과의 투쟁과 엄연히 구분되어야 한다고 했다. 김일성 지도부의 반혁명 투쟁에 의해 비판 세력이 일소되고, 북한 사회가 김일성 개인숭배로 획일화되는 것에 대한 우려를 갖고 있었던 것이다.

강경파는 만주파의 입장과 다를 바 없었고, 만주파와 가까운 갑산파의 지원도 받고 있었다. 그래서 이들은 반김일성 세력과의 투쟁을 1960년까지 길게 끌면서 김일성에게 반대할 만한 세력을 제거할 수 있었다.

연안파의 우군, 중국군 철수 합의

1957년 11월 모스크바에서 10월혁명 40주년을 기념하는 '각국 공산당 · 노동당 대표회의'가 있었다. 김일성과 마오쩌둥도 참가했는데 공식 회의 시작 전 미리 회담을 갖고 중대한 합의를 했다. 북한에 있는 중국군을 완전 철수한다는 합의였다.[5] 6·25 전쟁 당시 들어왔던 중국 군을 1958년까지 모두 철수하기로 한 것이다. 철수는 남한의 미군 철수와 연계하면서 추진해나간다는 것도 합의했다. 북한이 미군 철수를 주장하면 중국이 이를 지지해준다는 데에도 의견의 일치를 보았다.

이에 따라 1958년 10월 말까지 중국군이 모두 철수했다. 중국군 철수 합의는 북한이 6·25 전쟁의 여진에서 벗어나는 중요한 계기였다. 국내 정치적 함의 또한 컸다. 연안파의 후원 세력이 사라지는 것이었다. 연안파는 중국공산당과의 협력 속에 전개한 항일운동에 그 뿌리를 두고 있었다. 연안파의 주요 인물들과 중국공산당 지도부는 혁명 활동을 함께한 사이였다. 중국이 연안파를 전면적으로 지원하지는 않았지만, 중국이 연안파의 우군 역할을 하고 있었다. 중국군의 철수는 연안파의 발밑을 파는 것과 같았다. 김일성으로서는 독자적으로 국내 정치를 운영할 수 있는 여지를 확보하는 것이었다.

김일성-마오쩌둥 회담에서 '8월 종파사건' 이후 중국이 간섭한 것에 대한 마오쩌둥의 사과도 있었다. 김창만이 당시 회담에 배석했는데, 그가 전하는 바에 의하면 마오쩌둥은 1956년 9월에 조선노동당의 일에 개입한 것을 두고 반복적으로 사과했다고 한다. 중국 측에서 배석한 펑더화이도 사과했다. 펑더화이는 소련의 미코얀과 함께 직접 평양에 와서 최창익과 박창옥 등에 대한 징계 철회를 요구했다. 펑더화이는 그에 덧붙여서 6·25 전쟁 당시 북한 돈을 찍어냈고, 북한 측에서 여러 가지 정보를 수집하려고 했다고도 말했다.[6] 이렇게 중국이 내정간섭에 대해 사과를 한 것도 북한의 자율성을 확대해주는 것이었다.

김일성은 1957년 모스크바에서 열린 '10월혁명 40주년' 행사에서 마오쩌둥을 만나 중국군의 완전한 철수를 합의하고, 마오쩌둥의 사과도 받아냈다. 1917년 10월혁명 당시 군중들에게 연설하고 있는 레닌.

마오쩌둥과의 회담에서 김일성은 중국에 망명한 연안파와 화해하라는 마오쩌둥의 요청을 거절했다는 이야기도 전해진다. 조선인민군 보병사단의 정치위원을 지낸 여정의 증언이다. 그에 따르면, 마오쩌둥은 북베트남에서도 쯔엉찐Trường Chinh 북베트남 공산당 총비서가 호찌민Hô Chi Minh 주석과 사이가 벌어져 중국으로 넘어왔는데, 호찌민이 쯔엉찐을 다시 불러들여 화해했다면서, 서휘·윤공흠·리필규·김강을 데리고 가라고 요청했다. "어쨌든 그들도 공산혁명을 하려는 이들이고, 혁명 이력도 긴 동지들 아니냐"고 설득했다. 이에 대해 김일성은 "우리는 데려가지 않겠습니다. 만두를 좋아하는 녀석들더러 만두나 실컷 먹으로 하시오"라고 말했다.

그러자 마오쩌둥이 말했다. "나는 조선 혁명을 돕기 위해 심사숙고한 끝에 의견을 제기하는데 어째서 삐뚠 소리를 하시오." 김일성은 "그 사람들이 갔다고 소문이 자자했는데 이제 다시 데려가면 또 왔다고 소문이 일어날 것입니다. 그것이 싫어서 그러는 것이지 삐뚠 소리를 한 것은 아니오"라고 설명했다.[7]

김일성은 마오쩌둥의 요청을 들어 연안파를 데려갈 경우 묘한 상황에 처할 수밖에 없었다. 전면적인 숙청을 진행하고 있는데, 그 와중에 중국의 요청으로 이를 뒤로 물려야 하는 형편이 되는 것이었다. 그래서 김일성은 난처했지만, 마오쩌둥의 요청을 수용하지 않았다. 달리 말하면, 그의 머릿속에는 반대파 제거와 독자적 권력 확보가 다른 어떤 것보다 중요한 과제로 자리 잡고 있었다.

마오쩌둥이 모스크바에서 베이징으로 돌아가 11월 30일 베이징 주재 소련 대사 파벨 유딘Pavel F. Yudin을 만났는데, 그는 김일성이 1956년 헝가리 인민봉기 당시 반소 노선을 취했던 임레 너지의 길을 걸을 수 있다고 말했다. 김일성의 민족주의적이면서 독립적인 특성을 파악하고 있었다는 이야기다. 김일성은 마오쩌둥과의 회담에서 중국군 철수에 합의하고, 내정간섭에 대한 사과도 받아내고, '종파 세력'과 화해하라는 마오쩌둥의 요청도 거절했다. 이제 김일성은 중국의 눈치를 보지 않고 연안파를 숙청할 수 있게 되었다.

소련파는 소련으로

모스크바에서 1957년 11월 14~16일 열린 '각국 공산당·노동당 대표회의'에서는 북한이 국내에서 활용할 수 있는 메시지가 많이 나왔다. 먼저 흐루쇼프는 보고연설을 통해 제국주의자들이 사회주의 진영의 사상적 와해 공작을 펼치고 있다면서 이에 대한 경계를 주문했다. 또, 레닌주의적 원칙은 각 나라의 현실에 맞춰 창조적으로 적용되어야 한다고 강조했다. 북한으로서는 '반당종파 세력'이 사회주의를 와해하려 하고 있고, 이에 대항하기 위해서는 강력한 반종파 투쟁을 전개해야 한다는 메시지로 읽을 수 있었다.

회의 말미에 채택된 모스크바 선언은 각국의 공산당 내에는 수정주의와 교조주의가 있다면서 이를 반드시 극복해야 한다고 밝혔다. 이 또한 북한에 조선노동당 내에 있는 반대 세력을 수정주의자·교조주의자로 몰아갈 수 있는 명분을 제공했다.

실제로 북한은 김일성이 귀국한 후 12월 5~6일 당중앙위원회 전원회의를 열고 모스크바 회의 내용을 공유하면서 이의 실현을 결의했다. 김일성은 보고를 통해 모스크바 회의에서 사회주의 이행 단계에서 프롤레타리아 독재가 필연적으로 존재해야 함이 재삼 강조되었다면서, 외부에서 침습한 국제 수정주의 사상을 경계해야 한다고 역설했다.[8] 자신의 독재를 정당화하면서, 반대 세력에 대한 압박과 탄압을 계속하겠다는 것이다. 이렇게 김일성은 모스크바 회의의 성과를 '반종파 투쟁'에 활용하고 있었다.

김일성이 모스크바를 방문해서 이룬 또 하나의 성과는 소련파 대우에 대해 소련과 합의를 이룬 것이다. 김일성이 합의하고 들어온 뒤 1957년 12월 중순 평양 주재 소련 대사 푸자노프와 북한의 외무성 부상 리동건이 세부 사항을 협의해 '이중국적자의 공민권 조절에 관한 협약'을 체결했다. 북한과 소련 국적을 모두 갖고 있는 사람들은 1년 이내에 하나만을 택하도록 한 것이다. 해방 직후 소련군과 함께 입북한 소련파는 대부분 이중국적자였다. 이들 모두 하나의 국적을 선택해야 하는 상황을 만들었다. 이는 소련파로 하여금 소련으로 돌아가도록 하는 압력이었다.

소련과의 이러한 합의는 소련파의 이해관계와도 맞아떨어지는 것이었다. 1956년 '8월 종파사건' 이전에는 소련파 가운데 소련 국적을 버리고 북한 국적을 선택한 이들이 있었다. 박의완이 그중 하나였다. 1955년 말 소련이 소련파들로 하여금 북한 국적을 취하도록 함에 따라 1956년 김일성이 소련파에 북한 국적을 취하라고 했는데, 그에 따르는 사람들이 있었던 것이다.

하지만 '8월 종파사건' 이후에는 사정이 달라졌다. 반김일성운동이 실패로 돌아가자 소련파 사이에서는 같은 소련파인 박창옥을 비판하면서 그와 거리를 두려고 했다. 1957년 11월 마오쩌둥이 김일성에게 내정간섭에 대해 사과했다는 소식이 전해지면서 이런 현상은 더 심해졌다. 김일성이 마음먹고 소련파를 공격할 수 있겠다는 생각 때문이었다. 11월 25일 당중앙위원회 전원회의가 열렸는데, 여기서 김창만은 소련과 중국의 개입을 공개적으로 비판했다. 한설야는 중국에 공식 항의해야 한다고 말하기도 했다. 김일성의 주변에서 외세의 간섭을 벗어나 우리식으로 비판할 것은 비판하고 처벌할 것은 처벌하자는 이야기를 강하게 하고 있었던 것이다.

이러한 분위기에서 소련 국적을 선택해 소련으로 돌아갈 수 있도록 한 조약은 소련파에는 희소식이었다. 이 협약이 실행되면서 실제로 소련파는 대부분 소련 국적을 택해 소련으로 돌아갔다. 결국 소련파 귀환 협약은 많은 소련파를 소련으로 돌아가게 함으로써, 김일성 지도부가 문제를 소리나지 않게 처리할 수 있도록 했고, 동시에 소련파 비판을 훨씬 자유스럽게 할 수 있도록 했다.

김두봉 출당과 숙청 본격화

1957년 김일성 지도부는 평양시당 등 지방당에 대한 당중앙위원회의 집중지도를 계속하면서, 당증 교환 사업도 속도감 있게 진행했다. 그러면서 기회가 있으면 반당종파 세력을 비판하며 숙청 분위기를 잡아나갔다. 1957년 5월 말에는 당중앙위원회 상무위원 회의를 열어 '반혁명분자들과의 투쟁을 강화할 데 대하여'라는 결정문을 채택함으로써 반종파 투쟁을 더욱 강도 높게 벌여나갈 것을 공식적으로 결정했다.

김일성 세력은 누구를 먼저 숙청할 것인지 고민했다.[9] 최창익과 박창옥 등은 중국과 소련의 압력으로 복직을 시켜놓은 상태여서 바로 철직 撤職(일정한 직책이나 직위에서 물러나게 함)이나 출당 조치를 하기 어려웠다. 김일성은 동생 김영주와 최용건, 김일, 박금철, 박정애, 김창만 등을 불러 상의했다. 그 가운데서도 김영주가 당 조직지도부장이라는 중책을 맡고 있어 핵심 협의 파트너였다. 타깃을 김두봉으로 한다는 데 의견의 일치를 보았다. 김두봉은 연륜과 학식, 독립운동 경력 등에서 연안파를 대표할 만한 상징성을 갖고 있는 인물이었다.

그렇게 계획을 세워놓고 12월 3~5일 당중앙위원회 확대전원회의를 소집했다. 1,500명이 모인 대규모 회의였다. 여기서 1956년 9월 전원회의에서 결정했던 반당종파 세력에 대한 복직 등의 결정을 공식적으로 취소했다. '반종파 투쟁'을 공식화한 것이다. 이 회의에서 고봉기는 '8월 종파사건'의 구체적인 내용에 대해 설명했다. 당국의 회유와 협박으로 설명하게 된 것이다. 그는 당중앙위원회에서 김일성을 몰아내고 박일우를 위원장, 최창익과 김승화를 부위원장으로 추대하려 했다고 말했다. 박의완도 적극적으로 참여했다고 말했지만, 박의완은 부인했다. 그러자 김창만이 "이반Ivan!, 이반!"이라고 소리쳤다. 소련파 박의완의 '의완'이 소련식 이름 '이반'임을 만인 앞에 공개한 것이다. 그러자 박의완은 더는 저항하지 않았다.

김일성 세력의 김두봉에 대한 거센 비판이 이어졌다. 김두봉은 저항하지 않고 인정했다. 김일성 지도부의 의도와 전략을 파악하고 저항이 의미가 없다고 보았기 때문이다. 곧 평양시당 열성자대회가 소집되었다. 김두봉은 병상에 누워 있었지만, 그것이 동정을 사지는 못했다. 김영주와 김창만 등이 나서서 김두봉을 행사장으로 억지로 데려왔다. 토론이 시작되고 대회장에는 '반당종파분자 김두봉을 타도하자!'라는 구

김두봉은 한국민족혁명당, 조선독립동맹, 조선신민당에 관여했으며, 일제강점기에는 저명한 한글학자였다. 1942년 10월 제34차 임시정부 의정원 의원들과 함께 기념 촬영을 했다. 앞줄 왼쪽에서 다섯 번째가 김구이고, 맨 오른쪽이 한국민족혁명당 지도자 김원봉이다.

호가 울려퍼졌다. 이 작업은 김창만이 주도했다. 그는 중국 옌안에서 김두봉과 함께 조선독립동맹 활동을 했지만, 해방 후 북한에 들어와서는 잠깐 무정을 지지하다가 김일성 세력에 가담했다. 선전선동 분야에서 능력을 발휘해 1957년에는 당중앙위원회 부위원장에 올라 있었다.

김두봉을 출당시키자는 결의안이 발의되고, 채택되었다. 결의는 시당 조직부를 통해 중앙당에 제출되었고 바로 비준되었다. 이 과정은 초고속으로 진행되어 반나절밖에 걸리지 않았다. 연안파의 원로 김두봉에 대한 전격 출당은 연안파와 소련파에 대한 대대적인 숙청의 본격화를 말해주는 것이었다.

이렇게 창졸간에 당에서 쫓겨난 김두봉은 원래는 일제강점기 저명한 한글학자였다. 한글 보호와 발전을 위한 연구 작업을 하다가 3 · 1 운동에 참여한 이후 중국 상하이로 망명했고, 이후 항일운동을 계속했다. 대한민국임시정부에 잠시 참여했다가 1920년 이동휘를 만나면서 공산주의 조직에 참여했다. 1935년 김원봉과 함께 한국민족혁명당을 결성했고, 충칭重慶에서 활동하다가 1942년 옌안으로 옮겨 무정 · 최창익 등과 함께 조선독립동맹을 조직해 주석이 되었다. 조선독립동맹은 공산주의 단체라기보다는 좌우합작을 통한 항일운동을 추구한 조직이었다. 해방 이후 평양으로 귀국해 1946년 2월 조선신민당을 창당했다가 1946년 8월 북조선공산당과 합쳐 북조선노동당을 만들었다. 김두봉이 위원장, 김일성이 부위원장을 맡았다. 이후 김일성종합대학 총장, 북조선인민회의 의장, 최고인민회의 상임위원장 등 실권보다는 상징성 있는 자리를 주로 맡았다.

김일성 세력의 연안파 숙청을 위한 주요 타깃이 되어 최고인민회의 상임위원장에서 퇴진당하고 출당까지 당한 김두봉은 이후 지방의 협동농장에서 노동을 하다가 1960년에 사망한 것으로 전해진다. 한글학자, 우파 임시정부 참여, 공산주의 조직 참여, 좌우합작을 통한 항일운동, 김일성 정권 참여 등 파란만장한 여정을 거친 그의 말로는 처연하기 그지없었다.

동독 건축가가

본

1957년

에리히 레셀Erich Ressel은 동독 건축설계사였다. 1956년 말 북한 건설단의 일원으로 함흥 지역에 파견되어 1957년을 온전히 이 지역 재건에 바쳤다. 당시 38세였다. 사회주의 국가들이 나서서 전쟁의 상처를 입은 북한의 재건을 도왔는데, 동독도 그 일환으로 북한 건설단을 조직해 파견했다. 헝가리, 체코슬로바키아, 폴란드 등도 기술자들을 보냈다. 동독의 북한 건설단은 여러 개의 파견대로 나뉘었는데, 레셀은 함흥파견대 소속이었다. 여기에는 레셀을 포함해 모두 16명이 있었다. 그즈음 동독-북한 사이는 교류가 적어 교통이 불편했다. 이들은 동베를린을 출발해 소련의 여러 도시와 중국의 몇 개 도시를 거쳐 평양을 들러 함흥에 올 수 있었다. 모두 조선인민군 공병여단에 배치되어 함께 일하게 되었다.

함흥파견대는 건설계획과 도면 작성을 하는 부서가 있었고, 행정부서가 따로 있었다. 건설계획·도면작성 부서는 도시계획, 주거지 건설, 공장 건설, 도로 건설, 상수도 건설, 다리 건설, 지하도 건설, 배수·관개시설 건설 등을 담당하는 8개 팀으로 구성되어 있었다. 레셀은 그 가운데 도시계획팀의 팀장이었다. 함흥과 흥남시의 건설을 맡은 것이다. 이들 도시를 건설하는 사업을 기술적으로 후원하고 건축에 관한 각종 문제를 해결하는 중요한 위치였다. 그는 도시에 대한 전체적인 설계뿐만 아니라 도시 안에 들어가는 주요 건축물의 설계도도 그렸다. 게다가 도시설계를 할 수 있는 전문가들을 양성하는 일도 도와야 했다.

1957년 공업생산량은 전쟁 전의 수준을 거의 회복했지만, 레셀의 눈에 보인 북한은 여전히 많은 것이 부족했다. 석탄, 시멘트, 곡물이 모두 모자랐다. 1957년부터 농민을 제외한 사람들은 식량배급을 받았지만, 배급량은 필요량의 85퍼센트에 불과했다. 모자라는 식량을 구하기 위해 사람들은 시장으로 몰려들었다. 손으로 만든 멍석이나 가마니, 싸리비, 광주리, 바가지, 땔감 등 팔 수 있는 것들을 들고 나와 팔았다.

특히 의료시설은 열악했다. 동독 기술자들은 아프면 일단 함께 와 있던 동독 의사가 응급치료를 해주었다. 그것으로 부족하면 함흥에 파견 나와 있던 폴란드 의료팀을 찾아갔다. 그것도 안 되면 동독으로 귀국해서 치료를 받았다. 함흥에는 치과의사가 한 명도 없어서 이가 아프면 평양으로 가야 했다.

그런 모습들이 레셀이 찍은 사진들에 잘 담겨 있다. 레셀은 바쁜 와중에도 카메라를 들고 북한 여기저기를 돌아다니며 당시의 풍경들을 담았는데, 그 사진들이 북한 실상을 알 수 있는 좋은 자료가 된다.[10] 부서진 철교를 이리저리 목재로 묶어서 임시 수리를 해놓았는데, 그 위를 기차가 지나가는 아찔한 장면들도 레셀의 사진 속에 발견된다. 함흥이나 평양 시내에는 사회주의 국가에서 자주 보이는 거대한 사각형의 신축 건물들이 생겨나고 있었다. 새로운 아파트도 건설되고 있었다. 하지만 바로 옆에는 쓰러져가는 초가들도 함께 보였다. 함흥의 시가지 도로는 아주 넓은데 포장이 되어 있지 않았다. 사람들이 다닐 뿐 자동차는 보이지 않는다. 멀리 트럭이 한 대 서 있을 뿐이다. 소도시를 찍은 사진에는 자동차 대신 소달구지가 가득하다.

당시에는 농업협동화가 한창 진행 중이었는데, 함흥의 넓은 평야지대는 협동화가 완료되어 공동생산·공동분배가 이루어지고 있었다. 하지만 함경남도 북청이나 단천의 산간 오지에서는 개인농들이 아직도 남아 있었다. 협동농장을 중심으로 새로운 농기계가 보급되는 모습도 레셀의 카메라에 잡혔다. 어떤 아저씨는 발로 밟는 탈곡기로 탈곡을 하고, 어떤 아주머니는 반수동식 기계를 이용해 새끼를 꼬고 있었다. 개성시의 상인은 조합이 되었지만, 시골장에서는 여전히 개인상인들이 활발하게 활동하고 있었다.

　노동력 부족으로 여성들도 건설 현장에 동원되어 무거운 짐을 남성들과 다름없이 나르는 모습이 많이 관찰되었다. 또 출산 장려 정책에 따라 거리에는 아이를 업은 연인도 많이 눈에 띄었다. 각종 군중 시위가 자주 보였고, 문화예술단의 공연, 학예회 같은 활동도 관찰되었다.

　결혼식은 간편하게 했다. 신랑예복은 인민복, 신부예복은 하얀색 저고리와 치마가 많았다. 하지만 함경남도 홍원 지방에는 전통 유교식 사당과 제례가 남아 있었다. 행정력이 제대로 미치지 않는 오지에서는 유교 전통이 여전히 지켜지고 있었던 것이다. 시골의 노인들은 대부분 흰 한복 차림에 망건까지 쓰고 있었다. 중공업 우선 정책과 사회주의 가속화 정책에 따라 변화가 빠르게 진행되고 있었지만, 함경남도에서도 지역에 따라 변화의 속도가 크게 차이가 났다.

1958년

제9장

×××

경제발전의 본격화

평양 건설과 '평양속도'

　북한은 경제개발에 나서면서 6 · 25 전쟁으로 폐허가 된 평양을 재건하는 사업도 전개했다. 1958년부터 평양 복구가 본격화되었다. 김일성은 1958년 1월 평양시 건설부문 노동자협의회를 소집해 건설에 일대 혁신을 일으켜 평양 복구에 매진해줄 것을 당부했다. 이후 복구 사업은 속도를 냈다. 시민들이 대대적으로 동원되어 도시 건설에 나섰다. 골재를 채취하고, 콘크리트 작업을 하고, 도로를 만들고, 수도관을 부설하고, 유원지를 복구하고, 공공건물을 새로 올리고, 사회문화시설을 건설하고, 집들을 지었다.

　특히 주거시설이 부족해 주택을 짓는 데 힘을 쏟았다. 구체적으로는 3가지 방안으로 추진되었다. 설계의 표준화, 기둥이나 보 등 부재 생산의 공업화, 시공의 기계화가 그것이었다. 이 작업을 실현해 조립식으로 주택을 짓는다는 계획이었다. 반대하는 사람들도 있었다. 북한의 기술이 아직 그 정도 되지는 않는다고 주장했다. 하지만 북한 당국은 보수주의·소극성 타파라는 사상투쟁과 연결지으면서 적극 추진했다.

우선 설계를 표준화하는 단계를 거쳐 부재 생산의 공업화가 추진되었다. 기둥과 보 같은 막대형 재료를 크기별로 대량 생산했다. 부재 1개를 조립에 걸리는 시간도 10분에서 2~3분으로 단축되었다. 건설 작업을 기계화하기 위해 대형건설기계들도 만들어냈다. 짐을 싣고 내리는 작업과 콘크리트 생산 작업 등도 기계가 하도록 했다. 기중기 1대에 한꺼번에 부재 3~4개를 끌어올리는 기술도 개발되었다.

이에 따라 주택 건설의 조립식화 작업이 급속히 진행되었다. 어떤 작업반은 99퍼센트 조립식으로 집을 지었다. 작업 속도가 이전에 비해 7배 이상 빨라졌다. 이렇게 해서 14~16분 만에 평양에서 주택이 하나씩 완성되게 되었다. 1958년 한 해 동안 평양에 7,000채의 주택을 지을 계획이었지만, 조립식 주택 건설 방식으로 2만여 채를 지을 수 있게 되었다. 자재와 자금도 7,000채 건설 계획으로 책정했던 것 이상 들지 않았다. 북한은 이를 '평양속도'라고 이름 붙였다.[1]

평양의 사례는 지방으로 전파되어 지방 도시들도 대형 부재를 이용해 조립식으로 주택을 건설했다. 북한은 이 '평양속도'를 사회주의 혁신의 표본이라고 대대적으로 선전하면서 이후 주민을 동원할 필요할 있을 때마다 비슷한 것을 지속적으로 만들어냈다. 천리마속도, 70일전투속도, 충성의속도 등이 그런 것들이다.

북한은 1958년 평양 건설에서 이렇게 큰 성과를 낼 수 있었던 것이

북한은 표준화, 공업화, 기계화로 인해 성과를 낼 수 있었다고 했지만, 이는 모두 시민들의 노력에 의한 것이었다. 평양 복구 사업에 동원된 북한 인민들.

표준화·공업화·기계화 덕분이라고 선전했지만, 대부분은 시민들의 노력에 의한 것이었다. 북한이 스스로 밝히고 있듯이 1958년 한 해 동안 평양 건설에 동원된 시민이 113만 5,000명에 이른다. 이들은 작업 기준량의 300~400퍼센트씩 일을 했다. 토목 작업만 200만 제곱미터 넘게 했고, 12만 6,000제곱미터의 골재를 채취했다. 6만 제곱미터의 콘크리트를 만들어냈고, 4만 제곱미터에 이르는 부재를 생산해냈다. 수도관 부설공사도 1만 4,000여 미터나 했다.[2] 일정 정도 표준화·공업화·기계화의 공헌도 있겠지만, 기본적으로는 이러한 대규모의 노력 동원과 시민들의 노력이 1958년 평양 건설과 '평양속도'를 만들어냈다고 할 수 있다.

인민경제발전 5개년 계획의 완성

북한은 전쟁이 끝난 직후인 1953년 8월 당중앙위원회 제6차 전원회의에서 1954~1956년에는 경제를 전쟁 전 수준으로 회복하고, 1957~1961년에는 공업화의 토대를 마련하기로 계획을 세워놓았다. 1957년은 그 '공업화 토대 마련'의 시작이었다. 하지만 대외 원조가 줄면서 경제 사정이 악화되어 5개년 계획을 세울 수 없었다. 5개년의 첫해인 1957년에는 당해 계획만 수립해 운영했다.

5개년 계획이 구체적으로 성안成案된 것은 1958년이다. 3월 3~6일 제1차 당대표자회에서 5개년 계획에 대해 국가계획위원장 리종옥이 보고하면서 주요 계획을 밝혔고, 6월 열린 최고인민회의 제2기 제3차 회의에서 인민경제발전 5개년 계획에 관한 법령이 통과되면서 구체적인 계획이 완성되었다. 첫 번째는 공업 생산력을 높여 사회주의 경제의 기초를 튼튼히 한다는 것이었다. 1953년 8월 전원회의에서 밝혔던 공업화의 토대 마련을 말한 것이다. 두 번째는 인민의 의식주 문제를 해결하겠다는 것이다.

사회주의 공업화의 기초를 마련한다는 것은 중공업을 중심으로 공업

생산력을 높여 사회주의의 터전을 닦는다는 것이다. 당대표자회에서 리종옥은 이를 처음으로 '자립적 민족경제'라고 표현하기도 했다. 경제의 식민지적 편파성과 예속성을 없애고 북한을 자립적·현대적 경제를 확보한 사회주의 강국으로 건설하겠다는 의지를 담고 있는 것이다.

이를 위해 5개년 계획 기간에 공업 생산을 2.6배로 증가시키겠다는 목표를 세웠다. 생산수단 생산은 2.9배, 소비재 생산은 2.2배로 확장하겠다는 계획이었다. 분야별로는 기계제작공업은 2.6배 이상으로, 금속공업은 3.2배 이상으로, 전력 생산은 2.2배 이상으로, 석탄 생산은 1,000만 톤 이상으로, 화학비료 생산은 70만 톤 이상으로 늘리겠다는 것이다.

의식주 문제 해결을 위해서는 무엇보다 식량 생산을 늘려야 했다. 먹는 문제 해결을 위해 5개년 계획이 완료되는 1961년에는 곡물 생산을 376만 톤으로 늘리겠다는 계획을 갖고 있었다. 식료품 가공업도 발전시켜 인민들의 수요를 충족시키겠다는 것이다. 입는 문제는 방직공업 발전을 통해 해결하겠다는 복안이었다. 옷감 생산량을 국민 한 사람당 20미터 이상 되도록 하겠다는 것이다. 주택 문제는 전국적으로 1,000만 제곱미터 이상의 주택을, 특히 농촌 지역에 20만 동 이상의 문화주택 (생활에 편리하게 지어진 연립주택 형식의 살림집)을 짓겠다는 계획이었다.

요컨대 북한 경제발전의 기본 원칙인 '중공업 우선, 경공업·농업 동시 발전' 전략을 견지하면서 그 발전의 속도를 배가시켜 경제도 발전시키고, 사회주의화도 촉진하겠다는 것이 인민경제발전 5개년 계획의 기본적인 지향점이었다.

중앙 숙청 총괄, 지방 숙청 시작

1958년 3월 제1차 당대표자회가 갖는 또 하나의 중요한 의미는 1956년 8월 이후 진행된 숙청을 총괄하는 자리였다는 것이다. 그동안 진행된 숙청에 대해 정리하고 추후 숙청의 방향을 제시했다. 회의에서 김일성은 숙청의 대상이 된 인물들을 직접 비판했다. 연안파인 김두봉 (전 최고인민회의 상임위원장), 한빈(국립도서관장), 김웅(민족보위성 부상), 서휘(전 조선직업총동맹 위원장), 김을규(조선인민군 총정치국 부국장), 소련파인 박의완(부수상), 국내파인 오기섭(수매양정상), 류축운(석탄공업상) 등이 거론되었다.

구체적으로 김두봉은 '최고인민회의 상임위원회가 당보다 높다'면서 '당을 뒤집어엎자'고 했고, 박의완도 당을 뒤집어엎으려 했다고 지적했다. 서휘는 조선직업총동맹이 당의 시집살이에서 벗어나야 한다고 주장했으며, 오기섭은 드러내놓고 하지 않고 뒤에서 도적괭이 놀음을 하다가 들켰다고 비판했다. 김을규는 조선인민군은 당의 군대가 아니라 통일전선의 군대라고 말했다면서 한 사람 한 사람의 과오를 일일이 적시했다.

이는 당시까지 중앙에서 진행한 연안파와 소련파와 국내파에 대한 숙청을 총체적으로 정리하면서 "그동안 이렇게 종파 세력이 많았다. 그래서 우리가 대대적인 숙청을 하지 않을 수 없었다"라는 이야기를 하고 있는 것이다. 북한은 제1차 당대표자회에 대해서 "실로 1958년 3월 조선노동당 대표자회는 사회주의 건설을 힘있게 밀고나가며 종파의 오물을 깨끗이 청산하고 당의 통일단결을 확고히 보장하게 한 회의로서 우리 당의 강화 발전을 위한 투쟁 역사에서 하나의 중요한 전환점으로 되었다"고 평가한다.[3]

김일성은 "종파주의, 지방주의, 가족주의는 공산주의와는 아무런 인연도 없습니다. 우리는 이것을 더욱 견결히 반대하여야 하겠습니다. 지방주의, 가족주의도 그 본질에 있어서는 역시 종파주의입니다. 하나는 크고 하나는 작을 따름이지 사실은 이것이 다 종파주의입니다. 종파주의는 자본주의 사상에서 나온 것입니다. 이것은 다른 데서 나온 것이 아닙니다. 그렇기 때문에 이것이 자본주의를 반대하는 공산주의와 서로 자리를 같이할 수 없습니다"라고 말해 숙청이 지방으로 확대될 것임을 예고했다.[4]

당 부위원장 박금철도 보고를 통해 최창익과 박창옥 등이 폭동을 조직하고 반혁명 음모를 획책했다고 밝혀 단순히 반당종파에 대한 투쟁으로 마무리하지 않고 반혁명 투쟁으로 확대할 것임을 분명히 했다. 박금철은 또한 지방주의와 가족주의를 극복하기 위한 투쟁을 계속하겠다고 밝혀 지방에 대한 숙청을 다시 한 번 분명히 했다.

당대표자회가 끝난 직후부터는 회의 내용을 사회 깊숙이 침투시키기 위한 도·시·군 당의 대표회의, 초급 당 단체 총회가 전국적으로 전개되었다. 이 과정은 제1차 당대표자회까지 숙청된 사람들과 가까운 지방의 간부들을 찾아내고 숙청하는 과정이었다. 실제로 황해남도 인민위원장 백순제, 청진철도관리국장 전금석, 평안북도 운전군 당위원장 백문제, 신의주고무공장 지배인 홍림 등이 비판을 받고 숙청되었다.

당대표자회와 당대회

1958년 3월 당대표자회가 처음으로 개최되었는데, 그동안 당대회는 3차례 열렸다. 둘 사이의 차이를 알아볼 필요가 있겠다. 당대회는 조선노동당의 최고 의사결정기구다. 말하자면 전당대회 같은 것이다. 당대회가 조선노동당의 최고 의결기구인 만큼 여기서 정치 노선과 정책 등 당의 주요 문제를 결정한다. 하지만 실제로는 당중앙위원회나 정치국과 같은 당의 핵심 인물들로 구성된 권력기구들이 주요 의사결정을 하고 당대회에서 형식적으로 승인받는 형태로 조선노동당은 운영되어왔다.

2010년 9월 열린 제3차 당대표자회에서 당 규약이 개정될 때까지는 5년마다 한 번씩 열리도록 되어 있었다. 하지만 이 규정은 잘 지켜지지 않았다. 1946년 제1차 당대회가 열린 이후 1948년, 1956년, 1961년, 1970년, 1980년에 한 번씩 열렸다. 거의 10년에 한 번씩 열린 셈이다. 당 기구가 그만큼 시스템화되어 있지 않고 주로 집권자의 의사에 따라 통치가 이루어져왔음을 이를 통해서도 알 수 있다. 1980년 제6차 당대회에서 고려민주연방제 통일방안을 제시한 이후 북한은 36년 동안 당대회를 열지 않다가 2016년 5월 제7차 당대회를 열었다. 2010년 9월 제3차 당대표자회에서 당대회를 5년마다 열기로 되어 있는 규정을 없애 당대회가 정기적으로 열리지 않게 되었다. 당중앙위원회가 소집될 때 열리며, 6개월 전에 소집일을 공고하도록 되어 있다.

당대표자회는 당대회 사이에 당의 노선 등 주요 결정 사항이 있을 때 소집하는 회의다. 1958년 3월에 제1차 당대표자회가 소집되었고, 이후 1966년, 2010년, 2012년에 열렸다. 제1차 당대표자회에서는 인민경제발전 5개년 계획(1957~1961년)이 완성·발표되었고, 1966년 제2차 당대표자회에서는 당중앙위원장이 폐지되고 총비서가 신설되었다. 2010년 제3차 당대표자회는 당중앙군사위원회 부위원장직을 신설하고 김정은을 부위원장에 임명해 김정은이 후계자로 등장하는 통로가 되었다. 정치국과 비서국, 당중앙군사위원회 등에 대한 개편도 실시했고, 당 규약을 개정해 당대표자회도 당 최고지도기관 선거를 할 수 있도록 했다. 2012년 제4차 당대표자회에서는 김일성과 김정일을 영원한 수령과 영원한 총비서로 추대하고, 당 제1비서직을 신설해 김정은을 제1비서로 추대했다. 동시에 정치국 상무위원과 당중앙군사위원장에도 추대해 김정일 사망 후 김정은을 공식적으로 북한 최고지도자의 자리에 올려놓았다.

당대회를 열지 않을 경우 당중앙위원회가 최고 의사결정기구 역할을 한다. 중앙위원 전원이 참석하는 전원회의에서 주요 문제를 결정하는 것이다. 전원회의는 1년에 한 번 이상 소집하게 되어 있다. 전원회의는 당 정치국 위원, 상무위원, 당중앙위원회 비서, 당중앙위원회 검열위원, 당중앙군사위원 등을 선출하는 권한을 갖고 있다. 당중앙위원회 전원회의는 1993년 제6기 제21차 회의 이후 열리지 않다가 2010년 9월 제3차 당대표자회 직후 열렸다. 제3차 당대표자회에서 새롭게 당중앙위원회를 구성해 전원회의를 개최한 것이다. 17년 만에 열린 당중앙위원회 전원회의에서 정치국 위원·상무위원, 비서, 중앙군사위원 등을 선출해 당의 제도를 부활시켰다. 당의 제도를 정립해 김정은 승계를 원활히 하려는 것이었다.

당중앙위원회 전원회의가 열리지 않은 동안에는 당 정치국 상무위원회와 당 정치국이 주요 결정을 한다. 이 조직은 1980년 제6차 당대회에서 신설되었다. 김일성 정권에서는 주요 의사결정기구 역할을 했지만, 김정일 정권에서는 유명무실했다. 인치人治의 성격이 김정일 정권에서 더 강했던 것이다. 김정은 승계 정국에서 정치국의 기능은 다시 살아났다. 2010년 6월 정치국의 결정으로 제3차 당대표자회가 소집되었고, 거기서 3대 승계가 공식화되었다. 김정은 정권의 성립 이후에는 조선인민군 총참모장 리영호 숙청, 국방위원회 부위원장 장성택 숙청 등 주요 사안이 정치국 회의를 통해 결정되었다.

당 비서국은 1966년 제2차 당대표자회에서 신설되었다. 중앙위원회 전원회의나 정치국의 주요 결정을 바탕으로 실무적인 문제들을 토의·결정하고 집행을 지도하는 역할을 한다. 분야별 담당 비서가 있고 그 아래 전문 부서들이 있다. 이 전문 부서들이 당의 조직을 통해 또는 내각을 지휘하면서 구체적인 사업을 집행한다. 당중앙군사위원회는 군사 정책과 관련된 주요 사항을 결정하고 군 간부에 대한 인사권을 갖고 있다. 김정은 정권하에서는 상설 최고 군사지도기관으로 지위가 격상되어 안보·군사 문제에 관한 최고 지도기관 역할을 한다.

군에 불어닥친 숙청 회오리

정권을 무력으로 받쳐주는 실권기관인 만큼 군에 대한 김일성 지도부의 관심은 창군創軍 당시부터 지대했다. 1956년 '8월 종파사건' 이후 사회 전반에 대한 숙청은 군에도 회오리바람을 몰고왔다. 군 숙청 작업은 1958년 초부터 시작되었다. 1월에 조선인민군 총정치국장 최종학이 해임되었다. 소련파 군인의 리더인 최종학의 해임은 군에서 소련 색체를 제거하겠다는 의미였다. 창설될 때부터 소련군의 영향을 받은 조선인민군을 김일성의 군대로 탈바꿈시키려는 작업의 시작이었다.

조선인민군 창설 10주년인 2월 8일 조선인민군 제324부대를 찾은 김일성은 숙청 의지를 분명히 했다. 일제강점기 당시 광복군을 자산계급의 이익을 보호하던 조직으로 비판하고, 조선독립동맹과 조선의용군은 '일본놈만 오면 달아다던' 겁쟁이 조직으로 비하했다. 그러면서 조선인민군은 '마르크스-레닌주의 깃발 아래 인민의 이익을 위해 투쟁한 항일유격대의 혁명 전통'을 계승해야 한다고 강조했다. 그러면서 조선인민군이 길주와 명천의 농민운동을 계승해야 한다고 주장한 총정치국 부국장 김을규도 비판했다. 자신이 이끌던 만주의 항일빨치산투쟁만이 진정한 독립운동이니 조선인민군은 이 정신을 계승해야 한다고 말했다.

김일성은 조선인민군이 통일전선의 군대라는 주장에 대해서도 비판했다. 당시 조선인민군 내에 많은 수를 차지하고 있던 연안파는 조선인민군이 노동자와 농민과 인텔리 등 다양한 인민민주주의 참여 세력을 보호하는 역할을 해야 한다고 주장했다. 이에 대해 김일성은 그것은 반당종파분자, 특히 조선신민당 출신들의 잘못된 생각이며 조선인민군은 노동계급의 군대이자 조선노동당의 군대라고 강조했다. 군대 내의 조선신민당 출신 연안파들에 대한 투쟁을 본격화하겠다는 것을 공식 선전포고한 셈이었다. 그러면서 김일성은 조선인민군 내의 종파 세력에 대해 철저하게 규탄·처벌하지 못한 것은 최종학의 책임이라며 이미 해임된 그를 비판했다. 연안파뿐만 아니라 소련파도 숙청의 대상임을 새삼 강조한 것이다.

제1차 당대표자회에서 연안파와 소련파의 주요 인물에 대한 숙청을 총괄한 이후 군에 대한 숙청의 바람은 거세졌다. 당대표자회 직후인 1958년 3월 8일 당중앙위원회 전원회의가 열렸다. 조선노동당 창당 이후 처음으로 군대 문제를 논의하기 위해 소집된 회의였다. 그런 만큼 당중앙위원뿐만 아니라 군 장교들도 참석했다. 사회는 당 부위원장 박정애가 맡았고, 민족보위상 김광협이 보고한 뒤 김일성이 말미에 결론을 지었다.

이 회의를 통해 소련파와 연안파의 여러 고위 장성이 비판받고 직위를 상실했다. 우선 해임된 최종학은 소련파 박창옥의 집에 자주 출입했다면서 다시 한 번 비판을 받았다. 그 아래 부국장 김을규와 최왈종도 비판받고 쫓겨났다. 김일성이 이미 2월에 군부대에서 언급한 '군부에 대한 숙청'은 이 회의에서 바로 현실화되었다.

제4군단의 이른바 '반혁명적 무장폭동사건'이 조작되어 이 회의에서 김광협에 의해 보고되었다.[5] 평양 근교에 있는 제4군단은 1956년 겨울

민족보위상 최용건과 총참모장 김광협에게서 긴급군사작전동원계획을 수립하라는 명령을 받았다. 헝가리 인민봉기 사건에 놀란 북한 당국이 북한에서도 비슷한 인민봉기가 발생할 것에 대비해 특별작전계획을 세워놓으려는 것이었다. 제4군단장 장평산은 정치부장 한경상, 참모장 리명호, 포병사령관 조세걸, 제5사단장 최민철 등을 불러모아 회의를 열고 동원계획을 세웠다. 노동자들의 봉기가 발생하면 제5사단이 남포제련소와 남포유리공장을 포위하고, 제10사단은 대안전기공장과 강선제강소 등을 봉쇄한다는 등의 계획을 세운 것이다. 그런데 이 계획이 1958년 3월에는 '반혁명적 무장폭동계획'으로 변해 있었다.

이 사건에 연루된 장평산, 김웅, 최인 등 연안파 장성들을 몰아냈다. 1930년대부터 중국에서 항일투쟁에 참여했던 장평산 등은 그렇게 하루아침에 사라졌다. 이런 식으로 군에 대한 숙청은 1958년 말까지는 군의 고위급을 대상으로, 1959년부터는 전 조선인민군을 대상으로 진행되었다. 그 과정에서 수백 명의 소련파와 연안파의 지휘관들이 숙청의 칼바람을 맞았다. 이 인물 외에도 연안파 가운데는 공군사령관 왕련, 공군 참모장 최아림, 제2집단군 부사령관 심청, 제4군단 간부국장 리림, 사단장 리익성 등이 숙청되었다. 소련파 인물로는 조선인민군 작전국장 유성철, 공병국장 박길남, 병기국장 리황룡, 통신국장 리종인, 군사과학국장 최원 등이 숙청당했다. 숙청된 소련파는 대부분 소련의 연고 지역으로 돌아갔다.

1958년 3월 당중앙위원회 전원회의는 군에 대한 대규모 숙청까지 마무리한 뒤 조선노동당의 주요 직책에 대한 개편 인사도 단행했다. 김두봉과 박의완이 상무위원회에서 빠지고 김창만과 리효순이 상무위원이 되었다. 한상두와 하앙천이 새로 상무위원회 후보위원에 올랐다. 당 간부부는 폐지되었다. 당의 각 부서가 행정부처를 관장하는 시스템이 되어 하나의 부서가 간부인사를 모두 맡아서 하기 어렵게 되었기 때문이다. 당 행정부가 신설되어 최고인민회의 상임위원회와 재판소, 검찰소, 내무성, 조선인민군의 간부인사를 담당하게 되었고, 강경파 김경석이 부장이 되었다.

연안파 림해 대신 연락부장에 또 하나의 강경파 어윤갑이 올랐다. 경제부서가 확대되어 산업부에서 건설운수부가 분리되고, 김원봉이 부장이 되었다. 박의완이 하고 있던 부수상은 재정상 리주연이 맡았다. 이렇게 주요 직책에 대한 인사까지 마침으로써 당중앙위원회와 조선인민군의 연안파와 소련파를 타깃으로 한 권력투쟁은 어느 정도 마무리되었다.

군에 대한 통제 강화

1958년 3월 당중앙위원회 전원회의에서는 조선인민군 내 당위원회 제도의 전면적 실시도 결정했다. 전쟁 중이던 1950년 10월 총정치국장제를 도입하면서 조선인민군 내에 당 조직을 설치했다. 그래서 연대 이하에는 당 조직이 있었다. 연대에는 연대 당위원회, 대대에는 대대 당위원회, 중대에는 당 세포 조직이 있었다. 하지만 사단 이상에는 없었다. 그러다가 1958년 3월 당중앙위원회 전원회의를 통해 전군의 모든 단위에 당위원회가 조직되게 되었다. 조선인민군의 최고 조직으로 조선인민군 당위원회가 조직되어 군사 문제와 정치 문제 등 군에 대한 모든 주요 문제를 결정하게 되었다. 집단군·군단·총정치국의 정치간부와 군사간부가 위원이 되었고, 위원장은 이들이 선출하도록 했다. 초대 조선인민군 당위원장은 만주파 민족보위상 김광협이 맡았다. 그 아래 총정치국을 만들어 인민군 당위원회의 결정을 집행하는 일을 맡도록 했다.

군단, 사단, 연대, 대대, 중대에도 차례로 당 조직을 구성했다. 각 부대의 당위원회에는 부대의 부대장과 정치간부를 포함한 모든 간부가 반드시 들어가도록 했다. 연대 당위원회에 연대장과 정치 부연대장, 그밖의 간부들이 모두 들어가도록 한 것이다. 종전의 군 당위원회에는 부대장과 정치간부가 포함되지 않았다. 이렇게 당위원회를 강화한 것은 물론 당의 군사간부 통제를 통해 군 전체에 대한 장악력을 높이기 위한 것이었다. 당위원장은 부대장이 하는 경우도 있었고, 정치간부가 하는 경우도 있었다. 부대장도 당위원장이 될 수 있도록 한 것은 만주파들이 일선 부대장을 하고 있는 경우가 많았기 때문이다. 실제로 상급부대의 당위원장에는 대부분 만주파 군인들이 선출되어 부대를 당과 김일성에 대해 충성을 다하는 조직으로 운영해나갔다.

전원회의 이후 당중앙조직위원회 확대회의가 열렸는데, 여기서는 군 명령 계통의 이원적 시스템을 정립했다. 당 조직지도부장 김영주가 사회를 보며 주도한 이 회의에서, '최고사령관·민족보위상·총인민군

참모장 · 각급 지휘관'으로 내려가는 군사 명령 계통과 '당중앙위원회 · 조선인민군 당위원회 · 총정치국 · 각급 부대의 당위원장'으로 전달되는 당 명령 계통이 병립하도록 결정한 것이다. 부대장이 최고 권한을 가지는 소련식 '군사단일제', 부대장과 별도로 정치장교인 정치위원을 두어 부대 감찰을 상시적으로 할 수 있도록 한 중국식 '정치위원제' 등이 모두 북한에 맞지 않는다고 보고 부대장-당위원장이 병존하는 이원적 제도를 마련한 것이다. 이원적으로 병립하는 것처럼 설명되고 있지만, 실제로는 당의 우위 속에서 당의 명령 체계가 군사 부문을 지배하는 구조였다.

북한의 이원적 제도는 중국의 '당위원회의 집단적 지도하의 분담책임제'에 영향을 받은 것이다. 이 제도는 군사간부와 정치간부를 분명하게 구분하는 종래의 분업적 통제를 당위원회를 통해 하나로 종합해놓은 것이다. 1929년에 마오쩌둥이 창안한 것인데, 중국공산당군에서 잠깐 활용되다가 1931년에 정치위원제로 대체되었지만 1956년부터 다시 중국에서 채택하고 있었다.

김일성은 이들 간의 관계를 '총정치국은 당중앙위원회 조직부, 민족보위성은 당중앙위원회 군사부'로 설명했다. 총정치국은 당의 조직지도부처럼 당 조직을 통해 군대 전체를 통제하는 역할을 하고, 민족보위성은 당의 군사부처럼 군사적인 문제에 대해 책임지고 일한다는 의미였다. 이원적이지만 당 조직이 부대장의 지휘를 감시 · 감독하게 하는 시스템이었다. 북한은 이 구조를 지금도 그대로 유지하고 있다.

조선인민군 당위원회가 설치되어 당의 군에 대한 통제가 강화되긴 했지만 완전한 수준은 아니었다. 조선인민군 당위원회는 당중앙위원회의 인사가 직접 조선인민군 당위원회 위원이나 위원장으로 참여하는 것이 아니라 어디까지나 군인들이 구성하는 것이었다. 따라서 일정 부분은 군의 자율성이 유지되고 있었다. 그래서 김일성 지도부는 군에 대한 장악력을 높일 수 있는 방안을 지속적으로 강구했다.

1958년 10월에는 총정치국장을 만주파 서철로 교체했다. 그는 특히 1930년대 김일성이 친일조직 '민생단'이 밀파한 간첩단을 색출·처벌한 '반민생단 투쟁'을 벌일 때 활약한 인물이다. 만주파가 군의 정치 책임자까지 맡으면서 김일성 세력의 군에 대한 장악력은 훨씬 높아졌다. 이러한 조건을 형성해놓은 뒤 군내에서 '조선인민군의 근원은 항일빨치산투쟁'이라는 정치 사상 교육을 더욱 강화했다.

조선인민군이 항일무장투쟁의 계승자라는 교육뿐만 아니라 소련 것을 청산하기 위한 교육도 계속했다. 유일관리제와 소련식 교육 체제, 영창제도 등을 비판하면서 수정해나갔다. 군인들에 대한 사회주의 사상에 대한 교육과 당의 무장력으로서 책임감 교육도 동시에 진행해나갔다. 이러한 조치들을 통해 북한은 조선인민군을 당과 김일성에 대한 충성을 다하는 조직으로 바꾸어나갔다.

권력투쟁에서 사상투쟁으로

1958년 초 반대파 숙청이라는 형태로 진행된 권력투쟁이 일정 부분 정리됨에 따라 북한의 관심을 권력투쟁에서 사상투쟁으로 옮겨졌다. 사상투쟁은 경제 건설과 연결된 의식개혁 캠페인 같은 것이었다. 당이 중심이 되어 사상투쟁의 대상으로 삼은 것은 보수주의와 소극성이었다. 사회주의로 변화와 공업화의 진전이라는 2가지 과제를 동시에 실현하고 있던 북한으로서는 보수주의와 소극성이 이러한 과제 실현에 대한 큰 장애였다.

실제 현장에서 낡은 옛날식 사고로 현실을 보는 보수주의와 과학이나 기계를 두려워하거나 신비화하는 소극성은 생산성 향상에 전혀 도움이 되지 않았다. 물론 이러한 인식은 북한이 추진하던 사회주의 생산관계의 발전과 정착에도 전혀 기여하지 못했다. 그래서 보수주의와 소극성과의 투쟁을 전개한 것이다.

1958년 9월에는 전국생산혁신자대회가 열려 보수주의와 소극성을 거부하고 집단적 혁신운동을 전면적으로 전개할 것을 결의했다. 사회주의 건설과 기술혁명에 성공하기 위해서는 보수주의와 소극성을 극복하지 않으면 안 된다는 인식을 공유하면서 만들어낸 결의였다. 9월 25일에는 '당·국가·경제기관·사회단체 책임일꾼협의회'가 열려 안일성과 보수성, 침체성에 반대하는 투쟁을 계속할 것을 결의했다.

조선노동당은 9월 26~27일 중앙위원회 전원회의를 열어 보수주의와 소극성을 타파하고 혁신을 일으켜 모든 분야에서 사회주의 건설을 촉진하자는 내용의 편지를 채택했다. 당원들에게 보내는 이 편지는 "혁신과 진보는 소극성과 보수주의를 반대하는 투쟁을 통해서만 이루어진다. 이것이 생활의 법칙이다. 보수주의와 소극성을 단호히 극복하

고 계속 전진하고 혁신을 일으켜야 한다"고 강조했다.[6]

전원회의 직후 당은 이 내용을 전파하기 위해 당 조직을 통해 대대적인 토의 사업을 전개했다. 이 과정을 통해 북한은 사상적 결속을 통한 생산성 증가뿐만 아니라 반김일성 세력의 반혁명성을 분명하게 하고, 김일성 세력의 혁명성과 도덕성을 부각시키는 효과도 노리고 있었다.

사상투쟁을 더 효과적으로 진행하기 위해 주민 전체에 대해 계층을 구분하는 작업도 진행했다. 1958년 12월부터 주민들을 '적대적 세력', '우호적 세력', '중립적 세력'으로 구분해 통제하기 시작했다. 이러한 구분 작업은 단시일 내에 끝낼 수 없는 것이어서 1961년까지 지속되었다. 계층 구분 작업과 사상투쟁이 병행되었다. 우호적 세력과 중립적 세력에 대해서는 결속을 추진하고 적대적 세력에 대해서는 경계와 교화 작업을 지속하면서 북한 사회를 하나로 통합하려는 노력을 계속한 것이다. 사상투쟁은 1959년부터 본격화되는 천리마운동과 연결되어 북한 사회에 혁명성을 지속적으로 강조하는 기능을 수행했다.

중국군 철수

6·25 전쟁 당시 중국군은 1950년 10월 19일 압록강을 넘으면서 본격 참전했다. 유엔군과 남한군에 쫓기던 조선인민군은 중국군 70만 명의 참전으로 수세를 면할 수 있었다. 이후 북중연합군은 38선을 넘어 다시 서울까지 점령하고, 이후 휴전 협상을 시작해 한반도는 남북으로

나뉘게 되었다. 남한에 미군이 중요했듯 북한에 중국군도 위기를 벗어나게 해주는 매우 중대한 역할을 했다. 중국군은 17만 명 전사라는 막대한 피해를 감수하면서 북한을 도왔다.[7]

중국은 1953년 7월 27일 휴전 이후에도 34개 사단을 북한에 주둔시켰다. 휴전 후 불안한 정세 속에서 북한의 안보를 지원하는 역할을 주로 했지만, 그에 못지않게 북한의 전후 복구 사업도 도왔다. 공공건물 881채를 보수하고, 민가 4만 5,412채를 개축했다. 교량도 4,263개를 복구 또는 신축하고, 제방을 고친 것도 430킬로미터에 이르렀으며, 보수한 수로水路도 1,200킬로미터나 되었다.

이렇게 북한에 대한 지원을 하면서 중국군은 조금씩 철수하기 시작했다. 1954년 9~10월에 1차로 7개 사단이 철수했다. 1955년 3~4월에는 6개 사단이 중국으로 돌아갔고, 10월에도 6개 사단이 귀환했다. 그리고 1957년 11월에는 모스크바에서 김일성-마오쩌둥 회담이 열려 중국군을 1958년까지 완전히 철수하기로 합의했다. 미군의 철수도 촉구하면서 3차례에 걸쳐 철군하기로 한 것이다. 그사이 휴전 후 중국군이 맡았던 판문점 군사정전위원회 업무도 북한으로 인계되었다. 1955년 1월 중국군은 군사정전위원회에 위원 1명과 소령 1명을 남기고 군사정전위원회 책임을 북한에 맡긴 채 대표단을 철수시켰다.

북한과 중국의 1957년 11월 합의에 따라 북한은 1958년 2월 미군과 중국군의 철수를 요구하는 성명을 발표했다. 중국은 여기에 호응해 철수 문제를 북한과 구체적으로 협의하겠다고 밝혔다. 이후 저우언라이가 평양에 들어가 김일성과 회담하고 철군을 공식 천명했다. 북한은 중

중국군은 1950년 10월 19일 압록강을 넘으면서 전쟁에 참전했지만, 17만 명 전사라는 막대한 피해를 입었다. 전쟁 당시 중국군 포로들.

국군에 대한 감사의 표시로 2월 말 평양에 조중우의탑을 건립하고 북한 주둔 중국군에게 '조국해방전쟁기념장'을 수여했다. 그리고 4월에 6개 사단이 철수했다. 7~8월에는 6개 사단과 특별 병종부대가 중국으로 돌아갔다. 9~10월에는 남은 3개 사단과 후방 공급부대, 중국인민지원군 사령부가 마지막으로 철수했다.

6·25 전쟁의 여파로 북한과 중국 사이에 남아 있는 문제가 하나 더 있었다. 전쟁 기간에 중국이 맡고 있던 2만 명의 전쟁고아였다. 중국군 철수가 진행되면서 이 문제도 협의했다. 1958년 5월 대외문화연락협회 위원장 허정숙을 단장으로 한 북한 대표단이 베이징을 방문해 중국

과 협상한 결과 6~9월에 모두 귀국시키기로 했다. 이로써 전쟁으로 인해 북한과 중국 사이 얽힌 문제는 모두 해결되었다.

중국군 철수가 모두 완료되자 11월과 12월 김일성이 베이징을 방문했다. 공식적으로는 '조중경제 및 문화합작에 관한 협정' 체결 5주년을 기념하기 위한 것이지만, 실제로는 중국군의 참전과 이후 지원에 대한 감사를 표시하기 위한 방중이었다. 대규모 군사대표단이 동행한 것이 이를 잘 말해준다. 당시 북한 매체에는 대표단으로 민족보위상 김광협만 보도되었으나, 실제로는 김광협을 단장, 김일성군사종합대학장 허봉학을 부단장으로 하고 그 아래 김창덕, 지병학, 장서환, 장봉진 등을 단원으로 하는 대규모 군사대표단이 김일성과 동행했다.

중국 외교부의 문서 '마오쩌둥 외빈 접견 담화집'에 따르면, 12월 6일 회담에서 김일성은 그동안 원하던 대규모 군대의 보유도 인정받았다. 김일성은 마오쩌둥에게 "현재 우리는 약 30만의 상비군이 있다. 현재 정황상 (군대를) 줄이기는 어렵다"고 말했다. 30만 군대를 유지하겠다는 것이다. 마오쩌둥은 "줄이면 안 된다"고 답해주었다. 1957년까지는 중국군이 있으니 북한은 군대를 줄여야 한다고 했는데, 태도를 바꿔 김일성의 요구를 받아준 것이다. 김일성의 "우리는 무기를 생산할 역량이 부족하다"는 말에는 "문제없다. (한반도에) 전쟁이 벌어지면 중국은 아무런 대가 없이 북한에 무기를 제공할 것"이라고 약속해주었다.[8] 중국군은 철수하고 김일성은 30만 군대를 유지하면서 유사시 중국의 지원을 받을 수 있는 약속까지 얻어 북한은 이전보다 국가 자율성을 훨씬 확대할 수 있게 되었다.

전쟁이 끝난 후에도 중국군은 사령부를 평양으로 옮기지 않고 평안 남도 회창에 그대로 남겨두었다. 내정간섭을 우려해서였다. 그럼에도 중국군의 주둔 자체가 북한의 국가 자율성에 미치는 영향은 컸다고 할 수 있다. 중국에서의 활동과 중국공산당 지도부와의 연계를 주요 자원 으로 했던 연안파에는 중국군의 주둔이 하나의 원군이 되기도 했다. 이 러한 중국군이 북한의 영토에서 완전히 물러남으로써 김일성 지도부는 좀더 독자적인 지향점과 정책을 갖고 북한을 운영할 수 있게 되었다.

평양외국어학원 개원

북한이 지금은 외교적으로 고립되어 있는 나라지만, 핵개발 이전까지 는 고립된 상태는 아니었다. 대외무역과 외교 모두 중시하는 나라였다. 물론 지금도 기회가 되면 미국, 일본 등과의 관계를 개선해 국제사회로 나오려는 전략을 갖고 있다. 북한의 국제사회에 대한 관심은 일찍이 1958년 외국어 전문 고등중학교를 개원한 데서도 알 수 있다. 1958년 9월 '평양외국어학원'을 설립한 것이다. 정치적으로 반대 세력에 대한 숙청 작업을 진행하고, 경제적·사회적으로 공업화와 사회주의 사회 건설에 주력하면서 외국어 교육에도 관심을 쏟은 것이다. 평양외국어 학원이 개원한 이후 각 도에도 하나씩 외국어학원이 설립되었다.

평양외국어학원은 6년제로 우리의 중고등학교 과정에 해당한다. 당 시 문을 열어 지금까지도 북한의 '국립 외국어 특목고'로서 역할을 하고 있다. 학생들은 영어, 중국어, 러시아어, 일본어 등 8개 외국어 가운데 전공을 정해서 깊이 있는 교육을 받는다. 입학 자격은 매우 까다롭다. 혁명 유자녀나 영웅 칭호를 받은 사람, 영예군인(상이군인)의 자녀에 한해 입학할 수 있다. 외국인을 상대하거나 외국에 다니면서 일하는 직업을 준비하는 학교인 만큼 혁명성과 출신 성분이 좋은 사람들을 상대로 선발할 필요가 있기 때문에 입학 자격을 엄격하게 제한한 것이다.

이런 자격을 가진 학생들이 공산주의도덕, 국어, 수학, 자연, 체육 등의 시험으로 경쟁을 거쳐 입학한다. 이런 조건과 절차 때문에 북한 당국이 원하는 높은 당성과 실력을 동시에 지닌 학생들이 모일 수밖에 없다. 학생들은 수업시간뿐 아니라 일상생활에서도 전공언어로 말해야 할 정도도 몰입식 교육을 받는다.

졸업생은 대부분 '평양외국어대학'에 진학한다. 평양외국어대학은 1949년에 설립되었다. 영어 · 러시아어 · 중국어 · 프랑스어 · 아랍어 · 스페인어 · 일본어 · 동남아시아어과 등 21개 학과가 설치되어 있고, 정원은 1,000여 명이며, 5년제로 운영되고 있다. 영어과 정원이 가장 많고 다른 언어 전공자도 영어는 필수적으로 수강하도록 되어 있다. 북한에서 김일성종합대학이 가장 유명한 대학이지만, 평양외국어대학은 그에 못지않게 인기 있는 대학이다. 북한에서 외교관은 많은 엘리트들이 되고 싶어 하는 직업이고, 외교관이 되는 데 가장 적합한 대학이 평양외국어대학이기 때문이다.

평양외국어학원과 비슷하게 혁명 유자녀나 영예군인 자녀 등 출신 성분이 좋은 학생들이 입학 시 우선권이 있다. 재학생과 졸업생에게는 외국 유학의 기회가 있고, 대부분 졸업생들이 당 국제부나 내각 외무성 등에서 외교 업무에 종사한다. 현재 북한의 주역들이 대부분 평양외국어대학 출신들이다. 오랜 북한 외교의 사령탑으로 당 국제 비서로 있다가 2016년 5월에 사망한 강석주, 현재의 외무상 리용호, 외무성 제1부상 김계관 등이 모두 이 대학 졸업생들이다.

첫 자동차 '승리 58' 생산

농업협동화에 따라 북한은 농업생산성 향상을 위해 많은 노력을 기울였다. 개인농보다는 협동조합 체제가 생산성이 훨씬 높다는 것을 보여주어야 했다. 그래서 농기계 가운데 가장 많이 쓰이는 트랙터의 대량 보급이 필요했다. 약 3만 대의 트랙터가 필요한 상황이었다. 하지만 북한은 트랙터를 생산하지 못했고, 이를 수입하려면 많은 외화가 필요했다. 그래서 1958년 트랙터 개발에 나섰다. 북한은 1948년 처음으로 트랙터 생산에 성공했다. 하지만 얼마 있지 않아 전쟁에 돌입하는 바람에 트랙터 대량생산 체제는 세우지 못했다. 더욱이 전쟁 중에 트랙터 생산 기술에 관한 서류가 모두 분실되어 원점에서부터 트랙터 생산 작업을 해야 했다.

트랙터 생산은 남포시에 있는 기양농기계공장에 맡겨졌다. 설계에서부터 2,000여 개에 이르는 부품 생산을 일일이 해야 했다. 많은 시행착오가 있을 수밖에 없었다. 재료도 모자랐다. 바퀴의 프레임을 만들어낼

북한은 1958년 11월 15일 첫 자동차 '승리 58'을 생산하고 나서 화물차, 굴착기, 불도저까지 생산하는 기술을 발전시켰다. 북한 최초의 자동차 '승리 58'.

강판이 모자라 작은 것들을 주어모아 용접을 해서 하나씩 만들었다. 결국은 11월 트랙터 생산에 성공해 점차 많은 트랙터를 생산하게 되었다.

그다음에는 자동차 생산이었다. 이 일은 평안남도 덕천군에 있는 덕천자동차공장이 맡았다. 소련의 2.5톤 화물차 가즈GAZ를 모방해서 시제품을 만들어내는 작업이 시작되었다. 김일성도 직접 공장에 찾아와 "농사를 잘 짓고 공장을 더 많이 건설하기 위해서는 우리 힘으로 자동차를 만들어야 한다"면서 개발을 독려했다. 자동차도 설계도면 하나 없었고 부품 하나 생산하지 못하는 단계에서부터 시작했다. 사상투쟁의 모토로 제시된 '보수주의와 소극성 타파'가 적극 강조되었다. 사상투쟁은 그렇게 생산투쟁과 직접 연결되어 있었다. 맨주먹으로 폭탄까지 만들어 일제와 싸우던 항일유격대 정신도 강조되었다.

이렇게 해서 1958년 11월 15일 북한의 첫 자동차 '승리 58'이 생산되었다. 김일성은 11월 29일 덕천자동차공장의 노동자와 기술자, 사무원들에게 축하문을 보내 "지난날 우리나라에서 생산하지 못하던 화물자동차를 우리의 자재, 우리의 기술, 우리의 손으로 생산한 것은 우리당의 올바른 경제정책을 받들고 천리마를 탄 기세로 달리는 우리나라 노동계급의 위력을 시위하는 또 하나의 빛나는 승리다"고 치하했다.[9] 이후 화물차 생산기술을 발전시켜 1960년대에는 양산 체제에 들어갔다. 하지만 버스나 승용차, 고성능 트럭 등에 대한 생산기술은 여전히 발전하지 못하고 있었다.

　　트랙터와 자동차에 이어 1958년 기계공업 프로젝트 세 번째 작품은 굴착기였다. 굴착기 생산은 평안북도 신의주에 있는 낙원기계공장이 담당했다. 마찬가지로 초보 단계부터 시작해 6,000여 종의 부속품 생산 과정을 거쳐 1958년 11월에 대형굴착기 시제품 생산에 성공했다. 그다음 네 번째 작품은 불도저였다. 평안북도 룡천군의 북중기계공장에 맡겨졌다. 열악한 조건 아래에서 1958년 12월 첫 불도저가 생산되었다. '붉은별 58'이라는 이름이 붙여졌다. 1958년은 이렇게 트랙터에 이어 자동차, 굴착기, 불도저까지 생산해 북한의 기계공업이 한 단계 발전하는 중요한 계기가 되었다.

탄부의

1958년

경상북도 안동 출신 독립운동가 김동삼의 맏손자 김중생은 6 · 25 전쟁 발발 당시 북한에 있었다. 만주에서 살다가 1948년 북한에 들어갔다. 당시 만주에는 북한이 세상에서 제일 살기 좋은 나라라고 소문이 나 있었다. 김중생은 북한에 들어가 평양의 직업기술학교에서 교육을 받다가 6 · 25 전쟁 두 달 전 징집되었다. 그렇게 조선인민군에 입대해 7년 6개월을 생활했다. 그러다가 1957년 말 전역했다. 제대 후 배치된 곳은 함경북도 온성의 '삼봉탄광'이었다.[10] 당시 만 25세였다. 삼봉탄광은 두만강 유역의 중 · 소형 탄광이 밀집된 곳에 있는 유연탄 탄광이었다. 내각 석탄공업성의 북부지역석탄관리국에서 운영하는 곳이었다.

김중생은 여기서 굴진공과 채탄공으로 일했다. 굴진공은 굴을 뚫는 작업을 하는 사람, 채탄공은 석탄을 캐는 일을 하는 사람을 말한다. 탄광에는 굴진공 · 채탄공과 함께 굴이 무너지지 않게 나무기둥을 대는 목공이 있다. 굴진공은 굴을 판 거리를, 채탄공은 캐낸 석탄의 양으로 월급을 계산해주었다. 당시 탄광에서 일하는 탄부들은 대부분 50대 이상이었다. 일제강점기부터 탄광에서 일하던 사람이 많았고, 중국이나 소련 극동 지역을 떠돌다가 북한으로 돌아온 사람들도 있었다. 여성도 많아 남녀 비율이 거의 비슷했다.

김중생은 혼자 생활했기 때문에 먹고 자는 문제는 크게 어려움이 없었다. 독신기숙사가 있어서 거기서 생활했고 온돌방은 따뜻한 편이었다. 막장에 들어가는 날은 흰쌀밥에 돼지고깃국이 공짜로 나왔다. 큰 사발에 흰쌀밥과 돼기고깃국을 먹는 것은 일제강점기부터 내려오던 이 지역 탄광의 관습이었다. 일이 없는 날에는 잡곡이 많이 섞인 밥과 시래깃국, 무찌개 등이 무료로 나왔다. 가끔은 좀더 좋은 음식을 사먹기도 했다.

탄광에서 몇 달 일을 하다 김중생은 중국으로 이주하기로 하고 당국에 신청해 허가를 받았다. 평양의 지인 집에 머물면서 출국 준비를 했다. 가장 먼저 해야 할 일은 기차표를 사고, 환전을 하는 것이었다. 북한에 언제 다시 올지 모르기 때문에 모두 바꿔야 했다. 국제여행사로 향했다. 하얼빈행 기차표를 샀다. 나머지는 환전을 요청했다. 하지만 그게 마음대로 되는 게 아니었다. 기차에서 식사가 제공되기 때문에 하얼빈에서 중국의 최종 목적지까지 가는 데 드는 비용만 환전할 수 있다는 것이었다. 당시 북한은 경제 복구가 한창이어서 외화 소비는 엄격히 규제하고 있었다.

여행사 환전 담당이 중국의 최종 목적지를 물었다. 김중생은 하얼빈에서 아주 먼 헤이룽장성 미산현密山縣이라고 답했다. 그래서 어느 정도 여유 있게 환전할 수 있었다. 실제 김중생의 중국 집은 하얼빈에서 40분이면 갈 수 있었지만, 환전을 위해 먼 곳을 말한 것이다. 더는 확인은 하지 않았다. 외화 통제를 하면서도 허술한 구석은 있었던 것이다. 여전히 북한 돈이 많이 남아 평양역 주변을 둘러보았다. 전쟁의 영향이 아직 가시지 않아 귀한 물품들은 수량이 적었고, 값도 아주 비쌌다. 그런 것을 살 수 있는 사람은 많지 않아 상점들은 한산했다.

김중생은 당시 귀중품 중 하나인 손목시계 2개를 샀다. 중고였다. 새 것은 찾기 힘들었다. 중국에 가서 팔면 돈이 될 수 있다고 생각했다. 하지만 허사였다. 시계상점에 들렀는데 고물이라며 사지를 않았다. 김중생은 그렇게 탄광에서 몇 개월 일해 모은 돈을 날리고 중국으로 나와 정착하다가 나중에 한중 관계가 개선되면서 한국으로 귀국했다.

1959년

제10장

×××

전 사회의 감시 체제

어린 김정일의 활약

　김정일이 조선노동당에 입당해 본격적으로 활동하기 시작한 것은 1964년부터다. 이때부터 조직지도부에서 당 전체를 관찰하는 법을 배우고, 선전선동부로 옮겨 주요 직책을 맡으면서 성장했다. 그런데 이보다 훨씬 전인 1959년 고등중학교(중학교와 고등학교를 합쳐놓은 과정) 학생이던 김정일이 북한 방소대표단과 동행하면서 고위급들을 지휘한 적이 있음이 황장엽의 증언으로 알려졌다.[1]

　1959년 1월이었다. 김일성은 소련공산당 제21차 당대회에 참가하기 위해 모스크바를 방문했다. 당 정치국원들과 김일성의 이론비서 황장엽도 대표단에 포함되었다. 김정일도 동행했는데, 당시 고급중학교 졸업반이었고 만 17세였다. 황장엽이 김일성의 지근거리에서 일을 했지만, 김정일을 직접 만난 것은 그때가 처음이었다.

김정일은 김일성종합대학 교수를 지낸 황장엽에게 호감을 표시하며 많은 것을 물었다. 호기심이 많았던 것이다. 김정일은 공식 대표단에 포함되지 않기 때문에 숙소에 남아 있는 경우가 많았다. 그럴 때는 황장엽에게 함께 남아달라고 해서 이야기를 나누었다. 당시 황장엽의 눈에 비친 김정일은 어린 나이에도 권력에 대한 욕망이 상당히 큰 사람이었다. 짧은 기간 김정일을 관찰한 황장엽에게 '이 소년이 자기 삼촌을 내쫓고 권력을 승계할지도 모른다'는 생각이 들게 할 정도였다. 당시만 해도 김일성 아래에서 동생 김영주가 맹활약하고 있을 때였다.

김정일이 당이나 정부의 직책을 맡은 것도 아니고 그만한 나이도 아니었기 때문에 주로 신경 쓴 것은 아버지 김일성을 잘 모시는 것이었다. 아침 일찍 일어나 김일성이 나갈 때는 부축을 했다. 김일성은 47세로 부축이 전혀 필요하지 않았지만, 아들의 정성에 매우 흐뭇해했다고 한다. 신발을 신는 일도 도와주었다.

하루 일과가 끝나면 김정일은 김일성의 부관과 간호사, 의사 등을 소집해 일일이 보고를 받고 지시할 것을 지시하기도 했다. 김일성의 외유인 만큼 수행원을 관리하는 책임자가 따로 있었지만, 이들을 제치고 김정일이 나서서 수행원들을 통제한 것이다.

어느 날은 김정일이 황장엽에게 공업전람관을 가보자 했다. 거기서 김정일은 기술적인 문제들을 구체적으로 질문했다. 황장엽도 과학이나 공학 전공이 아니어서 통역을 하느라 힘이 들었다. 황장엽이 기술적인 문제에 왜 그렇게 관심이 많으냐 물었다. 김정일의 답은 "아버님께서 관심을 갖고 있는 문제이기 때문입니다"였다. 김일성이 좋아할 만

김정일은 어린 나이에도 권력에 대한 욕망이 상당히 큰 사람이었고, 아버지 김일성을 만족시킬 수 있는 일을 찾아서 했다. 청소년기의 김정일.

한 데에 관심을 쏟고 좋아할 만한 일을 골라서 하고 있었던 것이다. 이런 모습은 이후 당 선전선동부에서 활동하면서도 그대로 나타났다. 김정일은 항일빨치산투쟁 당시 김일성과 동료들의 활약상을 영화나 연극으로 만들어 북한 사회에 '빨치산 정신'을 전파하는 데 주력했고, 이것이 김일성을 만족시켰다. 이는 그가 삼촌 김영주를 밀어내고 후계자가 되는 데 큰 기여를 하기도 했다.

또 하루는 모스크바종합대학을 방문했다. 구경을 하던 중 소련공산당 북한 담당 과장이 김일성에게 "동무도 고급중학을 졸업하고 모스크바종합대학에서 공부하시겠지요?"라고 물었다. 이에 김정일은 화를 내며 대답했다. "평양에도 김일성종합대학이라는 훌륭한 대학이 있어요. 나는 김일성종합대학에서 공부할 겁니다."

당시는 중소 간의 이념 분쟁이 심할 때였다. 중국은 서구와 평화공존을 주장하고 스탈린을 비판하는 소련을 수정주의라고 비판했다. 소련은 중국을 낡은 사고에 얽매인 교조주의라고 비난했다. 북한은 중국 편에 서 있었다. 스탈린의 개인숭배를 비판하는 소련 편에 설 수는 없었고, 그런 소련을 비판하는 중국 편에 가담한 것이다. 김정일도 이런 상황을 알고 있었을 것이다. 모스크바종합대학을 거부한 것 역시 북한의 대소 입장에 대한 이해 속에서 나온 판단으로 여겨진다. 물론 그것이 아버지 김일성을 만족시킬 수 있을 것이라는 판단도 했을 것이다.

거대 예비군 노농적위대 출범

북한은 정규군뿐만 아니라 예비전력도 대규모로 보유하고 있는 국가로 유명하다. 정규군이 110만 명이고 예비전력은 770만 명 정도 된다. 예비전력의 내용을 보면, 향토예비군과 같은 성격의 노농적위대가 570만 명, 중학생으로 구성되어 있는 붉은청년근위대가 100만 명, 제대군인과 대학생으로 구성된 교도대가 60만 명, 인민보안부 소속 인민보안군 등 준군사부대가 40만 명 등이다. 전투태세나 전력으로 보면 인민보안군이나 교도대가 강하지만, 노농적위대는 그 규모 때문에 북한의 전력 중에서도 중요한 위치를 차지한다.

노농적위대가 창설된 것이 1959년 1월이다. 1958년 10월 중국군이 완전철수하면서 전력의 보완이 필요한 상황에서 만들어진 것이다. 북한이 실제 공장이나 기업소에 준군사조직을 구성하고 현역 장교를 배치한 것은 1956년부터다. 1956년 5~8월 병력 8만 명 감축을 실시하면서 장교들에 대한 선별 작업도 동시에 진행했는데, 이 과정에서 나이 든 장교들을 산업 현장의 군사지휘관으로 배치한 것이다. 이렇게 시작된 산업 현장의 예비전력을 체계화·조직화해서 1959년 1월 노농적위대라는 이름으로 발족시켰다.

이렇게 북한이 대규모의 노농적위대를 출범시킨 것은 6·25 전쟁의 경험 때문이다. 당시 북한은 20만 정도의 병력으로 남침했다. 3일 만에 서울을 점령하면서 초반에는 우세는 보였지만, 그 우세는 오래가지 못했다. 북한은 전시에 긴급동원할 수 있는 예비전력의 부족 때문에 전쟁에 이기지 못했다고 보았다. 1950년 12월 자강도 만포군 별오리에서 열린 당중앙위원회 제3차 전원회의에서 김일성은 "제1단계에 있어서 많은 예비대를 준비하지 못했으며, 우리 앞에 중첩히 쌓여 있는 곤란과 간고를 극복하는 데 대한 준비가 부족하였다"고 말해 예비전력 미비를 아쉬워했다. 예비군이 충분했으면 이들을 정규군으로 편성해 조기에 남한을 점령할 수 있었다는 이야기다. 이러한 인식을 바탕으로 대규모의 노농적위대를 출범시킨 것이다.

창설 당시는 50만 명이었는데, 노동자와 농민, 사무원뿐만 아니라 제대군인과 학생도 포함되어 있었다. 사회안전부가 지휘하던 자위대도 해체해 여기에 포함시켰다. 1960년대 중반부터는 18~50세의 남자,

18~35세의 미혼 여성을 동원하면서 규모가 커졌다. 일터에서 일을 하다가 일정한 시간에 훈련을 받고, 유사시에는 군에 동원되는 체제였다. 1973년에는 170만여 명으로 규모가 늘어 중학생은 붉은청년근위대로, 제대군인과 대학생은 교도대로 분리되었다.

노농적위대의 임무는 평시에는 사회질서를 확립하고, 당과 혁명 이념을 고수하며, 국가와 인민의 재산을 보호하고, 국경선·해안선 경비와 간첩·파괴 활동을 방지하는 것이다. 전시에는 전력 확대에 기여하고 향토를 사수하는 것이다. 창설 초기에는 제식훈련과 각개전투 훈련 정도의 초보적인 군사훈련만 했지만, 점점 훈련 수준이 높아져 병과별 훈련, 정규군과의 합동훈련 등도 하게 되었다. 하루 1~2시간, 연간 500여 시간 훈련을 한다.

초기에는 군복이나 소총조차 갖지 못했지만, 1966년 5월 모두 군복을 지급받았으며, 점차 AK 소총은 물론 박격포와 야포까지 갖추게 되었다. 부대 편제도 중대, 대대, 연대 등 정규군과 유사한 체제를 갖고 있다. 지휘관은 직장 또는 지역당의 당위원장이 맡고, 부지휘관은 지역의 사회안전부 책임자가, 참모장은 지역당의 군사부장이 맡게 되어 있다.

제2차 화폐개혁

북한은 1947년 이미 화폐개혁을 한 적이 있다. 당시에는 일제강점기에 통용되던 화폐를 바꾸기 위한 것이었다. 1959년 두 번째 화폐개혁이 단행되었다. 2월 13일부터 17일까지 5일 동안 실시되었다. 100원, 50원, 10원, 5원, 1원, 50전 등 6종의 지폐와 10전, 5전, 1전 등 3종의 주화를 발행하고, 100대 1의 비율로 교환해주었다. 교환의 한도는 없었다. 기관과 기업소들은 화폐를 교환해서 전액을 은행에 입금하도록 했다.

새로 발행된 화폐는 색상과 디자인이 한 단계 업그레이드되었다. 화폐의 앞면에는 당시 북한의 모습을 보여주는 다양한 소재가 담겼다. 1원권에는 인공기가 걸려 있는 어선, 5원권에는 김일성종합대학, 10원권에는 평양의 대동문, 50원권에는 평양의 대동교, 100원권에는 제철소의 모습을 실었다. 뒷면에는 과일 따는 여성, 추수하는 여성, 금강산 풍경 등이 새겨졌다. 화폐의 발행 주체도 북조선중앙은행에서 조선중앙은행으로 바뀌었다.

제2차 화폐개혁은 3가지 목적을 갖고 있었다. 첫째는 물가를 잡는 것이었다. 6·25 전쟁 당시 북한은 통화를 대량으로 발행했다. 전비戰費를 마련하기 위해서였다. 풀린 돈은 물가를 올려놓았다. 물가를 잡을 필요가 있었다. 기관과 기업소의 화폐를 은행에 입금하도록 해서 시중의 화폐를 줄인 것은 이를 위한 것이었다. 둘째는 경제개발을 위한 비용을 마련하는 것이었다. 당시 북한은 인민경제발전 5개년 계획을 한창 진행하고 있었다. 이 계획의 핵심 목표가 중공업을 우선시하면서도 경공업과 농업도 발전시키는 것이었기 때문에 예산 소요는 많을 수밖에 없었다. 역시 기관과 기업소가 은행에 맡긴 돈을 정부가 요긴하게 쓸 수 있는 것이었다.

셋째는 새로운 재정금융 토대 구축이었다. 디노미네이션denomination

은 통상 표시 금액을 줄임으로써 표시 금액의 거대화에 따른 계산과 기장, 지불의 불편과 오류를 제거하는 데 기여한다. 북한도 100대 1 디노미네이션을 통해 이러한 불편과 오류를 방지함으로써 재정금융의 안정적 기반을 확보하려고 했다. 부수적으로는 6·25 전쟁 당시 북한 지역에 뿌려졌던 위조지폐의 통용을 금지시키기 위한 목적도 있었다.

도널드 니콜스Donald Nicholls가 지휘한 미공군 첩보부대는 6·25 전쟁 때 대북첩보 활동의 최전선에서 작전을 전개한 부대로 잘 알려져 있다. 이 부대는 북한 내의 정보 수집은 물론이고 요원을 침투시켜 유언비어를 유포하는 활동도 했다. 그뿐만 아니라 북한 화폐를 대량으로 위조해 살포하기도 했다. 정밀기술을 가진 요원들이 제작하고 일본까지 가서 인쇄해온 북한 화폐를 항공기에서 북한 지역에 뿌린 것이다. 위조지폐 살포는 1952년 말부터 시작되어 휴전이 성립할 때까지 계속되었다.[2] 화폐 질서를 무너뜨리기 위한 작전이었다. 어느 정도를 살포했는지 확인되지는 않고 있지만, 7개월 정도 지속적으로 뿌려졌기 때문에 그 양은 적지 않았을 것으로 추정된다. 1959년 화폐개혁은 이때 뿌려진 위조지폐가 더는 북한에서 쓰이지 못하게 하기 위한 목적도 있었다.

5 호담당제 실시

1958년 7월 초 김일성이 평안북도 창성군 약수리의 민주선전실을 방문했다. 민주선전실은 리 인민위원회의 한 부서로 당의 정책을 주민들에게 전달하는 역할을 한다. 민주선전실장은 리 인민위원회 부위원장급의 자리다. 선전선동을 중시하는 북한이 해오던 것이다. 이 자리에서 김일성은 "유급간부 한 사람이 5호씩만 책임지고 교양 사업과 경제 과업 등 일체를 지도하도록 하고 리 당위원회는 그들을 상대로 과업을 주고 그 집행 정형情形을 총화하면 일이 잘 될 것"이라고 말했다(『로동신문』, 1967년 9월 13일). 이를 계기로 한 사람의 열성당원이 5가구를 감시하는 5호담당제가 1959년부터 전면적으로 실시되었다.

5가구를 담당하는 열성당원을 '5호 담당 선전원'이라 불렀다. 감시 책임을 맡은 5가구에 대해서는 가족 관계, 가정생활, 주요 동선, 지식의 정도, 취미생활 등 모든 것을 파악하고 감시했다. 조선노동당이 발행하는 『근로자』 1962년 11월호도 "5호담당제에서는 책임지도자들이 5호 내외의 적은 가구들을 분담하는 만큼 매 가정 매 개인들과 일상적인 접촉을 통해 그들의 지식, 소질, 희망, 사상 동태를 정확히 파악 · 지도한다"면서 "5호담당제 지도 사업은 생산에서 가정에 이르기까지, 성인으로부터 아동에 이르기까지 모든 부문을 포괄한다"고 분명히 밝히고 있다. 한마디로 사회 전체를 감시 체제로 전환해 당이 주민들의 일거수일투족을 관찰할 수 있게 한 것이다.

5호 담당 선전원은 주로 각급 학교의 교사들이 맡았다. 선전원은 직장의 작업반장과 연계되어 책임 작업량 미달 등과 같은 불미스러운 일을 가족 구성원이 보는 앞에서 전달하고 훈계하는 일을 수행하기도 했다. 5호담당제는 조선시대 오가작통법五家作統法을 모방한 것이다. 1485년 한명회가 주도해 만들어낸 오가작통법은 5가구를 1통으로 해서 최말단 행정 단위로 삼았다. 5통은 1리가 되고 몇 개의 리가 면이 되는 것이었다. 통에는 통주가 있어 5가구를 관할했다. 세금 징수나 부역 동원, 범죄자 색출 등에 통주를 활용했다. 19세기 헌종 때에 이르러서는 가톨릭교도를 단속하는 데에도 통주가 이용되었다.

북한은 1960년대에 5호담당제와 함께 '붉은 가정 창조운동'을 실시했다. 5호 담당 선전원은 가족회의에 참석해 가족끼리 비판하도록 해서 공산주의 사상이 철저한 가정을 만들어내려고 했다. 전국토의 요새화 정책이 실시되고 사회 전반에 대한 감시 체제가 강화되면서 5호담당제와 병행해 가정에 대한 사상 의식 교육을 강화한 것이다. 1974년부터는 담당 가구를 5가구에서 10가구로 늘린 '인민반 분조담당제'가 실시되고 있다. 김정일이 후계자가 된 1974년부터는 인민반을 중심으로 한 주기적인 사상 교육이 강화되었는데, 이와 맞물려 감시 체제도 인민반을 기본 단위로 작동하도록 한 것이다.

천리마작업반운동으로 사상의식 개조

천리마운동의 기원은 1956년 12월 당중앙위원회 전원회의에서 있었던 김일성의 노동생산성 제고와 절약운동 제의까지 거슬러 올라간다. 전원회의 직후 김일성이 남포시의 강선제강소를 방문한 자리에서 내부 예비를 최대한 동원해 더 많은 강재鋼材를 생산하자고 역설했다. 이후 1957년에 북한 당국은 '철과 기계는 공업의 왕이다!', '모든 힘을 백만 정보의 관개 면적 확장으로!' 등의 구호를 앞세워 근로자들의 경쟁을 다그쳤다. 무엇이든 빠르게 많이 생산해낼 것을 외쳤다. 기적적인 성과를 매체에 대대적으로 선전하면서 따라할 것을 독려하기도 했다.

1958년 6월에는 김일성이 '사회주의 건설의 대고조'를 선언하면서 "당의 부름 앞에 천리마에 올라탄 기세로 사회주의 건설을 향해 가장 선두에서 달려가야 할 것"이라고 호소했다. 이어 공장과 기업소에서 종업원 총회를 열고 5개년 계획을 앞당길 것을 결의했다. 그러면서 대대적인 증산운동을 '집단적 혁신운동'으로 칭하기 시작했다. 9월에는 당중앙위원회 전원회의가 열려 당내 경제 부서가 중공업부, 경공업부, 건설운영부, 농업부, 산업재정협동단체부로 세분화됨으로써 5개년 계획의 조기 완수를 위한 체계를 구체적으로 갖추었다. 조선직업총동맹 위원장은 한상두에서 당중앙위원회 상무위원 리효순으로 바뀌었다. 조선직업총동맹 위원장 가운데는 가장 고위급이었다. 연안파와 소련파가 대부분 숙청된 가운데 갑산파가 득세하면서 생산 현장의 집단적 혁신운동도 주도하게 된 것이다.

한편으로는 유인책을 썼다. 임금을 인상하고 일에 따른 임금의 차이도 커지도록 임금 체계를 수정했다. 배급은 축소되었다. 대신 생활용품은 국영상점에서 구입하도록 했다. 열심히 일하고 임금을 많이 받아 원하는 것을 살 수 있도록 한 것이다. 하지만 이는 부작용을 낳았다. 작업 속도의 차이에 따라 임금 차이가 컸고, 이는 노동자 사이의 갈등으로 이어졌다. 여기에 대한 북한의 처방은 집단주의적 증산경쟁운동이었다. 노동자 사이의 갈등을 이기주의 탓으로 돌리고 이를 극복하는 방안으

김일성은 '사회주의 건설의 대고조'를 선언하면서 "당의 부름 앞에 천리마에 올라탄 기세로 사회주의 건설을 향해 가장 선두에서 달려가야 할 것"이라고 호소했다. 1959년 곽흥모의 '동무는 천리마를 탔는가?' 선전화.

로 개인 경쟁이 아닌 집단 경쟁 방안을 내놓은 것이다. 그 구체적인 방안이 바로 '천리마작업반운동'이다.[3]

이 운동은 1959년부터 시작되었다. 1959년 2월 김일성은 강선제강소를 찾아 천리마작업반운동을 전개할 것을 제안했다. 그다음 달 진응원이라는 노동자가 이끄는 작업반이 회의를 열고 기술과 사상과 문화 등에서 변화를 일으켜 사람들의 공산주의적 개조를 통해 사회주의 건설을 촉진하고 생산도 획기적으로 증가시켜보자는 결의를 했다. 이 작업반에 '천리마작업반'이라는 호칭을 주었다. 이것이 천리마작업반운동의 시작이다. 1956년 말에 시작된 천리마운동이 '천리마작업반운동'으로 구체화되었다.

'당의 부름에 따라 천리마를 타고 달리는 식'으로 일을 하고 작업반을 운영하자는 것이다. '하나는 전체를 위하여, 전체는 하나를 위하여'라는 구호를 내세우며 근로자들은 공동으로 일하고 생활했다. 열심히 일해 탁월한 성과를 낸 근로자에게는 '천리마 기수'라는 칭호를 주었다. 천리마에 올라탄 인물이라는 의미였다. 휴양소를 이용할 수 있는 권한도 주었다.

그중에서도 탁월한 사람들에게는 노력영웅의 칭호를 주었다. 노력영웅이 되면 최고인민회의 대의원이 되기도 하고 공장의 간부가 되기도 했다. 실제로 댐 건설 공사장에서 일하는 한 노동자는 강에서 29시간 동안 머물면서 70킬로그램짜리 모래주머니 580개를 만들어내면서 40일 예정의 공사 기간을 5일로 단축시켜 노력영웅이 되었다.

모범적인 작업반에는 '천리마작업반'이라는 이름을 수여했다. 상금이나 상품도 함께 주었다. 운동이 시작된 지 1년 만에 8,620개 작업반이 참여했고, 그 가운데 766개 작업반이 '천리마작업반' 칭호를 받았다. 성과가 좋은 학교는 '천리마학교', 생산성을 획기적으로 개선한 공장은 '천리마직장' 등의 칭호를 받았다. 기본적으로는 생산 현장에서 진행된 운동이지만, 사상과 문화 등 근로자들의 모든 생활 영역에 걸친 집단적 혁신운동이었다. 생산력 증대를 위해 생산 활동뿐만 아니라 일상생활에서도 공산주의적 관계를 확립해 사상의식을 공산주의적으로 개조하자는 운동이었다. 이전의 혁신운동이 개인의 기술적 능력 배가를 위한 것이었다면, 천리마운동은 대중의 능력과 지혜를 집단적으로 동원하려는 사회주의 경쟁운동이었다.

북한이 1959년에 천리마작업반운동에 매진한 것은 반종파 투쟁과 사회주의화의 적극적인 추진으로 인한 사회적 불안을 넘어서기 위한 것이었다. 비판하고 싸우고 배제하는 시간 속에서 배태된 갈등과 상호 불신, 정권에 대한 불만 등을 대중적 · 집단적 경쟁운동으로 녹여내려는 것이었다.

공작기계 새끼치기 운동

1958년 트랙터, 화물차, 굴삭기, 불도저 등의 생산에 성공한 북한은 1959년에는 공장의 공작기계를 늘리는 운동을 전국적으로 벌였다. 공작기계는 쇠를 깎거나 잘라서 필요한 모양으로 만들어내는 기계를 말한다. 기계를 만드는 기계라고도 불리는데, 기계공업의 기초가 되는 것이다. 대표적인 것이 절삭공구를 사용해 나사 등을 만들어내는 선반이다. 북한 당국은 기계공업의 발전을 위해서는 공작기계의 보급이 급선무라고 판단하고 공작기계를 늘리는 운동을 전개했다.

캠페인의 이름은 '공작기계 새끼치기 운동'이었다. 공작기계를 전문적으로 만드는 공장을 만들어 공급하기를 기다리지 말고 공작기계가 필요한 공장의 기술자들이 스스로 나서서 기계를 만들어 사용하자는 것이었다. 함경북도 경성군의 한 아마亞麻공장에서 시작되었다. 이 공장에서 기술자들이 낡은 선반을 이용해 새로운 공작기계를 만들어 사용했다. 1959년 3월 현지 지도 중인 김일성이 이를 보게 되었다. 김일성은 이를 전국적으로 확산하면 좋겠다고 생각했다. 5월 당중앙위원회 상무위원회 확대회의에서 김일성이 이 문제를 공식 제기했다. "공작기계를 가지고 있는 모든 공장과 기업소에서는 이 기간에 매개每個 공작기계가 국가계획 외에 한 대 이상의 공작기계를 새끼치도록 하여야 하겠습니다. 공작기계 새끼치기 운동은 선반과 같은 일반 공작기계를 새끼치는 데 그치지 말고 대담하게 대형 공작기계와 특수 공작기계를 생산하는 데로 발전시켜야 합니다"라며 운동의 시작을 알렸다.⁴

캠페인은 1960년 5월까지 1년 동안 1만 3,000여 대의 공작기계를 생산하는 것을 목표로 북한 전체의 공작기계 사용 공장·기업소들을 상대로 전개되었다. 공작기계를 사용하는 공장과 기업소는 최소한 한 대 이상의 공작기계를 스스로 만들어야 했다. 첫째, 공작기계를 사용하고 있는 모든 공장·기업소에서 다루기 쉬운 단순 공작기계를 만들어 생산 능률이 오르도록 한다. 둘째, 공작기계의 수를 늘려 필요한 부속품은 물론 간단한 설비까지도 스스로 해결할 수 있도록 한다. 셋째, 전문기계공장들도 현대적인 특수 공작기계 생산을 늘려 중형기계 생산을 증가시킬 수 있도록 한다.

조선노동당은 캠페인을 진행하면서 공작기계 전문 작업반을 조직해 각 공장과 기업소에 보내 공작기계 제작을 도왔다. 자재는 어디서나 부족한 상황이었기 때문에 각 작업장이 스스로 조달하도록 했다. 캠페인의 출발점이 된 경성군의 아마공장은 1년 동안 44대의 공작기계를 만들어냈고, 방적기까지 만들어 공장의 규모를 2배로 늘렸다(『로동신문』, 1960년 5월 4일). 본보기가 되다보니 기술자와 노동자들이 더 열성적으로 할 수밖에 없었을 것이고, 당의 전문 작업반도 이 공장을 적극 지원했던 것으로 보인다. 평안남도에 있는 대동종합공장은 선반을 비롯한 공작기계 60여 대를 만들어 4,000대의 쟁기, 5,800대의 달구지, 1만 2,000대의 제초기 등을 생산했다(『로동신문』, 1960년 5월 4일).

이렇게 해서 1년 동안 1만 3,000여 대의 공작기계 제작이라는 목표를 달성했다. 전문적으로 공작기계만을 생산하는 공장에 맡겨서는 몇 년이 걸려도 달성하기 힘든 것이었다. 그뿐만 아니라 이 운동의 과정을 통해 기계공업이 발달함에 따라 평양공작기계공장과 해주농기계공장 등 여러 기계공장이 추가로 설립되었다.

교육 체계 전면 개편

북한은 1956년 초등의무교육을 시행해 인민학교 4년 교육을 의무적으로 하도록 했고, 1958년에는 중등의무교육을 실시해 인민학교 4년과 초급중학교 3년 도합 7년 교육을 의무화했다. 고급중학교가 있었지만 의무는 아니었다. 1959년 10월에는 새로운 법령을 통해 인민교육 체계를 개편했다. 기본적인 교육 체계를 '유치원-4년제 인민학교-3년제 중학교-2년제 기술학교-2년제 고등기술학교' 체계로 정리한 것이다. 종전의 체계에 유치원을 더하고, 고급중학교를 없애고 그 자리에 2년제 기술학교를 넣었다.

고급중학교는 일반교육만을 실시하고 기술교육을 거의 하지 않아 노동과 생산을 위한 준비에 적합하지 않다는 판단이었다. 당시 북한은 공업화에 매진하고 있어 교육 체계 자체를 개정해 기술교육을 강화한 것이다. 이론뿐만 아니라 이를 실생활에 적용할 수 있는 기술과 연결시켜 교육한다는 취지였다.

2년제 기술학교는 기술교육만 하는 것이 아니라 중등 과정의 일반교육을 하면서 한 가지 이상의 기술교육을 하는 것을 목표로 했다. 절반 정도는 일반교육, 나머지 절반은 기술교육을 하는 형태였다. 기술과목으로는 광업, 금속, 기계, 전기, 화학, 운수, 체신, 임업, 인쇄, 방직, 경공업, 도시경영, 수산, 농업, 보건, 상업 등 다양했다. 고등기술학교는 학교 내 실습장과 생산 현장에서 노동을 통해 실제적인 기술을 습득하는 것을 교육 내용으로 하고 있었다.

고등교육 단계는 4~5년의 대학과 4년제의 연구원 과정으로 체계화했다. 기술인력 양성을 위한 2년제 고등전문학교도 따로 운영했다. 성인교육을 위한 체계도 마련해 2년제 근로자학교와 3년제 근로자중학교를 설치했다. 야간 · 통신 교육 체계는 '2년제 야간기술학교-2년제 야간 · 통신 고등기술학교-4~5년제 통신 · 야간 대학'의 체계를 갖추게 되었다. 이는 생산 현장의 근로자들도 일하면서 교육을 받을 수 있도록 하기 위한 것이었다. 초등 교원을 양성하는 3~4년제 교원대학과 중등 교원을 양성하는 4년제 사범대학도 마련되었다.

이렇게 교육 체계를 기술교육 중심으로 개편하면서 고급인력 양성을 위한 대학도 크게 증가시켰다. 1957년에 해주교원대학을 신설하고, 1958년에는 평양체육대학 · 원산교원대학 · 평남기술교원대학이 새로 문을 열었다. 1959년에는 훨씬 많은 대학이 신설되었는데, 평양기계대학, 평양경공업대학, 평양운수대학, 평양상업대학, 평양법률대학, 평양연극영화대학, 청진광산대학, 원산수산대학, 해주의학대학 등 모두 17개 대학이 개교했다. 기존에 대학이 20개였는데, 1959년에 37개로 급증했다. 또, 1960년에는 평양국제관계대학, 평양교원대학, 해주농업대학이 새로 문을 열었다.

1956년 기술인재를 전문적으로 양성하기 위해 세우기 시작한 고등전문학교도 많아졌다. 1957년에는 10개, 1960년에는 30개로 증가했다. 1958년부터 졸업생이 나오기 시작해 1960년에는 3,400여 명의 준기사들이 산업 현장에 진출해 직접 생산에 기여했다. 기술교육 위주의 교육정책은 지속되어 1967년에는 '9년제 기술의무교육'이 실시되었다. 중학교와 기술학교를 합쳐 5년제 고등중학교로 개편하고, 인민학교 4년에 이어 의무적으로 교육을 받도록 한 것이다. 그리고 고등중학교 교육 과정에 기술교육을 대폭 강화했다.

재일 동포의 입북

북한은 정부 수립 이후에도 오랫동안 일본과 소원한 관계를 유지했다. 전쟁 후에도 소련과 중국 중심의 외교를 전개하면서 일본과의 관계 개선에는 관심을 기울이지 못했다. 더욱이 식민지 지배 문제에 대한 해결이라는 난제가 결부되어 있어 일본과의 관계 개선은 요원한 문제이기도 했다. 그런 가운데 1955년 1월 일본 총리 하토야마 이치로鳩山—郎

가 북한과의 경제 관계를 개선할 용의가 있다고 밝혔다.

1954년 요시다 시게루吉田茂 후임으로 총리가 된 하토야마는 미국에 의존하면서 경제발전에 진력해야 한다는 '요시다 독트린Yoshida Doctrine'에서 벗어나 미국에서 일정 정도 자율성을 확보해야 한다는 인식을 갖고 있었다. 그래서 소련과 중국에 대해 관계 개선을 제안했다. 북한과의 경제 관계 개선 제의는 그 연장선상에서 나온 것이다. 더욱이 북한은 지불 능력이 있었고 광물자원도 풍부해 일본으로서는 손해 볼 것이 없는 제안이었다.

일본의 제안을 받은 북한은 한 달 후 무역과 문화교류의 용의가 있음을 밝혔다. 외무상 남일이 우호적인 관계를 원하는 국가들과는 정상적인 관계를 수립할 수 있음을 밝히면서 일본에도 무역과 문화교류를 하자고 제안했다. 일본은 경제교류로 한정해 제안했지만, 북한은 이를 더 확대해 문화교류도 포함시켜 제안한 것이다. 이에 대해 일본도 적극적으로 응하면서 경제교류는 시작되었다. 남한을 의식해서 직접 교역을 하지는 않고 중국을 경유해 간접적으로 무역을 했다. 1956년 3월에는 일조무역회日朝貿易會도 설립되어 양국의 무역에 관한 구체적인 사무도 처리하게 되었다.

이러한 환경 속에서 북한에 남아 있던 일본인 귀국 문제도 논의되었다. 1955년 10월 사회당 방북단이 북한의 수용소를 방문해 귀국을 원하는 일본인의 명단을 확보했다. 이후 일본적십자사가 나서 1956년 4월 재북 일본인 36명이 일본으로 귀국했다. 이를 계기로 일본적십자사가 북한의 요구 사항인 재일조선인 귀국에 협조해 1956년 12월 재일조선인 20명이 국제적십자사의 여행 증명서를 갖고 북한에 귀국했다.

1958년에 북한은 재일조선인의 귀국을 종용하는 선전 사업을 벌이기 시작했다. 귀국하면 직장과 주택 등을 제공하겠다고 발표하고, 귀국에 필요한 경비를 부담하고 귀국선도 파견하겠다고 밝혔다. 또, 재일조선인 자녀들에 대한 장학금도 지급했다. 이와 같은 북한의 선전으로 재일조선인 60만여 명 가운데 14만여 명이 귀국 신청을 했다. 그 가운데 90퍼센트는 남한 출신이었다.

일본 정부는 당초 대규모 북송에 찬성하지 않았다. 한일회담에 부정적인 영향을 줄 수 있었기 때문이다. 하지만 남한에 비판적인 각료들을 중심으로 '인도주의적 입장에서 귀국 희망자는 허가해야 한다'는 주장이 힘을 얻게 되었고, 1959년 2월 각료회의에서 귀국 허가를 결정했다. 실무적인 준비를 거쳐 첫 북송선 클리리온호號와 토보르스크호號가 재일 동포 975명을 싣고 12월 14일 니가타新潟항을 출발했다. 이후 매년 수백 명에서 많을 때는 수만 명씩 북송되어 1980년까지 9만 3,000여 명의 재일 동포가 북한으로 들어갔다. 하지만 많은 북송 교포는 북한 체제에 적응하지 못했다. 특히 교포의 일본인 배우자들 가운데는 적응하지 못하는 사람이 많았다.

그런데 북한이 이렇게 재일 동포 북송 사업에 힘을 쏟은 이유는 무엇인가? 첫째, 노동력이 필요했다. 1957년부터 시작된 경제개발 5개년 계획을 수행하기 위해서는 많은 노동력이 필요했는데, 재일 동포를 귀국시켜 부족한 노동력을 보충하겠다는 생각이었다. 둘째, 일본의 한인 사회에서 북한에 대한 우호적인 평가를 얻고자 했다. 대규모 북송은 북

북한은 재일조선인의 귀국을 종용하는 선전 사업을 벌여 1959년 12월 재일 동포 975명이 입북한 이후 매년 수백 명에서 수만 명이 북송되었다. 1959년 12월 14일 첫 재일 동포 북송선 **토보르스크호**가 니가타항을 출발하고 있다.

한을 택한 사람이 많다는 의미였고, 이는 북한에 대한 긍정적인 인식을 동포 사회에 확산시킬 수 있었다. 셋째, 남한과의 경쟁에서 외교적 승리를 거두려고 했다. 남한은 당시 한일회담을 오랫동안 진행하고 있었지만, 진전을 보지 못했다. 이런 상황에서 재일 동포의 대규모 북송은 남한에 대한 북한의 우위와 승리를 확인해주는 것으로 비칠 수 있었다.

　일본으로서도 재일 동포의 대규모 북송은 조선인 문제를 해결해주는 좋은 방안이었다. 1956년 통계에 따르면 재일 조선인 가운데 생활보호

대상자가 24퍼센트나 되었다. 재정적 부담이 될 뿐만 아니라 사회 불안의 요소가 될 수도 있었다. 북한의 재일 동포 귀국 제안에 일본이 응한 것은 이러한 문제를 해결할 수 있다는 생각 때문이었다.

강상호는 1909년에 러시아 연해주에서 태어나 연해주 지역에서 공산주의 청년 조직에서 일했다. 1930년대에는 연해주 포시예트Posyet 구역 공산청년동맹위원회 책임비서가 되었다. 1937년 우즈베크공화국 타슈켄트로 강제 이주되어 교육성에서 근무하다가 1943년 소련군에 입대했다. 극동 지역에 있던 제25군단 정치부 지도원으로 있다가 1945년에 제40사단 정치부 상급지도원으로 복무하던 중 북한에 들어오게 되었다. 당시 계급은 상위(중위와 대위 사이)였다. 소련 군정 동안 군에서 있다가 1948년 말 소련군이 철수하면서 전역해 북한에 남았다. 1949년 여름 강원도당 부위원장에 임명되었다가 6·25 전쟁을 겪었다. 1953년 1월 중앙당학교 교장이 되었고 6월에는 내무성 부상 겸 정치국장에 올랐다. 그 자리에 1958년까지 꽤 오랫동안 있으면서 만주파의 연안파와 소련파에 대한 숙청 작업을 도왔다.

그렇다고 해서 숙청의 칼바람이 그를 피해가지는 않았다.[5] 1958년 초부터 북한 당국의 칼끝이 그를 향해 다가오고 있었다. 내무성 신문에 「개인숭배는 마르크스-레닌주의와는 관련도 없다」라는 글을 썼는데, 그것이 화근이 되었다. 내무성 부상에서 판문점 군사정전위원회 수석대표로 좌천되었다. 이 자리는 남한군이나 미군이 정전협정을 위반하는지 감시하고 문제가 발생하면 제기하는 것이 주업무였다. 평양의 정치에서는 멀찍이 떨어져 있는 한직이었다.

1959년 4월에는 군사정전위원회 수석대표에서도 해임되었다. 8월부터는 그에 대한 사상 검토가 시작되었다. 사상 검토의 주체는 불과 1년여 전만 해도 자신이 국장이던 내무성 정치국이었다. 먼저 내무성 대회의실에 불려나가 당원들 앞에서 공개적으로 비판을 받았다. 이후에는 집중 심문이었다. 정치국의 어느 작은 방에 불려갔다. 4명이 한 조가 되어 24시간 심문했다. 영관급 장교 2명과 위관급 장교 2명이 한 조를 이루었다. 한 조가 8시간씩 하루 3교대로 질문과 협박과 위협을 계속했다. 때리지는 않았다. 구두를 벗어 위협을 한 적은 있었지만 실제로 폭행하지는 않았다. 밥 먹는 시간 빼고는 휴식도 없고 잠자는 시간도 거의 없이 심문이 계속되었다.

묻는 내용은 반당종파그룹에 가담했는가 하는 것이었다. 강상호는 계속 부인했다. 그러자 심문조는 외무성 참사 전동혁과 중앙당학교 교장 허익의 진술서라면서 문서철을 내놓았다. 강상호가 시켜서 반당종파 활동을 했다는 내용이 적혀 있으니 자백하라는 협박이었다. 하지만 강상호는 "전동혁의 진술서를 읽어보게 해달라"고 요구했다. 필체를 알고 있으니 실제 그들의 것인지 금방 확인할 수 있다는 이야기였다. "허익은 평양에 있으니 대질시켜달라"는 요구도 했다. 그러자 진술서 이야기는 더는 꺼내지 않았다.

1957년 8·15 기념식에 참석하는 김일성을 체포하는 계획을 다른 내무성 부상 박은익과 함께 세우지 않았냐는 심문도 있었다. 또, 내무성에서 함께 일하던 강병율을 모스크바 주재 영사로 보내 소련의 도움으로 김일성 정권을 뒤엎을 공작을 하지 않았느냐는 내용도 있었다. 강상호는 관련자와 대질을 요구하며 버텼다. 거의 앉지도 못하고 서서 심문을 받았다. 오랫동안 서 있다 보니 다리가 부었다. 그제서야 앉게 해주었다. 앉으니 잠을 못 이기고 계속 쓰러졌다. 이런 혹독한 심문은 3개월 동안 계속되었다.

심문은 11월 초 끝났다. 반당종파그룹에 가담한 것은 확실치 않지만 흐루쇼프 수정주의에 오염되었기 때문에 노동 과정을 통해 사상 개조를 해야 한다는 판정이 내려졌다. 강상호는 동생과 장녀가 있는 소련으로 보내달라고 했다. 북한은 그를 수정주의라는 나쁜 사상을 가진 자라고 딱지를 붙여 소련으로 추방

했다. 추방 절차는 신속하게 진행되어 11월 중순 모스크바로 떠났다. 이후 강상호는 장녀가 있는 레닌그라드(상트페테르부르크)에 살면서 북한의 독재를 비판하는 일을 했다. 워싱턴과 서울 등을 다니며 강연을 하고 『꼼소몰쓰까야쁘라우다』, 『고려일보』 등 신문에 글을 써서 북한의 부정적인 면을 비판하고 시정을 촉구하는 활동을 하다가 2000년에 사망했다.

주

제1장 6 · 25 전쟁 발발

1 북한의 1950년 초 무기 증강 등에 대한 부분은 박명림, 『한국전쟁의 발발과 기원 I: 결정과 발발』(나남, 1996), 137~140쪽; 와다 하루키, 서동만 · 남기정 옮김, 『북조선: 유격대 국가에서 정규군 국가로』(돌베개, 2002), 96~97쪽; 장준익, 『북한인민군대사』(서문당, 1991), 457~470쪽을 참조했다.

2 장준익, 앞의 책, 135쪽.

3 이 부분은 박명림, 앞의 책, 137~140쪽, 152~172쪽을 참조했다.

4 「소련 외교 문서 2」, 25쪽; 박명림, 앞의 책, 157쪽 재인용.

5 신복룡, 「"3일 만에 끝낸다" 국가 건설의 모순 전쟁으로 극복하려던 것」, 『주간조선』, 2015년 11월 2일.

6 유성철, 「나의 증언 (10)」, 『한국일보』, 1990년 11월 13일.

7 「소련 외교 문서 2」, 28쪽; 박명림, 앞의 책, 161쪽 재인용.

8 중국 참전 문제에 대한 부분은 박명림, 앞의 책, 200~220쪽을 참조했다.

9 Rosemary Foot, 「Nuclear Coercion and the Ending of the Korean Conflict」, 『International Security』 13-3, Winter 1988-1989.

10 Roger Dingman, 「Atomic Diplomacy during the Korean War」, 『International Security』 13-3, Winter 1988-1989.

11 John Gaddis, 『The Cold War: A New History』(The Penguin Press, 2005).

12 Matthew Jones, 『After Hiroshima: The United States, Race and Nuclear Weapons in Asia, 1945-1965』(Cambridge University Press, 2010).

13 서동만, 『북조선사회주의 체제성립사: 1945~1961』(선인, 2005), 411쪽.

14 사회과학원, 『조선전사 26』(과학백과사전출판사, 1981), 91~92쪽.

15 柴成文 · 趙勇田, 『板門店 談判』(解放軍出版社, 1989), p.84; 박명림, 앞의 책, 280쪽 재인용.

16 「KBS 타큐멘터리: 김일성 참모들이 밝힌 6·25 비사」, 『KBS』, 1992년 6월 23일; 박명림, 앞의 책, 281 쪽 재인용.

17 김진계과 관련된 내용은 김진계 구술·기록, 김응교 보고문학, 『조국: 어느 '북조선 인민'의 수기 (상)』(현 장문학사, 1990), 133~146쪽에 자세히 나온다.

제2장 휴전의 모색

1 임은, 『김일성 정전』(옥촌문화사, 1989), 255~256쪽.

2 시민사회 편집부, 『조선노동당원의 육필 수기』(시민사회, 1990), 78쪽.

3 국방부 군사편찬연구소, 『소련군사고문단장 라주바예프의 6·25 전쟁 보고서 1』(국방부 군사편찬연구소, 2001), 41쪽.

4 「박일우의 반당적 종파 행위에 대하여(12월 전원회의 결정서 1955년 12월 2~3일)」, 『북한관계사료집 30』(국사편찬위원회, 1998), 662~665쪽.

5 「김열의 반당적 종파 행위에 대하여(12월 전원회의 결정서 1955년 12월 2~3일)」, 『북한관계사료집 30』 (국사편찬위원회, 1998), 668쪽.

6 여정, 『붉게 물든 대동강: 전 인민군 사단 정치위원의 수기』(동아일보사, 1991), 55쪽.

7 사회과학원, 『조선전사 27』(과학백과사전출판사, 1982), 80쪽.

8 「박헌영의 비호하에서 리승엽 도당들이 감행한 반당적 반국가적 범죄적 행위와 허가이의 자살사건에 관 하여(전원회의 제6차 회의 결정서 1953년 8월 5~9일)」, 『북한관계사료집 30』(국사편찬위원회, 1998), 391쪽.

9 강상호, 「내가 치른 북한 숙청 (4)」, 『중앙일보』, 1993년 2월 1일.

10 스칼라피노·이정식, 한홍구 옮김, 『한국공산주의운동사 2』(돌베개, 1986), 517쪽.

11 강상호, 「내가 치른 북한 숙청 (2)」, 『중앙일보』, 1993년 1월 18일.

12 강상호, 「내가 치른 북한 숙청 (3)」, 『중앙일보』, 1993년 1월 25일.

13 사회과학원, 『조선전사 27』(과학백과사전출판사, 1982), 86쪽.

14 김일성, 「당의 조직 사상적 강화는 우리 승리의 기초」, 『김일성 선집 4』(조선로동당출판사, 1954), 296쪽.

15 티모 머레이의 이야기는 브루스 커밍스, 김동노·이교선·이진준·한기욱 옮김, 『브루스 커밍스의 한국 현대사』(창작과비평사, 1997), 416쪽; 『한국일보』, 2005년 5월 24일 기사 등을 참조했다.

제3장 수령의 탄생

1 사회과학원, 『조선전사 27』(과학백과사전출판사, 1982), 112쪽.

2 사회과학원, 『조선전사 27』(과학백과사전출판사, 1982), 109쪽.

3 사회과학원, 『조선전사 27』(과학백과사전출판사, 1982), 108쪽.

4 사회과학원, 『조선전사 27』(과학백과사전출판사, 1982), 110~111쪽.

5 사회과학원, 『조선전사 27』(과학백과사전출판사, 1982), 200~217쪽.

6 사회과학원, 『조선전사 26』(과학백과사전출판사, 1981), 300쪽.

7 사회과학원, 『조선전사 27』(과학백과사전출판사, 1982), 212쪽.

8 사회과학원, 『조선전사 27』(과학백과사전출판사, 1982), 273쪽.

9   서동만, 『북조선사회주의 체제성립사: 1945~1961』(선인, 2005), 444쪽.
10 사회과학원, 『조선전사 27』(과학백과사전출판사, 1982), 440쪽.
11 야노스 본타의 북한 활동 내용은 라종일 편, 『증언으로 본 한국전쟁』(예진, 1991), 239~250쪽에 자세히
    나온다.

제4장 휴전과 재건

1   서동만, 『북조선사회주의 체제성립사: 1945~1961』(선인, 2005), 439쪽.
2   김학준, 『한국전쟁: 원인 · 과정 · 휴전 · 영향』(박영사, 1997), 320쪽.
3   김성보, 『북한의 역사 1』(역사비평사, 2011), 158쪽.
4   북한은 신천 학살사건을 미군이 저지른 것으로 선전해왔지만, 최근의 연구들은 이 사건이 좌우익 사이의
    복수극이었음을 밝히고 있다. 이 사건에 대한 상세한 연구로는 한화룡, 『전쟁의 그늘: 1950년, 황해도 신
    천 학살사건의 진실』(포앤북스, 2015)이 대표적이다.
5   김학준, 앞의 책, 355쪽.
6   김성보, 앞의 책, 162쪽.
7   김일성, 「모든 것을 전후 인민 경제 복구 발전을 위하여: 조선로동당 중앙위원회 제6차 전원회의에서 한
    보고(1953. 8. 5.)」, 『김일성 저작집 8』(조선로동당출판사, 1980), 18쪽.
8   김성보, 앞의 책, 178쪽.
9   이 내용은 김진계 구술 · 기록, 김응교 보고문학, 『조국: 어느 '북조선 인민'의 수기 (상)』(현장문학사,
    1990), 191~209쪽에 자세히 나온다.

제5장 사회주의 본격화

1   사회과학원, 『조선전사 28』(과학백과사전출판사, 1982), 92쪽.
2   사회과학원, 『조선전사 28』(과학백과사전출판사, 1982), 347쪽.
3   돌베개 편집부, 『북한 조선로동당대회 주요 문헌집』(돌베개, 1988), 176쪽.
4   김일성, 「우리나라 민주주의 혁명과 사회주의 혁명의 몇 가지 경험에 대하여(1969. 10. 11.)」, 『김일성 저
    작집 24』(조선로동당출판사, 1983), 191~192쪽.
5   김성보, 『북한 현대사 1』(역사비평사, 2011), 192쪽.
6   조선로동당 중앙위원회 당력사연구소, 『김일성동지략전』(조선로동당출판사, 2003), 427쪽.
7   조규하 외, 『남북의 대화』(고려원, 1987), 555~556쪽.
8   황장엽이 겪은 1954년의 상황은 황장엽, 『황장엽 회고록』(시대정신, 2006), 117~132쪽에 자세히 나온다.

제6장 주체사상이 싹트다

1   조선로동당 중앙위원회 당력사연구소, 『김일성동지략전』(조선로동당출판사, 2003), 435쪽, 437쪽.
2   이 내용은 서동만, 『북조선사회주의 체제성립사: 1945~1961』(선인, 2005), 516~520쪽을 참조했다.
3   박갑동, 『박헌영: 그 일대기를 통한 현대사의 재조명』(인간사, 1983), 278쪽.

4 강상호, 「내가 치른 북한 숙청 (29)」, 『중앙일보』, 1993년 7월 26일.

5 강상호, 「내가 치른 북한 숙청 (34)」, 『중앙일보』, 1993년 8월 30일.

6 임경석, 『이정 박헌영 일대기』(역사비평사, 2004), 476~477쪽.

7 강상호, 「내가 치른 북한 숙청 (35)」, 『중앙일보』, 1993년 9월 6일.

8 박갑동, 앞의 책, 279쪽.

9 「모주석접견조선대표단담화기요(1956. 9. 18.)」, 백학순, 『북한 권력의 역사: 사상·정체성·구조』(한울아카데미, 2010), 177쪽 재인용.

10 박헌영의 간첩죄에 대한 의문에 관해서는 백학순, 앞의 책, 159~167쪽을 참조했다.

11 『김일성 저작집 9』(조선로동당출판사, 1980), 468쪽, 474쪽; 와다 하루키, 서동만·남기정 옮김, 『북조선: 유격대 국가에서 정규군 국가로』(돌베개, 2002), 115~116쪽 재인용.

12 이 내용은 시민사회 편집부, 『조선노동당원의 육필 수기』(시민사회, 1990), 103~105쪽을 참조했다.

제7장 김일성 반대파의 도전과 실패

1 이종석, 『새로 쓴 현대 북한의 이해』(역사비평사, 2000), 421쪽.

2 염인호, 『조선의용대·조선의용군』(독립기념관 한국독립운동사연구소, 2009), 220쪽.

3 서동만, 『북조선사회주의 체제성립사: 1945~1961』(선인, 2005), 608쪽.

4 이종석, 앞의 책, 423쪽.

5 Andrei Lankov, 『Crisis in North Korea: The Failure of De-Stalinization, 1956』(Honolulu: University of Hawaii Press and Center for Korean Studies, University of Hawaii, 2005), pp.171~173; 백학순, 『북한 권력의 역사: 사상·정체성·구조』(한울아카데미, 2010), 554쪽 재인용.

6 조선인민군에서 감군 과정을 관찰한 내용은 김중생, 『험난한 팔십인생 죽음만은 비켜갔다』(명지출판사, 2013), 166~169쪽에 나와 있다.

7 함택영, 「남북한 군비경쟁 및 군사력 균형의 고찰」, 함택영 외, 『남북한 군비경쟁과 군축』(경남대학교 극동문제연구소, 1992), 20쪽, 23쪽.

8 『민주조선』, 1957년 5월 19일; 서동만, 앞의 책, 597쪽 재인용.

9 서동만, 앞의 책, 625쪽.

10 이 내용은 여정, 『붉게 물든 대동강: 전 인민군 사단 정치위원의 수기』(동아일보사, 1991), 67~69쪽을 참조했다.

제8장 전 사회적 사상 검증과 숙청

1 북한의 집단지도 체제 논의와 관련해서는 백학순, 『북한 권력의 역사: 사상·정체성·구조』(한울아카데미, 2010), 513~516쪽을 참조했다.

2 NKIDP Document 3, pp.16~17; 백학순, 앞의 책, 537쪽 재인용.

3 NKIDP Document 7, p.28; NKIDP Document 8, p.30; NKIDP Document 12, p.38; 백학순, 앞의 책, 531쪽 재인용.

4 강경·온건파 관련 내용은 서동만, 『북조선사회주의 체제성립사: 1945~1961』(선인, 2005), 584~585쪽; 와다 하루키, 서동만·남기정 옮김, 『북조선: 유격대 국가에서 정규군 국가로』(돌베개, 2002), 120쪽

을 참조했다.

5 서동만, 앞의 책, 769쪽.

6 정태수 · 정창현, 「모택동, 김일성 제거 후 친중 정권 수립 시도(평양 주재 5대 소련 대사 푸자노프 비망록)」, 『WIN』, 1997년 7월호, 95~96쪽.

7 여정, 『붉게 물든 대동강: 전 인민군 사단 정치위원의 수기』(동아일보사, 1991), 88쪽.

8 조선중앙통신사, 『조선중앙연감 1958』(조선중앙통신사, 1958), 43쪽.

9 김두봉 출당 관련은 여정, 앞의 책, 89~90쪽과 백학순, 앞의 책, 531쪽을 참조했다.

10 그가 찍은 사진은 에리히 레셀 사진, 글 백승종, 『동독 도편수 레셀의 북한 추억: 50년대 북녘, 북녘 사람들』(효형출판, 2000)을 통해 볼 수 있다.

제9장 경제발전의 본격화

1 사회과학원, 『조선전사 29』(과학백과사전출판사, 1981), 158~159쪽.

2 사회과학원, 『조선전사 29』(과학백과사전출판사, 1981), 159쪽.

3 사회과학원, 『조선전사 29』(과학백과사전출판사, 1981), 41쪽.

4 사회과학원, 『조선전사 29』(과학백과사전출판사, 1981), 39쪽.

5 '반혁명적 무장폭동사건'과 관련한 증언은 조선인민군 제15사단 정치위원을 지난 여정의 『붉게 물든 대동강: 전 인민군 사단 정치위원의 수기』(동아일보사, 1991), 92~94쪽에 자세히 나온다.

6 조선로동당 중앙위원회 당력사연구소, 『조선로동력사교재』(조선로동당출판사, 1964), 405~406쪽.

7 이종석, 『북한—중국관계: 1945~2000』(중심, 2000), 191쪽.

8 안용현, 「1958년 마오쩌둥과 김일성의 대화」, 『조선일보』, 2015년 11월 2일.

9 사회과학원, 『조선전사 29』(과학백과사전출판사, 1981), 108쪽.

10 김중생의 북한 탄광 생활은 김중생, 『험난한 팔십인생 죽음만은 비켜갔다』(명지출판사, 2013), 174~181쪽에 자세히 나온다.

제10장 전 사회의 감시 체제

1 이 내용은 황장엽, 『황장엽 회고록』(시대정신, 2006), 149~151쪽에 자세히 나온다.

2 박정환, 「'네꼬부대' 공작과장 지낸 김인호씨 인터뷰」, 『일요신문』, 2015년 7월 8일.

3 김성보, 『북한의 역사 1』(역사비평사, 2011), 213~214쪽.

4 사회과학원, 『조선전사 29』(과학백과사전출판사, 1981), 111~112쪽.

5 강상호의 경험에 대한 내용은 장학봉 외, 『북조선을 만든 고려인 이야기』(경인문화사, 2006), 3~11쪽에 더 많은 내용이 나온다.

연표

1950년

3월 30일~ 4월 25일		김일성 · 박헌영 소련 방문(스탈린 남침 동의)
5월	13~16일	김일성 · 박헌영 중국 방문(마오쩌둥 남침 동의)
6월	25일	6 · 25 전쟁 발발
6월	27일	유엔 안보리 한국 지원 결의안 가결, 미국 대통령 해리 트루먼 해 · 공 군 지원 명령(공군 참전)
6월	28일	조선인민군 서울 점령
6월	29일	미국 극동군 사령관 더글러스 맥아더 한국 전선 시찰
7월	1일	미국 육군 참전
7월	7일	유엔 안보리 유엔군 구성 결정
7월	14일	한국군 작전권 유엔군에 이양
9월	8일	조선인민군 총참모장 강건 사망
9월	15일	유엔군 인천상륙작전 성공
9월	28일	한국군 · 유엔군 서울 수복
10월	19일	한국군 · 유엔군 평양 점령, 중국군 참전
12월	3일	조선인민군 작전권 중국군에 이양
12월	6일	북중연합군 평양 탈환
12월	21~23일	조선노동당 중앙위원회 제3차 전원회의(무정 숙청)

1951년

1월	4일	조선인민군 서울 재점령
1월	31일	조선인민군 전선사령관 김책 사망
3월	14일	한국군 · 유엔군 서울 재탈환
4월	11일	유엔군 사령관 맥아더 해임(매슈 리지웨이 임명)
6월	23일	유엔 주재 소련 대사 야코프 말리크 휴전 협상 제의
7월	10일	휴전회담 시작

1952년

5월	12일	유엔군 사령관 리지웨이에서 마크 클라크로 교체
6월	22일	유엔군 수풍발전소 폭격
12월	15~18일	조선노동당 중앙위원회 제5차 전원회의 개최(김일성, 종파주의 근절 강조)
12월	22일	행정구역 개편(도, 군[시], 면, 리 가운데 면 폐지)

1953년

3월	6일	스탈린 사망
7월	2일	부수상 허가이 자살
7월	27일	휴전협정 조인
8월	3~6일	리승엽 등 남로당계 인물 재판(리승엽 등 10명 사형)
8월	5~9일	조선노동당 중앙위원회 제6차 전원회의('중공업 우선 경공업 · 농업 동시 발전' 노선 채택, 농업협동화 추진 결정)
12월	18일	조선노동당 중앙위원회 제7차 전원회의(통일전선 사업 전개 결의)

1954년

1월	1일	인민경제복구 3개년 계획 시작

4월	26일~	스위스 제네바 회담(외무상 남일 참석, 한반도 통일정부 수립 합의 실패)
	6월 15일	
10월	3일	중국인민지원군 7개 사단 북한 철수

1955년

3월	31일	중국인민지원군 6개 사단 철수
5월	25일	재일본조선인총연합회 결성
10월	26일	중국인민지원군 6개 사단 추가 철수
12월	15일	박헌영 사형 선고(1956년 7월 19일 처형)

1956년

4월 23~29일	조선노동당 제3차 당대회
5월 31일	조선인민군 8만 명 감축 선언(8월 말까지 실제 감축)
6월 7일~	김일성, 동독 · 루마니아 · 헝가리 · 체코슬로바키아 · 불가리아 · 알바니
7월 19일	아 · 폴란드 · 소련 · 몽골 방문
8월 1일	전반적 초등의무교육제 실시
8월 30일	조선노동당 중앙위원회 8월 전원회의('8월 종파사건' 발생)
9월 23일	조선노동당 중앙위원회 9월 전원회의(미코얀 · 펑더화이, 최창익 등 복직 요청)
12월 28일	김일성 천리마운동 제안(평안남도 남포시 강선제강소 현지 지도)

1957년

1월	1일	인민경제발전 5개년 계획 시작
8월	27일	제2기 최고인민회의 대의원 선거
9월	18일	제2기 최고인민회의 제1차 회의(상임위원장-최용건, 수상-김일성)
10월	17~19일	조선노동당 중앙위원회 전원회의(조직지도부장-김영주)

12월	3~5일	조선노동당 중앙위원회 확대전원회의(최창익 등 '8월 종파사건' 관련자 복직 취소)

1958년

3월	3~6일	조선노동당 제1차 당대표자회(인민경제발전 5개년 계획 확정 발표)
8월	1일	생산관계의 사회주의적 개조 완료
9월	1일	평양외국어학원 개원
10월	26일	중국인민지원군 완전 철수
11월	1일	전반적 중등의무교육 실시(인민학교 4년, 초급중학교 3년 의무교육)
11월	15일	첫 자동차 '승리 58' 생산

1959년

1월	14일	노농적위대 창설
1월 2월	21일~ 7일	김일성 소련 방문(김정일 동행)
2월	13일	화폐개혁(100:1 교환)
3월	8일	천리마작업반운동 시작
12월	14일	첫 재일 동포 북송선 일본 니가타항 출항(12월 16일 청진항 도착)

찾아보기

북한 현대사 산책 2

© 안문석, 2016

초판 1쇄 2016년 12월 26일 찍음
초판 1쇄 2016년 12월 30일 펴냄

지은이 | 안문석
펴낸이 | 강준우
기획 · 편집 | 박상문, 박효주, 김예진, 김환표
디자인 | 최진영, 최원영
마케팅 | 이태준, 박상철
인쇄 · 제본 | 대정인쇄공사

펴낸곳 | 인물과사상사
출판등록 | 제17-204호 1998년 3월 11일

주소 | (121-839) 서울시 마포구 서교동 392-4 삼양E&R빌딩 2층
전화 | 02-325-6364
팩스 | 02-474-1413
www.inmul.co.kr | insa@inmul.co.kr

ISBN 978-89-5906-424-3 04900
      978-89-5906-422-9 (세트)
값 15,000원

이 도서의 국립중앙도서관 출판시도서목록(CIP)은 서지정보유통지원시스템 홈페이지(http://seoji.nl.go.kr)와
국가자료공동목록시스템(http://www.nl.go.kr/kolisnet)에서 이용하실 수 있습니다.
(CIP제어번호 : CIP2016031734)